建账、记账、算账、报账、查账实务操作
(第3版)

财政与税收编写组　主　编

清华大学出版社
北　京

内 容 简 介

本书从会计实务入门者的角度出发,以实际会计业务处理流程为主线,从建账开始,到记账、算账和对账,再到结账、报账和查账等,理论联系实际,在对各种基本概念进行透彻讲解的基础上,重点阐述会计理论在实际中的应用,并对传统会计培训教材中没有而在实际工作中出现的操作进行了重点说明。

本书适合会计新手、会计初学者、青年学生、创业者及会计知识爱好者阅读,通过将会计理论和实际相结合的方法,培养他们对会计学习的兴趣爱好,提升他们的会计实务操作水平。

本书封面贴有清华大学出版社防伪标签,无标签者不得销售。
版权所有,侵权必究。举报:010-62782989,beiqinquan@tup.tsinghua.edu.cn。

图书在版编目(CIP)数据

建账、记账、算账、报账、查账实务操作/财政与税收编写组主编. —3 版. —北京:清华大学出版社,2021.3
ISBN 978-7-302-57666-2

Ⅰ. ①建⋯ Ⅱ. ①财⋯ Ⅲ. ①会计学—基本知识 Ⅳ. ①F230

中国版本图书馆 CIP 数据核字(2021)第 039687 号

责任编辑:梁媛媛
封面设计:杨玉兰
责任校对:王明明
责任印制:丛怀宇

出版发行:清华大学出版社
网　　址:http://www.tup.com.cn, http://www.wqbook.com
地　　址:北京清华大学学研大厦 A 座　　邮　编:100084
社 总 机:010-62770175　　邮　购:010-62786544
投稿与读者服务:010-62776969, c-service@tup.tsinghua.edu.cn
质量反馈:010-62772015, zhiliang@tup.tsinghua.edu.cn
课件下载:http://www.tup.com.cn, 010-62791865

印　刷　者:北京富博印刷有限公司
装　订　者:北京市密云县京文制本装订厂
经　　销:全国新华书店
开　　本:180mm×230mm　　印　张:16　　字　数:390 千字
版　　次:2014 年 4 月第 1 版　2021 年 4 月第 3 版　印　次:2021 年 4 月第 1 次印刷
定　　价:48.00 元

产品编号:086783-01

前　言

会计是一门实践性很强的学科，而在很多企业已经普遍使用财务软件记账的形势下，初级会计人员的动手和实践能力很难得到有效的锻炼。财务软件固然有优点，但手工记账虽然应用原理与其一样，却更能让初级会计人员深刻理解整个业务处理流程，对于他们打好基础来说非常重要。但是，随着会计工作的与时俱进，以及企业会计准则的频繁更新，很多日常业务处理问题越来越迫切地需要会计人员掌握最新的知识，因此我们在《建账、记账、算账、报账、查账实务操作(第 2 版)》的基础上，进行了修订，在更新财务报表和税率的基础上，增加了第 3 章账务处理的内容，目的是使更多的初级会计入门者可以从会计基础到整个核算流程有一个由浅入深的系统的学习过程。

在知识更新如此迅速的信息时代，更需要我们把基础打牢，这样才能在应对复杂的工作时，比别人更容易上手，从而让自己更快提升。本书从初级会计入门者的角度出发，以实际会计业务处理流程为主线，从建账开始，到记账、算账和对账，再到结账、报账和查账等，理论联系实际，在对各种基本概念进行透彻讲解的基础上，重点阐述其在实际中的应用，并对传统会计培训教材中没有而在工作中出现的实务操作进行了重点说明。比如，如何粘贴发票，如何装订凭证等。

会计工作离不开账，做好会计工作的前提是懂账。本书将为会计新手讲解从懂账开始，到精通整个会计业务的流程。

本书共分八章，大体可以分为三个部分：第 1、2、3 章为一个部分，主要讲解建账、记账、算账实务操作流程；第 4、5、6 章为一个部分，主要讲对账、结账、报账的一些实用技巧；第 7、8 章主要讲查账和调账，以使整个会计工作流程完整、无误。

在第 1 版和第 2 版的基础上，本书更新了第 3 章算账中账务处理的内容，在原来的基础上增加了十几种日常账务处理实务，以最大限度地提高本书的实用性，这样也有助于会计新手尽快上岗。

本书具有以下三个特点。

第一，篇幅不大，内容浅显易懂，少量文字配以单据和例题，让读者可以轻松上手。许多实务处理点到为止，让读者学起来更加容易掌握，并加深印象。

第二，按建账、记账、算账、报账、查账几个部分分章节，可以让读者了解一个初级财务工作者实务操作的流程，这样，在其进入企业后，就可以马上融入环境，快速成长。

第三，不涉及难以解决的实务处理问题，而是对一些基础性账务处理问题进行大篇幅讲解，目的是打牢基础，这也符合会计新手能够在上岗后轻松处理异常业务的要求。小到粘贴票据的方法，大到如何处理账务、如何调账，本书由浅入深地逐级讲解，并在多个知识点处辅以例题点睛，以便读者能够顺利掌握。

参与本书编写的人员有王程、王晓龙、李辉，在此表示感谢。

由于编者水平有限，书中难免有疏漏之处，敬请广大读者予以批评、指正！

编　者

第1版前言

会计是一门实践性很强的学科。现代企业对会计人员,尤其是对初级会计人员的要求,更多的是动手和实践能力,而学校课本讲解的则更偏重于理论知识。如何将学校课本中学到的知识用于实际工作,使自己成为既精通理论,又擅长实际操作的企业急需人才,是每一个初涉会计职场的人都想解决的难题。

本书完全从一名会计实务入门者的角度出发,以实际中的会计业务处理流程为主线,从建账开始,到记账、算账和对账,再到结账、报账和调账等,理论联系实际,在对各种基本概念进行透彻理解的基础上,重点解释其在实际中的应用,并对传统会计培训教材中没有而在实际工作中出现的操作进行了重点说明。比如,如何粘贴发票,如何装订凭证等。

会计工作离不开账,做好会计工作的第一步是先要懂账。本书就是为会计新手讲解从懂账开始,到精通整个会计业务的流程。

本书共八章,大体可以分为三个部分,前三章为一个部分,主要讲解建账、记账、算账实务操作流程。第4、5、6章为一个部分,主要讲解对账、结账、报账的一些实用技巧。最后两章主要是讲解查账和调账,以使整个会计工作流程完整、无误。

本书具有以下两个特点。

第一,篇幅不大,内容浅显易懂,少量文字配以单据和例题,让读者可以轻松上手。

第二,按建账、记账、算账、报账、查账几个部分分章节,可以让读者了解初级财务工作者实务操作的流程。小到粘贴票据的方法，大到如何调账，本书由浅入深地逐级讲解，并在每个知识点处辅以例题点睛，以便读者能够顺利掌握。

本书适合会计新手、会计初学者、青年学生、创业者及会计知识爱好者阅读，通过将会计理论和实际相结合的方法，培养他们对会计学习的兴趣爱好，提升他们的会计实务操作水平。

一句良言可以引发千万人的思考，一本好书可能改变无数人的命运，惟愿本书就是这样一部理想之作。由于编者水平有限，书中难免有疏漏之处，敬请广大读者予以批评、指正！

编　者

目 录

第1章 建账 1

1.1 何谓建账 2
1.2 建账前应考虑哪些问题 2
1.3 账簿如何启用和登记 3
1.4 会计账簿的概念、作用、内容与种类 5
1.5 总分类账的作用 8
1.6 明细分类账的作用 8
1.7 日记账的作用 9
1.8 辅助性账簿的作用 9
1.9 建账的基本原则 10
1.10 各类型企业如何建账 12
1.11 原有单位在年度开始时如何建账 18

第2章 记账 20

2.1 何谓记账 21
2.2 记账依据是什么 21
2.3 会计记账的要求 31
2.4 日记账的设置和登记 33
2.5 总分类账的设置和登记 37

	2.6	明细账的设置和登记	38
	2.7	备查账簿的设置和登记	41
	2.8	记账规则与平行登记	41

第 3 章　算账 44

	3.1	资金筹集业务的账务处理	45
	3.2	固定资产业务的账务处理	49
	3.3	材料采购业务的账务处理	56
	3.4	生产业务的账务处理	60
	3.5	销售业务的账务处理	64
	3.6	利润形成与分配业务的账务处理	67
	3.7	工业企业产品成本的核算	72
	3.8	长期待摊费用的账务处理	103
	3.9	存货取得的账务处理	104
	3.10	以前年度损益调整的账务处理	106
	3.11	管理费用的账务处理	107
	3.12	销售费用的账务处理	108
	3.13	财务费用的账务处理	108
	3.14	其他收益的账务处理	109
	3.15	资产处置收益的账务处理	110
	3.16	营业外收入的账务处理	110
	3.17	营业外支出的账务处理	111
	3.18	红字发票的账务处理	112
	3.19	资产减值、盘盈、盘亏的账务处理	113
	3.20	其他应付款的账务处理	114
	3.21	坏账准备的账务处理	115

第 4 章　对账 117

	4.1	何谓对账	118
	4.2	对账的主要内容	119
	4.3	对账的方法	120

	4.4	期末财产清查	121
	4.5	错账的查找方法	133
	4.6	错账的更正方法	135

第5章 结账 138

	5.1	何谓结账	139
	5.2	结账的内容	139
	5.3	结账的方法	139
	5.4	结账的主要程序	140
	5.5	结账前的试算平衡	141
	5.6	年终结账的步骤	142
	5.7	账户余额的结转	143
	5.8	实行电算化后如何结账	144

第6章 报账 145

	6.1	何谓报账	146
	6.2	报账工作的程序	146
	6.3	财务会计报告的编制	146
	6.4	财务会计报告的报送	173

第7章 查账 176

	7.1	何谓查账	177
	7.2	查账的形式	177
	7.3	查账的基本步骤	178
	7.4	查账的方法	181
	7.5	具体会计账户的审查	187

第8章 调账 217

	8.1	何谓调账	218
	8.2	期末账项调整的内容和方法	218
	8.3	会计政策变更怎样调账	222
	8.4	会计估计变更怎样调账	226

8.5 会计差错更正怎样调账 228
8.6 或有事项怎样调账 230
8.7 资产负债表日后事项怎样调整 233
8.8 税务稽查怎样进行账务调整 238

参考文献 243

第 1 章

[建账]

1.1 何谓建账

建账是指会计人员根据会计法规、制度的规定,结合企业具体行业要求和将来可能发生的会计业务情况,确定账簿种类、格式、内容及登记方法的过程。

《会计基础工作规范》规定,各单位应当按照国家统一的会计制度的规定和会计业务的需要设置会计账簿。会计账簿包括总分类账、明细分类账、日记账和其他辅助性账簿。刚成立的单位在成立初始以及原有单位在会计年度开始时都要建账。

1.2 建账前应考虑哪些问题

建账看似是一个非常简单的问题,但从建账过程可以看出一个会计人员的业务能力,或对企业经济活动情况的熟悉程度,因此如何根据企业实际情况建账非常重要。无论何类企业,在建账时都要考虑以下问题。

1. 与企业业务量相适应

企业规模与业务量是成正比的,规模大的企业,业务量大,分工也复杂,会计账簿种类也多;规模小的企业,业务量也小,会计账簿种类也少。有的企业,一个会计可以处理所有经济业务,所以就没有必要设置太多种类的账簿,所有的明细账合成一两本就可以了。

2. 依据企业管理需要

建立账簿是为了满足企业管理的需要,为管理者提供有用的会计信息,所以在建账时应以满足管理需要为前提,避免重复设账、记账。

3. 依据账务处理程序

企业业务量的大小不同,所采用的账务处理程序也不同。企业一旦选择了账务处理程序,也就选择了相应账簿的设置。如果企业采用的是记账凭证账务处理程序,那么企业的总账就要根据记账凭证序时登记,也就是要准备一本序时登记的总账。

不同的企业在建账时所需要建立的账簿是不相同的,总体来讲,要依据企业规模的大小、经济业务的繁简程度、会计人员的多少、采用的核算形式及电子化程度来确定。

无论何种企业,都存在货币资金核算问题,现金日记账和银行存款日记账都必须设置。另外,还需设置相关的总账和明细账。当一个企业刚成立时,一定要去会计用品商店购买这几种账簿和相关账页。需要说明的是,明细账有许多种账页格式,要选择好所需要的种类。

1.3 账簿如何启用和登记

1. 如何启用账簿

账簿是重要的会计档案。为了确保账簿记录的规范和完整,明确记账责任,在启用账簿时,应在账簿封面上写明单位名称和账簿名称;在账簿扉页上应附"账簿使用登记表"或"账簿启用表",其内容包括:启用日期、账簿页数、记账人员和会计主管人员姓名,并加盖人名章和单位公章。记账人员或会计人员调动工作时,应注明交接日期、接办人员和监交人员姓名,由交接双方签名或盖章。

启用订本式账簿时,对于未印制顺序号的账簿,应从第一页到最后一页顺序编定页数,不得跳页、缺号。使用活页式账页时,应按账页顺序编号,并须定期装订成册。装订后再按实际使用的账页顺序编定页数,另加目录,记明每个账户的名称和页次。

2. 如何登记账簿

账簿作为会计信息的主要记录工具,必须按规定的方法,依据审核无误的记账凭证进行登记。进行账簿登记的总原则是:第一,必须以经过审核的会计凭证为依据,并符合国家统一的会计制度的有关规定。第二,登记的时间要明确,总账应按本单位采用的账务处理程序及时登记;各种明细账登账的时间一般比登记总账的时间短;现金日记账和银行存款日记账应随时登记。登记账簿一般应满足以下几点要求。

1) 准确完整

为了保证账簿记录的准确、整洁,应当根据审核无误的会计凭证登记会计账簿。每一项会计事项,一方面要记入有关的总账,另一方面要记入该总账所属的明细账。账簿记录中的日期,应该填写记账凭证上的日期;以自制原始凭证(如发料单、领料单等)作为记账依据的,账簿记录中的日期应按有关自制原始凭证上的日期填列。

2) 注明记账符号

账簿登记完毕后,要在记账凭证上签名或者盖章,并在记账凭证的"过账"栏内注明账簿页数或画对钩,还要注明已经登账的符号,即表示已记账完毕,避免重记、漏记。

3) 书写留空

账簿中书写的文字和数字上面要留有适当的空格,不要写满格,一般应占格距的1/2。

4) 正常记账使用蓝黑墨水

为了保持账簿记录的持久性,且防止涂改,登记账簿时必须使用蓝黑墨水或碳素墨水并用钢笔书写,不得使用圆珠笔(银行的复写账簿除外)或者铅笔书写。

5) 特殊记账使用红色墨水

在下列情况下,可以使用红色墨水记账:

① 按照红字冲账的记账凭证,冲销错误记录;

② 在不设借贷等栏的多栏式账页中,登记减少数;

③ 在三栏式账户的余额栏前,如未印明余额方向的,在余额栏内登记负数余额;

④ 根据国家统一的会计制度的规定,可以使用红字登记的其他会计记录。

由于会计中的红字表示负数,因而除上述情况外,不得用红色墨水登记账簿。

6) 顺序连续登记

在登记各种账簿时,应按页次顺序连续登记,不得隔页、跳行。如发生隔页、跳行现象,应在空页、空行处用红色墨水划对角线注销,或者注明"此页空白"或"此行空白"字样,并由记账人员签章。

7) 结出余额

凡需要结出余额的账户,结出余额后,应当在"借或贷"栏目内注明"借"或"贷"字样,以示余额的方向;对于没有余额的账户,应在"借或贷"栏内写"平"字,并在"余额"栏用"0"表示。现金日记账和银行存款日记账必须逐日结出余额。

8) 过次承前

每一账页登记完毕结转下页时,都应当结出本页合计数及余额,写在本页最后一行和下页第一行相关栏内,并在摘要栏内注明"过次页"和"承前页"字样;也可以将本页合计数及金额只写在下页第一行相关栏内,并在摘要栏内注明"承前页"字样,以保持账簿记录的连续性,便于对账和结账。对需要结计本月发生额的账户,结计"过次页"的本页合计数应当为自本月初起至本页末止的发生额合计数;对需要结计本年累计发生额的账户,结计"过次页"的本页合计数应当为自年初起至本页末止的累计数;对既不需要结计本月发生额也不需要结计本年累计发生额的账户,可以只将每页末的余额结转次页。

9) 不得涂改、刮擦、挖补

对于账簿登错的记录,不得涂改、刮擦、挖补或用药水消除字迹等手段更正错误,也不允许重抄,应采用正确的错账更正规则进行更正。

1.4 会计账簿的概念、作用、内容与种类

1. 会计账簿的概念与作用

会计账簿是指由一定格式账页组成的,以经过审核的会计凭证为依据,全面、系统、连续地记录各项经济业务事项的簿籍。各单位应当按照国家统一的会计制度的规定和会计业务的需要设置会计账簿。设置和登记账簿是编制会计报表的基础,也是连接会计凭证与会计报表的中间环节,对加强经营管理,提高经济效益具有重要的意义。设置和登记账簿的作用主要有:①记载和储存会计信息;②分类和汇总会计信息;③检查和校正会计信息;④编报和输出会计信息。

2. 会计账簿的基本内容

1) 封面

封面主要标明账簿的名称,如总分类账、现金日记账、银行存款日记账、各种明细分类账等。

2) 扉页

扉页主要载明账簿启用登记和经管人员一览表及账户目录。

3) 账页

账页的基本内容包括:

① 账户的名称(总分类账户、二级账户或明细账户);

② 登记账簿的日期栏;

③ 凭证种类和号数栏;

④ 摘要栏(简要说明所记录经济业务的内容);

⑤ 金额栏(记录经济业务金额的增减变动和余额);

⑥ 总页次和分户页次栏。

3. 会计账簿与账户的关系

账户存在于账簿之中，账簿中的每一账页就是账户的存在形式和载体，没有账簿，账户不能独立存在；账簿序时、分类地记载经济业务，是在账户中完成的。因此，账簿只是一个外在形式，账户才是其内在的真实内容，二者是形式和内容的关系。

4. 会计账簿的种类

会计账簿的种类很多，不同类别的会计账簿可以提供不同的信息，以满足不同的需要。账簿可以按其用途、账页格式和外形特征等不同标准进行分类。

1) 按用途分类

(1) 序时账簿。

序时账簿，又称日记账，是按照经济业务发生时间的先后顺序逐日、逐笔登记的账簿。序时账簿按其记录的内容，可分为普通日记账和特种日记账。普通日记账是对全部经济业务按其发生时间的先后顺序逐日、逐笔登记的账簿；特种日记账是对某一特定种类的经济业务按其发生时间的先后顺序逐日、逐笔登记的账簿。

(2) 分类账簿。

分类账簿是对全部经济业务事项按照会计要素的具体类别而设置的分类账户进行登记的账簿。按照总分类账户分类登记经济业务事项的是总分类账簿，简称总账；按照明细分类账户分类登记经济业务事项的是明细分类账簿，简称明细账。分类账簿提供的核算信息是编制会计报表的主要依据。

(3) 备查账簿。

备查账簿，又称辅助登记簿或补充登记簿，是指对某些在序时账簿和分类账簿中未能记载或记载不全的经济业务进行补充登记的账簿。备查账簿只是对其他账簿记录的一种补充，与其他账簿之间不存在严密的依存和钩稽关系。备查账簿根据企业的实际需要设置，没有固定的格式要求。

2) 按账页格式分类

(1) 两栏式账簿。

两栏式账簿是指只有借方和贷方两个金额栏目的账簿。

(2) 三栏式账簿。

三栏式账簿是指设有借方、贷方和余额三个金额栏目的账簿。各种日记账、总分类账以及资本、债权、债务明细账都可采用三栏式账簿。三栏式账簿又分为设对方科目和不设对方科目两种，区别是在"摘要"栏和"借方科目"栏之间是否有一栏"对方科目"。有"对方科目"栏的，称为设对方科目的三栏式账簿；没有"对方科目"栏的，称为不设对方科目的三栏式账簿。

(3) 多栏式账簿。

多栏式账簿是指在账簿的两个金额栏目(借方和贷方)按需要分设若干专栏的账簿。收入、费用明细账一般均采用这种格式的账簿。

(4) 数量金额式账簿。

数量金额式账簿是指在账簿的借方、贷方和余额三个栏目内，每个栏目再分设数量、单价和金额三小栏，借以反映财产物资的实物数量和价值量的账簿。原材料、库存商品等明细账一般都采用数量金额式账簿。

(5) 横线登记式账簿。

横线登记式账簿，又称平行式账簿，是指将前后密切相关的经济业务登记在同一行上，以便检查每笔业务的发生和完成情况的账簿。

3) 按外形特征分类

(1) 订本式账簿。

订本式账簿，简称订本账，是在启用前将编有顺序页码的一定数量账页装订成册的账簿。这种账簿一般适用于总分类账、现金日记账、银行存款日记账。

(2) 活页式账簿。

活页式账簿，简称活页账，是将一定数量的账页置于活页夹内，可根据记账内容的变化随时增加或减少部分账页的账簿。活页式账簿在使用过程中应顺序编号，并在会计期末装订成册，装订后按实际账页数顺序编号，并加目录妥善保管。各种明细分类账一般采用活页式账簿形式。

(3) 卡片式账簿。

卡片式账簿，简称卡片账，是将一定数量的卡片式账页存放于专设的卡片箱中，可以根据需要随时增添账页的账簿。在我国，单位一般只对固定资产的核算采用卡片式账簿形式。

1.5　总分类账的作用

总分类账是指根据总分类科目设置的，用于对会计要素具体内容进行总括分类核算的账户，简称总账账户或总账。

通过设置总分类账，可以分类登记一个单位的全部经济业务，提供资产、负债、所有者权益、费用、收入和利润等总括核算的资料；可以全面、连续地记录和反映单位的全部经济业务，提供经济活动和财务收支的全面情况，是编制会计报表的主要依据。它把总资产与总资金拆分为类别，然后分别进行有关联性的核算。由于总账是对总资产与总资金的大类核算，因此它必须辅以明细账，总账的基本作用是控制明细账，明细账才是账户的记载实体。目前，企业采用的财务软件中的"总账系统"根据会计准则和本单位的会计业务规则，对需要产生凭证的其他系统的单据设置自动出账模板，选择出账单据后系统自动生成相应凭证，对手工编制凭证设置相关约束，使会计总账处理变得更为简单、安全、有效，增强了对会计出账的规范性操作。总分类账对所属明细分类账起着统驭、控制的作用。

总分类账一般采用订本式账簿。总分类账的账页格式，一般采用"借方""贷方""余额"三栏式，根据实际需要，也可以在"借方""贷方"两栏内增设"对方科目"栏。总分类账的账页格式，也可以采用多栏式格式，如把序时记录和总分类记录结合在一起的联合账簿，即日记总账。

总分类账的登记依据和方法，主要取决于所采用的会计核算形式。它可以直接根据各种记账凭证逐笔登记，也可以先把记账凭证按照一定方式进行汇总，编制成科目汇总表或汇总记账凭证等，然后据以登记。

总分类账一般按照总分类账户分类登记，登记方法取决于单位企业采用的账务处理程序。

1.6　明细分类账的作用

明细分类账是根据明细科目设置的，用来对会计要素具体内容进行明细分类核算的账户，简称明细账。

通过设置明细分类账，可以分类登记某一类经济业务，提供有关的明细核算资料，以及单位经济活动和财务收支的详细情况，有助于加强财产物资的管理，监督往来款项的结算。明细分类账所提供的资料也是编制会计报表的重要依据。

明细分类账对有关总分类账具有补充说明的作用。

1.7 日记账的作用

现金日记账是用来核算和监督库存现金每天的收入、支出和结存情况的账簿，由出纳人员按现金收支业务发生时间的先后顺序，逐日、逐笔登记现金增加、减少和结存的情况。

银行存款日记账是由出纳人员根据银行存款收支业务发生时间的先后顺序，逐日、逐笔登记银行存款增加、减少和结存情况的账簿，并用于核算和监督银行存款每日的收入、支出和结余情况。

通过设置现金日记账和银行存款日记账，可以序时核算现金和银行存款的收入、支出及结存情况，借以加强对货币资金的管理。

现金、银行存款日记账本身就是现金、银行存款的明细分类账，因此不需要再设现金、银行存款的明细分类账。

1.8 辅助性账簿的作用

辅助性账簿，通常称为备查账簿，是指除总分类账、明细分类账、日记账以外的其他账簿。辅助性账簿主要记录非本单位资产或其他重要事项，其作用主要是对总分类账、明细分类账、日记账中没有记录或者记录不完整的经济业务活动加以补充登记，如"租入资产登记簿"等。

通过设置辅助性账簿，可以对某些在总分类账、明细分类账以及现金、银行存款日记账中不能记载或记载不全的经济业务进行补充登记，从而可以对某些经济业务的内容提供必要的参考资料。

辅助性账簿一般没有固定格式，与其他账簿之间不存在依存和钩稽关系。

1.9 建账的基本原则

建账就是根据《中华人民共和国会计法》和国家统一会计制度的规定，以及企业具体行业要求和将来可能发生的会计业务情况，确定账簿的种类、格式、内容及登记方法。建账必须遵循以下基本原则。

① 依法原则。各单位必须按照《中华人民共和国会计法》和国家统一会计制度的规定设置会计账簿，包括总账、明细账、日记账和其他辅助性账簿，不允许不建账，也不允许在法定的会计账簿之外另外建账。

② 全面系统原则。设置的账簿要能全面、系统地反映企业的经济活动，为企业经营管理提供所需的会计核算资料，同时要符合各单位生产经营规模和经济业务的特点，使设置的账簿能够反映企业经济活动的全貌。

③ 组织控制原则。设置的账簿要有利于账簿的组织、建账人员的分工，有利于加强岗位责任制和内部控制制度，有利于财产物资的管理，便于账实核对，以保证企业各项财产物资的安全完整和有效使用。

④ 科学合理原则。建账应根据不同账簿的作用和特点，使账簿结构做到严密、科学，有关账簿之间要有统驭或平行制约的关系，以保证账簿资料的真实、正确和完整；账簿格式的设计及选择应力求简明、实用，以提高会计信息处理和利用的效率。

1. 总账的建账原则

总账是根据一级会计科目(亦称总账科目)开设的账簿，用来分类登记企业的全部经济业务，提供资产、负债、所有者权益、费用、收入和利润等总括的核算资料。

总账的建账原则主要有以下三项。

1) 总账科目名称应与国家统一会计制度规定的会计科目名称一致

总账具有分类汇总记录的特点，为确保账簿记录的正确性、完整性，提供会计要素的完整指标，企业应根据自身行业特点和经济业务的内容建立总账，其总账科目名称应与国家统一会计制度规定的会计科目名称一致。

2) 依据企业账务处理程序的需要选择总账格式

根据财政部《会计基础工作规范》的规定，总账的格式主要有三栏式、多栏式(日记总账)、棋盘式和科目汇总表总账等。企业可依据本企业会计账务处理程序的需要自行选择总账的格式。

3) 总账的外表形式一般应采用订本式账簿

为保护总账记录的安全、完整，总账一般应采用订本式。实行会计电算化的单位，用计算机打印的总账必须连续编号，经审核无误后装订成册，并由记账人员、会计机构负责人、会计主管人员签字或盖章，以防散失。但是，科目汇总表总账可以是活页式。

2. 明细账的建账原则

明细账通常根据总账科目所属的明细科目设置，用来分类登记某一类经济业务，提供有关的明细核算资料。明细账是形成有用的会计信息的基本程序和基本环节，借助于明细账既可以对经济业务信息或数据做进一步的加工整理，进而通过总账形成适合于会计报表编制的会计信息，又能为了解信息的形成提供具体情况和有关线索。

明细账的建账原则主要有以下三个。

1) 明细科目的名称应根据统一会计制度的规定和企业管理的需要设置

会计制度对有些明细科目的名称做出了明确规定，有些只规定了设置的方法和原则。对于有明确规定的，企业在建账时应按照会计制度的规定设置明细科目的名称；对于没有明确规定的，建账时应按照会计制度规定的方法和原则，以及企业管理的需要设置明细科目。

2) 根据财产物资管理的需要选择明细账的格式

明细账的格式主要有三栏式、数量金额式和多栏式，企业应根据财产物资管理的需要选择明细账的格式。

3) 明细账的外表形式一般采用活页式

明细账采用活页式账簿，主要是使用方便，便于账页的重新排列和记账人员的分工，但是活页账的账页容易散失和被随意抽换，因此使用时应顺序编号并装订成册，注意妥善保管。

3. 日记账的建账原则

日记账又称序时账，是按经济业务发生时间的先后顺序逐日逐笔进行登记的账簿。根据财政部《会计基础工作规范》的规定，各单位应设置现金日记账和银行存款日记账，以便逐日核算与监督现金和银行存款的收入、支出和结存情况。

现金日记账和银行存款日记账的建账原则如下。

1) 账页的格式一般采用三栏式

现金日记账和银行存款日记账的账页一般采用三栏式，即借方、贷方和余额三栏，并在借贷两栏中设有"对方科目"栏。如果收付款凭证数量较多，为了简化记账手续，同时为了通过现金日记账和银行存款日记账汇总登记总账，也可以采用多栏式账页。采用多栏式账页后，如果会计科目较多，造成篇幅过大，还可以分设现金(银行存款)收入日记账和现金(银行存款)支出日记账。

2) 日记账的外表形式必须采用订本式

现金和银行存款是企业流动性最强的资产，为保证账簿资料的安全、完整，财政部《会计基础工作规范》第五十七条规定："现金日记账和银行存款日记账必须采用订本式账簿，不得用银行对账单或者其他方法代替日记账。"

4. 备查账的建账原则

备查账是一种辅助性账簿，是对某些在日记账和分类账中未能记载的会计事项进行补充登记的账簿。

备查账的建账原则包括以下三项。

1) 备查账应根据统一会计制度的规定和企业管理的需要设置

并不是每个企业都要设置备查账簿，应根据管理的需要来确定，但是对于会计制度规定的必须设置备查账簿的科目，如"应收票据""应付票据"等，则必须按照会计制度的规定设置备查账簿。

2) 备查账的格式由企业自行确定

备查账没有固定的格式，与其他账簿之间也不存在严密的钩稽关系，其格式可由企业根据内部管理的需要自行确定。

3) 备查账的外表形式一般采用活页式

为了使用方便，备查账一般采用活页式账簿，与明细账一样，为保证账簿的安全、完整，使用时应顺序编号并装订成册，注意妥善保管，以防账页丢失。

1.10 各类型企业如何建账

1. 工业企业建账

工业企业是指那些专门从事产品的制造、加工、生产的企业，也有人称工业企业为制造业。由于工业企业会计核算涉及的内容多，又有成本归集与计算问题，因此工业企业建账是最复杂的，也是最具有代表意义的。

下面从三个方面谈一下工业企业如何建账。

1) 现金日记账和银行存款日记账

会计人员在购买账簿时，两种账簿各购一本足矣。但是，如果企业开立了两个以上的银行存款账号，那么账簿需要量就要视企业的具体情况来确定了。

首先根据账簿的启用要求将扉页要求填制的内容填好，然后根据企业每一笔现金来源和银行存款来源登入现金日记账和银行存款日记账。

企业采用根据凭证登记现金日记账、银行存款日记账的方法。

【例 1-1】某投资人转入银行存款 20 万元，则可根据银行转来的银行进账单做银行存款收款凭证如下。

借：银行存款　　　　　　　　200 000
　　贷：实收资本　　　　　　　　200 000

然后根据该收款凭证登记银行存款日记账，如果企业需要有日常现金支出，会计人员开出现金支票提取现金 2 000 元，则要根据现金支票存根联做银行存款的付款凭证如下。

借：库存现金　　　　　　　　2 000
　　贷：银行存款　　　　　　　　2 000

最后根据该付款凭证登记现金日记账和银行存款日记账，以后即可根据日常发生的现金及银行存款业务逐日、逐笔登记现金日记账和银行存款日记账。

2) 总分类账

企业可根据业务量的多少购买一本或几本总分类账(一般情况下无须一个科目设一本总账)，然后根据企业涉及的业务和会计科目设置总账。原则上讲，只要是企业涉及的会计科目就要有相应的总账账簿(账页)与之对应。会计人员应估计每一种业务业务量的多少，将每一种业务用口取纸分开，并在口取纸上写明每一种业务的会计科目名称，以便在登记时能够及时找到应登记的账页。

总账分页使用时，假如总账账页从第 1 页到第 10 页登记现金业务，我们就应在目录中写清楚"现金……1～10"，并且在总账账页的第 11 页贴上写有"银行存款"的口取纸，依次类推，总账就建好了。

为了便于登记总账，在总账账页分页使用时，最好按资产、负债、所有者权益、收入、费用的顺序来分页，在口取纸的选择上也可将资产、负债、所有者权益、收入、费用按不同颜色区分开，以便于登记。

企业通常要设置的总账业务往往会有库存现金、银行存款、其他货币资金、交易性金融资产、应收票据、应收账款、其他应收款、存货、长期股权投资、固定资产、累计折旧、无形资产、累计摊销、长期待摊费用、递延所得税资产、短期借款、应付票据、应付账款、预收账款、其他应付款、应付职工薪酬、应交税费、应付利润、长期借款、应付债券、递延所得税负债、长期应付款、实收资本(股本)、资本公积、盈余公积、未分配利润、本年利润、主营业务收入、主营业务成本、税金及附加、销售费用、其他业务收入、其他业务支出、营业外收入、营业外支出、以前年度损益调整、所得税费用等。总账的登记既可以根据记账凭证逐笔登记,也可以根据科目汇总表登记,还可以根据汇总记账凭证进行登记。

因为工业企业会计核算使用的会计账户较多,所以总账账簿的需要量可能会多一些,购买时需多购置几本,但也要根据业务量的多少和账户设置的多少购置。工业企业的存货内容所占比重较大,还要配合成本计算设置有关成本总账。有关存货账户有原材料、在途物资、材料采购、委托加工物资、包装物及低值易耗品、自制半成品、产成品等,企业要根据账户设置相应的总账。

成本计算账户包括生产成本、制造费用、劳务成本等,企业要根据成本计算账户设置相应的总账。

3) 明细分类账

在企业里,明细分类账的设置是根据企业自身管理需要和外界各部门对企业信息资料的需要来设置的。需设置的明细账有短期投资(根据投资种类和对象设置)、应收账款(根据客户名称设置)、其他应收款(根据应收部门、个人、项目往来设置)、长期投资(根据投资对象或根据面值、溢价、折价、相关费用设置)、固定资产(根据固定资产的类型设置,对于固定资产明细账账页,每年可不必更换新的账页)、短期借款(根据短期借款的种类或对象设置)、应付账款(根据应付账款对象设置)、其他应付款(根据应付内容设置)、应付职工薪酬(根据应付部门设置)、应交税费(根据税费的种类设置)、销售费用、管理费用、财务费用(均按照费用的构成内容设置)。企业可根据自身的需要增减明细账的设置。日常工作就是根据原始凭证、汇总原始凭证及记账凭证登记各种明细账。明细账无论按怎样的方法分类,各个账户明细账的期末余额之和应与其总账的期末余额相等。

在工业企业里还应根据上述增加的总账,增加相应的明细账。在采用材料按实际成本计价的企业,要设置在途物资或物资采购明细账,以便于核算不同来源材料的实际成本。在材料按计划成本计价的企业,要设置材料采购的明细账,并采用横线登记法,按材料的各类规格、型号登记材料采购的实际成本和发出材料的计划成本,并根据实际成本和计划成本的差异反映材料成本差异；另外，为配合材料按计划成本计价，应建立"材料成本差异"明细账，它是原材料备抵调整账户，同原材料相同，它的设置也是按材料的品种、规格设置，反映各类或各种材料实际成本和计划成本的差异，计算材料成本差异分配率。

为计算产品成本要设置基本生产成本明细账，也称产品成本明细分类账或产品成本计算单。根据企业选择的成本计算方法，可以按产品品种、批别、类别、生产步骤设置明细账。辅助生产成本明细账，用以反映归集的辅助生产费用或辅助生产成本及分配出去的辅助生产成本和转出的完工的辅助生产产品，应根据辅助生产部门设置。制造费用明细账是所有工业企业都必须设置的，根据制造费用核算内容(如工资、折旧费、修理费、低值易耗品摊销费、劳保费等)来设置。

损益类明细账有主营业务收入、主营业务成本、营业费用、管理费用、财务费用、营业外收入、营业外支出、投资收益等。主营业务收入与主营业务成本明细账可根据产品的品种、批别、类别来设置，营业费用、管理费用、财务费用按照费用的种类设置，营业外收入、营业外支出根据收入与支出的种类设置，投资收益则根据投资的性质与种类设置。

由于工业企业的成本计算比较复杂，因此在企业建账时，为了便于凭证的编制，还要设计一些计算用的表格，如材料费用分配表、领料单、工资费用计算表、折旧费用分配表、废品损失计算表、辅助生产费用分配表、产品成本计算单等相关成本计算表格。

2. 商品流通企业建账

商品流通企业是指从事商品流通(买卖)的独立核算企业。它主要包括商业、供销合作社、外贸、物资供销、图书发行等企业，如商场、大中小型超市等。因商品流通企业的经济活动主要是流通领域中的购销存活动，所以这类企业的核算主要侧重于采购成本和销售成本的核算及商品流通费用的核算。

下面从三个方面谈一下商品流通企业的建账。

1) 现金日记账及银行存款日记账

商品流通企业的现金日记账及银行存款日记账的建立方式与工业企业相同。

2) 总分类账

商品流通企业除了要设置工业企业日常总分类账簿之外，还要设置商品采购、库存商品、商品进销差价这三个商品流通企业必须使用的总账账簿。如果经常委托他人代销商品或为他人代销商品，还需设置委托代销商品、代销商品款、受托代销商品账簿。另外，因商品流通企业的收入、成本和税金与工业企业略有不同，所以还应将工业企业的主营业务收入改为"商品销售收入"，把主营业务成本改为"商品销售成本"，把税金及附加改为"商品销售税金及附加"。此外，可根据企业业务量的多少和业务的需要，增删需设置的总账账簿。

3) 明细分类账

根据增设的总账账簿，还应增设相关明细账簿，如商品采购明细账，反映购进商品的进价成本及入库商品的实际成本，商品采购明细账可按客户名称设置；库存商品明细账，反映商品的收、发和结存情况，可按商品的种类、名称、规格和存放地点设置，要求采用数量金额核算法。在按实际成本计算已销商品成本时，库存商品的发出可按个别计价法(分批实际成本计价)、加权平均法、先进先出法、进销差价法和毛利率法。如果企业是商品零售企业，还需设置"商品进销差价"明细账，因该账户是"库存商品"的调整账户，所以它的明细账的设置口径应与"库存商品"明细账一致。"经营费用"作为反映商品流转整个经营环节所发生的各种费用，应按费用的种类，如运输费、装卸费、整理费、广告费等分类反映。

"商品销售收入""商品销售成本"明细账可以按商品的种类、名称、规格或不同的销售部门设置。商品流通企业明细账的设置，除了上述明细账外，其余与工业企业明细账的设置相同。

商品流通企业存在与工业企业不同的成本计算问题，因此为了便于成本计算，需要外购或自制许多计算用的表格，如已销商品进销差价计算表、商品盘存汇总表、毛利率计算表等。这些在建账时都要有所准备，否则到月末结账时就会手忙脚乱。

3. 服务企业建账

服务企业是指那些对外提供劳务服务的企业。因为它提供的并非是产品或商品，而是一种劳务服务，所以我们称之为服务企业。它包括交通运输业、建筑安装业、金融保险业、邮电通信业、文化体育业、娱乐业、旅游服务业、仓储保管业、仓储租赁业、代理业、广告业等。虽然服务企业的服务项目很多，但由于其成本核算比较简单，因此账簿设置也相对较简单。

下面从三个方面阐述服务企业的建账。

1) 现金日记账和银行存款日记账

服务企业的现金日记账与银行存款日记账的建立同工业企业与商品流通企业相同，使用方式与登记方式也完全相同。

2) 总分类账

服务企业需设置的总账业务较工业企业和商品流通企业需要设置的总账要少,但也需要设置库存现金、银行存款、交易性金融资产、应收账款、其他应收款、存货、长期投资、固定资产、累计折旧、无形资产、长期待摊费用、短期借款、应付账款、其他应付款、应付职工薪酬、应交税费、其他应付款、应付股利、实收资本(股本)、资本公积、盈余公积、未分配利润、本年利润、主营业务收入、主营业务成本、营业外收入、营业外支出、以前年度损益调整、所得税费用等。

3) 明细分类账

明细分类账的设置也是根据服务企业管理的需要和实用性来设置的。与上述两种情况不同的是,还需要设置营业费用明细账。

企业只要将这三种类型的账簿建立起来,建账的基本工作就算完成了。其他问题就是按规定进行日常会计处理、登记会计账簿了。

4. 其他企业建账

前面列举了工业企业、商品流通企业、服务企业的建账方法,此外还有交通运输企业、施工企业、农业企业、房地产开发企业等。这些企业的资产、负债、所有者权益的核算及该方面的建账与上述三类企业是相同的,主要区别是在成本核算方面及总账和明细账的设置方面。

下面对它们的差异分别加以介绍。

1) 交通运输企业

交通运输企业是处于流通领域里的产业部门,从事旅客运输和货物运输活动。它的特点是流动性大、营运点多、面广和线路多,企业与有关部门以及企业内部各部门之间的经济关系比较复杂,核算的环节多、业务量大。成本计算要按被运输对象的不同,按不同的运输工具、运输作业项目、运输组织方式计算各种运输成本。运输途中的各种消耗就是运输产品成本,因此在建账时要设置"运输支出""运输成本""辅助营运费用""营运间接费用""装卸支出"等总账和明细账。

2) 施工企业

施工企业是专门从事建筑安装工程及施工的生产单位。它从事建造各种生产和非生产用房屋、建筑物、构筑物,安装各种机械设备,对原有房屋、建筑物进行修理和改造等。施工企业与工业企业相比,其产品生产过程既有相一致的地方,又有不同之处。与工业企业相比,施工企业的特点主要是工作地点的流动性大、工作内容更具多样性、施工机械体积大、受自然气候影响大、施工周期长等。为了便于核算,要设置

"工程施工""辅助生产""机械作业""工程结算成本""工业生产"等总账和明细账。

3) 农业企业

农业企业是指那些通过生物的生长和繁殖来取得产品,并获取利润的部门。它包括农业、林业、畜牧业和渔业。农业生产比较多样化,它的日常核算往往与农作物生产周期、养殖周期相一致,在进行会计核算时,需设置"农业生产成本""农用材料""辅助生产成本""畜牧业生产成本""渔业生产成本"等总账和明细账。在企业购置好账簿和准备好记账工作之后,就可以根据记账的基本程序和要求装订、登记账簿了。

4) 房地产开发企业

房地产又称不动产,一般是指土地、土地上的永久建筑物和由它们衍生的各种物权。房地产开发企业是指专门从事上述不动产开发的企业。它的费用支出主要有土地征用及拆迁补偿费,前期规划、设计、水文、勘察、测绘、三通一平费,建筑安装工程费,道路、供水、供电、供气、排污、通信、照明、环卫、绿化等基础设施费,公共配套设施费,开发间接费等。为核算上述各项费用,需设置"开发成本""开发间接费""开发产品"等总账和明细账。

1.11 原有单位在年度开始时如何建账

为了清晰地反映各个会计年度的财务状况和经营成果,每个会计年度开始时,一般都要启用新账簿,并把上年度的会计账簿归档保管。

现金日记账、银行存款日记账、总分类账及明细分类账每年都要更换新账簿,但固定资产明细账或固定资产卡片可以继续使用,不必每年更换新账簿。

年终结账后,有期末余额的账户,应将其余额结转至下年度新账簿的相应账户中。结转时,将账户的余额直接记入新账簿中对应账户的余额栏内,不需要编制记账凭证,也不必将余额再记入本年账户的借方或贷方,使本年度该账户的余额为零。

下年度新开账户的第一行,填写的日期是1月1日,"摘要"栏注明"上年结转"字样,同时,将上年结转余额记入"余额"栏,并标明余额方向。上年度该账户的借方余额,转至本年度新账内仍为借方余额,上年度该账户的贷方余额,转至本年度新账内仍为贷方余额。其格式如表1-1所示。

表 1-1　总分类账

账户名称：产成品

2020年		凭证号	摘　要	借方金额	贷方金额	借或贷	余　额
月	日						
1	1		上年结转			借	50 000

第 2 章

记 账

2.1 何谓记账

一直以来，在实际会计工作中，对于"记账"的定义存在着很大的误解，很多人以为"记账"就是填制凭证，与"制单"混淆在一起，也许你会问：那么"记账"究竟是什么？

为还原"记账"的本来面目，本书在收集大量资料、深入调查的基础上重新提出"记账"的定义：将当前会计期间所有已审核的原始凭证和记账凭证登记在总分类账、明细分类账、日记账和备查账等账簿的过程。

明确了记账的概念后，那究竟为何要记账呢？

我们都知道，经济业务发生后，首先要填制会计凭证，会计凭证可以反映经济业务，然而会计凭证数量多又很分散，每一张会计凭证只能反映一个业务，不能集中反映某一时期经济活动的全貌，不能连续、系统、全面地反映和监督一个单位经济活动引起的资产和权益的增减变动情况。这样就不能很好地发挥会计的职能，这是会计凭证反映经济业务的不足之处，也是记账的原因，这就要求会计核算要通过记账把分散在会计凭证上的资料进行分类、整理和汇总，并登记到账簿中，为经济管理提供系统、完整和综合的会计核算资料，以加强经济管理。

2.2 记账依据是什么

1. 原始凭证的填制和审核

1) 原始凭证的填制

(1) 原始凭证的基本要素。

在会计实务中，由于各种经济业务的内容和经济管理的要求不同，所以原始凭证的名称、格式和内容也多种多样。但是，原始凭证作为经济业务已经发生或已经完成的原始证据，必须反映经济业务发生或完成的情况，并明确有关经济人的责任，因此各种原始凭证都必须具备一些基本内容，具有一些基本要素。这些基本要素主要包括以下七个方面。

① 凭证的名称。表明原始凭证所记录业务内容的种类，反映原始凭证的用途，如"发货票""入库单"等。

② 填制凭证的日期。如果在业务发生或完成时，因各种原因未能及时填制原始凭

证的，应以实际填制日期为准；销售商品、产品时未能及时开出发货票的，补开发货票的日期应为实际填制时的日期。

③ 填制凭证单位或填制人姓名。

④ 经办人员的签名和盖章。经办人员签名盖章是为了通过该项内容明确经济责任。

⑤ 接受凭证单位的名称。将接受凭证单位与填制凭证单位或填制人相联系，表明经济业务的来龙去脉。

⑥ 经济业务内容。经济业务内容主要是表明经济业务的项目、名称及有关的附注说明。

⑦ 数量、单价和金额。这主要表明经济业务的价值，是原始凭证的核心。

有些原始凭证虽不具备凭证的七个要素，但它们是由国家有关主管部门制定的统一的凭证格式，如中国人民银行统一制定的银行转账结算凭证等，均是合法的原始凭证。

(2) 原始凭证的填制方法。

① 自制原始凭证的填制方法。自制原始凭证是指由本单位内部经办业务的部门或人员，在某项经济业务发生或完成时自行填制的凭证。

自制原始凭证的填制方法举例如下。

【例 2-1】 甲公司向乙公司购进货物一批，仓库保管员验收后填制"入库单"，如表 2-1 所示。

表 2-1 入库单

下单日期：2020-3-11

供应商：××油脂销售公司　　　　　　　　　　　采购部门：采购部

序号	销售订单	物料编码	物料名称	单位	数量	总额	所入仓库	备注
/	M0080	NCsdo	油料	L	10	1000	一仓库	

制单：　　　　　　业务员：　　　　　　电话：　　　　　　审核：

② 外来原始凭证的填制方法。外来原始凭证是指在经济业务发生或者完成时，从外单位或个人取得的原始凭证。

外来原始凭证的填制方法举例如下。

【例 2-2】 A 公司 2020 年 10 月 10 日从 B 公司购进材料一批，货款及增值税以银行存款支付。B 公司收妥款项后开具的"增值税专用发票"如表 2-2 所示。

表 2-2 增值税专用发票

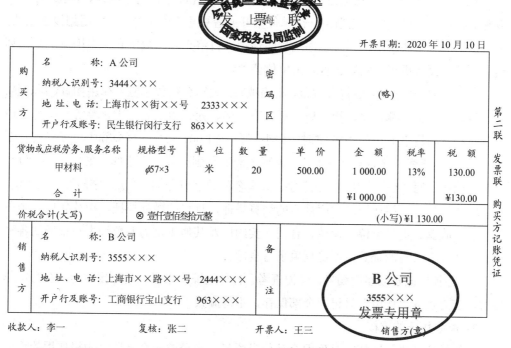

外来原始凭证一般由税务局等部门统一印制，或经税务部门批准由经济单位印制，在填制时加盖出具凭证单位公章方为有效。

(3) 原始凭证的填制要求。

会计工作是从取得或填制原始凭证开始的，原始凭证填制得正确与否，直接影响会计核算的质量。因此，填制原始凭证必须符合规定的要求。

① 凭证所反映的经济业务必须合法。原始凭证所反映的经济业务必须合法，必须符合国家有关政策、法令、规章、制度的要求，否则不能记入原始凭证。

② 凭证填写的内容和数字要真实可靠。原始凭证上所填写的经济业务发生的日期、内容、数量和金额等项目必须与实际情况完全相符，不能填写估计数或匡算数。

③ 各种凭证的内容必须逐项填写齐全。各种原始凭证的内容必须逐项填写齐全，

不得遗漏和省略，手续要完备，经办业务部门的人员要认真审核，并签名盖章。

④ 凭证填制要及时。当一项经济业务发生或完成时，应立即填制原始凭证，并按规定的程序及时送交会计部门，经会计部门审核无误后，据此编制记账凭证。

⑤ 凭证书写要规范。各种凭证的书写要用蓝黑墨水，文字要简要，字迹要清楚，易于辨认。不得使用未经国务院公布的简化字；对阿拉伯数字要逐个写清楚，不得连笔书写；在数字前应填写人民币符号"¥"；属于套写的凭证，应一次套写清楚。

⑥ 各种凭证不得随意涂改、刮擦、挖补。各种凭证不得随意涂改、刮擦、挖补，发现原始凭证有错误的，应当由开出单位重开或者更正。更正时，应采用划线更正法，即将错误的文字和数字，用红色墨水划线注销，再将正确的数字和文字用蓝字写在划线部分的上面。更正处应当加盖开出单位公章。

⑦ 大小写金额数字要符合规范，正确填写。大写金额数字应一律用如壹、贰、叁、肆、伍、陆、柒、捌、玖、拾、佰、仟、万、亿、元、角、分、零、整等，不得乱造简化字；金额数字中间有"0"字时，如小写金额¥1 001.50，大写金额中可以只写一个"零"字，为"壹仟零壹元伍角整"；大写金额数字到元或角为止的，在"元"或"角"字的后面应当写"整"字或者"正"字；大写金额数字有分的，"分"字后面不写"整"字或者"正"字。银行结算制度规定的结算凭证，预算的缴款凭证、拨款凭证，企业的发票、收据、提货单位、运单、合同、契约以及其他规定需要填列大写金额的各种凭证，必须有大写的金额，不得只填小写金额。

⑧ 各种凭证必须连续编号，以便查考。各种凭证如果已预先印定编号，在写错作废时，应当加盖"作废"戳记，全部保存，不得撕毁。

2) 原始凭证的审核

对原始凭证进行审核，是确保会计信息质量，充分发挥会计监督积极作用的重要环节，也是会计机构、会计人员的法定职责。

原始凭证审核的主要内容如下。

(1) 审核原始凭证是否合法、合理。

审核原始凭证所反映的经济业务是否符合国家的政策、法令、制度的规定，有无违反财政纪律等违法乱纪的行为；是否符合厉行节约、反对铺张浪费的原则，有无违反该原则的现象。

(2) 审核原始凭证是否真实、完整。

审核填制原始凭证的日期、所记录的经济业务的内容及数据等是否符合实际情况，项目填写是否齐全，手续是否完备，外来原始凭证的填制单位公章、填制人员签字以及自制原始凭证的经办部门和经办人员的签名或盖章是否齐全。

(3) 审核原始凭证是否正确、清楚。

审核原始凭证中摘要的填写是否符合要求，数量、单价、金额、合计数的计算和填写是否正确，大小写金额是否相符，书写是否清楚。

原始凭证的审核是一项十分细致而又严肃的工作，会计人员必须坚持制度，坚持原则，履行会计人员的职责。

(4) 在审核原始凭证的过程中，发现问题后的正确处理方法。

① 对于不真实、不合法的原始凭证，会计人员有权不予受理，并向单位负责人报告，请求查明原因，追究有关当事人的责任。

② 对于真实、合法、合理但内容不够完整、填写有错误的原始凭证，应退回给有关经办人员，由其负责将有关凭证补充完整、更正错误或重开后，再办理正式的会计手续。

2. 记账凭证的填制和审核

1) 记账凭证的填制

(1) 确定采用何种记账凭证。

确定采用何种记账凭证即确定采用哪种格式的记账凭证。若企业规模大、收付款业务多，宜采用专用凭证；若企业规模小、业务少，宜采用通用记账凭证。若为了集中反映账户对应关系、便于查账、减少凭证数量，宜采用复式凭证；若为了分工汇总、记账、加快账务处理工作，宜采用单式凭证。

若采用专用凭证，在接到原始凭证填制记账凭证时，还要具体确定填制收、付、转哪一种专用凭证。一般来说，若为收款业务应填制收款凭证，若为付款业务应填制付款凭证，若为转账业务应填制转账凭证。但是，对于现金和银行存款之间及各种银行存款之间相互划转的业务，如从银行提取现金或把现金存入银行，则要注意只填制付款凭证，不填制收款凭证，以免重复记账。

(2) 必须根据审核无误的原始凭证填制记账凭证。

记账凭证可以根据一张或若干张反映同一经济业务的原始凭证填制，也可以把若干张同类经济业务的原始凭证进行汇总，根据汇总表填制。对于调整、结账、会计计算，以及更正错账，一般没有原始凭证，但填制记账凭证时要做较为具体的说明或附有自制的计算单。

(3) 填写记账凭证的日期。

填写日期一般是会计人员填制记账凭证当天的日期，也可以根据管理需要，填制经济业务发生的日期或月末日期。因此，填写日期可能与所依据的原始凭证日期一致，也可能不一致。一般来说，记账凭证填写日期的具体要求是：报销差旅费填写报销当日日期；现金收付业务填写收付日期；银行收款业务填写财会部门收到银行进账单或银行回执的戳记日期，但当实际收到进账单日期与银行戳记日期相隔较远，或当日收到上月银行进账单时，则应按财会部门实际办理转账业务的日期填写；银行付款业务，应填写财会部门开出付款单据或承付的日期；属于计提费用、分配利润等转账业务的，应填写当月月末日期。

(4) 填写记账凭证的编号。

记账凭证编号必须连续，不得跳号、重号。当月记账凭证的编号，可以在填制当日填写，也可以在月末或装订记账凭证时填写。业务量大的单位，可使用"记账凭证编号单"，事先在编号单上印好顺序号，编号时用一个销一个，在装订凭证时将编号单附上，使编号和张数一目了然，便于查考。在具体编号时，可采用统一编号和分类编号两种方法。统一编号较适用于通用凭证，即将全部凭证作为一类统一编号。分类编号较适用于专用凭证，又分为两种方式，一是分为现金收付、银行存款收付和转账业务三类，分别起头，连续编号，这种凭证编号应分为收字第×号、付字第×号、转字第×号；二是分为现金收入、现金付出、银行存款收入、银行存款付出和转账业务五类，分别起头，连续编号，这种凭证编号应分为现收字第×号、现付字第×号、银收字第×号、银付字第×号、转字第×号。

如果一笔经济业务需要填制两张以上复式记账凭证，可采用"分数编号法"编号。例如，第 15 号记账凭证的经济业务需填制 3 张记账凭证，可编转字第 15-1/3 号、转字第 15-2/3 号、转字第 15-3/3 号。该项经济业务，即 15 号凭证共有 3 张，分子 1、2、3 则分别表示它们是 15 号凭证的第 1 张、第 2 张和第 3 张。记账凭证无论是统一编号，还是分类编号，每一会计期间都必须按当月起从 1 号重新起编，不得采用按年或按季连续编号的方法。

(5) 填好摘要。

摘要一栏填写记账凭证反映的经济业务的内容。它没有统一模式，应因事而异，详略不同。填写的基本要求是真实准确，简明扼要。其中，收付款业务要写明收付款对象及款项内容，使用支票的，应填写支票号码；购买物资业务要写明供货方及主要品种、数量；债权债务业务应写明对方名称、经手人及发生时间；溢缺事项应写明发生部门、原因及责任人；对于冲销或补充等更正差错事项，应写明"注销×月×日×

号凭证"或"订正×月×日×号凭证"字样；若一张或几张原始凭证需填制两张以上记账凭证而只能附在一张之后，则应分别写明"本记账凭证附件包括×号记账凭证业务"或"原始凭证附在×号记账凭证后面"等字样。

(6) 准确填写账户名称并正确反映借贷方向。

账户名称，即会计科目，应填写全称，不得简写或只写编号而不写名称，不得用"……"符号代表。要写明必要的二级科目及明细科目，以便登记明细账。账户的借贷方向要正确，或以账户体现出来，或以金额体现出来。填写账户名称时先写借项，后写贷项。不能把不同内容、不同类型的业务合并，编制一组会计分录，填制在一张凭证上；也不能人为地把一笔业务任意割裂开来填制在几张凭证上。原则上一笔经济业务编制一张记账凭证。

(7) 金额栏数字的填写。

记账凭证的金额必须与所附原始凭证的金额相符。填写金额时，阿拉伯数字要规范，写到格宽的二分之一，并平行对准借贷栏次和科目栏次，防止错栏串行。金额数字要写到分位，角分位没数字也要填上"00"，角分位的数字或零，要与元位的数字平行，不得上下错开。要在金额合计行填写合计金额，并在前面写上"¥"符号。不是合计金额，则不填写货币符号。填写金额(包括文字)不得跳行，对多余空行，应划斜线或"S"形线注销。划线应从金额栏最后一笔金额数字下的空行划到合计数行上面的空行，要注意两端都不能划到金额数字的行次上。

(8) 所附原始凭证张数的计算和填写。

记账凭证后附的主要有原始凭证、原始凭证汇总表、计算单、分配表、批准文件等。附件张数应用阿拉伯数字填写在指定位置。附件张数的计算方法有两种：一种是按构成记账凭证金额的原始凭证或原始凭证汇总表计算张数，原始凭证或原始凭证汇总表所附的单据，只作为附件的附件处理。例如，差旅费、市内交通费、医药费等单据，因数量多，可粘在一张表上，作为一张原始凭证附件，但该表上同样要注明原始单据的张数。另一种是以所附原始凭证的自然张数为准，有一张算一张。

(9) 记账凭证的签章。

记账凭证填制完成后，要由有关人员签名或盖章，以示负责。签名时要写姓名全称，不得任意简化，以免混淆。一般程序是，填制人员填毕后先签章，再由稽核人员审核后签章，之后由会计主管人员复核后签章，最后记账人员在据以记账后签章。另外，收付款凭证，还必须由出纳人员签章，表明其是否对该项款项进行了收付。

(10) 过账符号栏。

过账符号栏是在根据该记账凭证登记有关账簿以后，在该栏注明所记账簿的页数或打"√"，表示已登记入账，避免重记、漏记。在没有登账之前，该栏没有记录。

2) 记账凭证的审核

对记账凭证的审核实质是对原始凭证的进一步查核，除按对原始凭证的审核要求外，还包括对以下几方面的审核。

① 审核记账凭证是否与所付原始凭证一致，具体说就是，记账凭证是否附有原始凭证；所付原始凭证的张数与记账凭证上列明的是否相符；所附原始凭证的经济业务内容与记账凭证记录的内容是否一致，所记金额是否与记账凭证反映的金额相等。

② 审核记账凭证所用会计科目、明细分类科目及应借应贷的对应关系是否正确，是否符合会计制度和会计准则的要求。

③ 凭证中有关项目的填列是否完备，有关人员是否都已签名或盖章。

④ 审核记账凭证中所反映的数字和金额是否正确。

⑤ 在审核过程中，如果发现记账凭证有错误，应查明原因，及时更正。

3. 记账凭证附件的处理

在实际工作中，记账凭证所附的原始凭证种类繁多，为了便于日后的装订和保管，在填制记账凭证时应对附件进行必要的外形加工。

过宽过长的附件，应进行纵向和横向折叠。折叠后的附件外形尺寸，不应长于或宽于记账凭证，同时还要便于翻阅；附件本身不必保留的部分可以裁掉，但不得因此影响原始凭证内容的完整；过窄过短的附件，不能直接装订时，应进行必要的加工后再粘贴于特制的原始凭证粘贴纸上，然后再装订粘贴纸。原始凭证粘贴纸的外形尺寸应与记账凭证相同，纸上可先印一个合适的方框，各种不能直接装订的原始凭证，如飞机票、地铁车票、市内公共汽车票、火车票、出租车票等，都应按类别整齐地粘贴于粘贴纸的方框之内，不得超出。粘贴时应横向进行，从右至左，并应粘在原始凭证的右边，逐张左移，后一张右边压住前一张的左边，每张附件只粘左边的0.6~1厘米长，粘牢即可。粘好以后要捏住记账凭证的左上角上下抖几下，看是否有未粘住或未粘牢的。最后还要在粘贴单的空白处分别写出每一类原始凭证的张数、单价与总金额。

例如，某人报销差旅费，报销单后面的粘贴单附有 0.5 元的市内公共汽车票 20 张，1 元的公共汽车票 12 张，285 元的火车票 1 张，869 元的飞机票 1 张，则应分别在汽车票类下面空白处注明 0.5×20=10 元，1×12=12 元；在火车票类下面空白处注明 285×1=285 元；在飞机票类下面空白处注明 869×1=869 元。这样，万一将来原始凭证不慎失落，也很容易查明丢的是哪一种票面的原始凭证，而且也为计算附件张数提供了方便。

4．凭证的传递、装订和保管

1) 会计凭证的传递

(1) 会计凭证传递的作用。

会计凭证的传递是指会计凭证从编制时起到归档时止，在单位内部各有关部门及人员之间的传递程序和传递时间。正确组织会计凭证的传递，对于及时处理和登记经济业务，明确经济责任，实行会计监督具有重要作用。

(2) 会计凭证传递的注意事项。

各种会计凭证所记载的经济业务内容不同，涉及的部门和人员不同，办理的经济业务手续也不尽一致。组织会计凭证传递，必须遵循内部牵制原则，力求做到及时反映、记录经济业务。会计凭证在传递过程中必须注意以下事项。

① 一切会计凭证的传递和处理，必须在会计报告期内完成，应当及时传递，不得积压，不得跨期，否则势必影响会计核算的正确性和及时性。

② 会计凭证在传递过程中，既要做到完备严密，又要简便易行。凭证的签收、交接应当制定必要的制度，以保证会计凭证的安全与完整。

③ 应根据每种经济业务的特点、内部组织机构和人员分工情况以及经营管理的需要，恰当规定会计凭证经由的必要环节，并据之恰当规定会计凭证的份数，做到既能使各有关部门和人员了解经济业务的情况，及时办理凭证手续，又能避免凭证传递经过不必要的环节，以利于提高工作效率。

④ 要根据各个环节办理经济业务所必需的时间，合理规定凭证在各个环节停留的时间，以确保凭证及时传递。

2) 会计凭证的装订

会计凭证的装订是指定期把编制好的会计凭证按照编号顺序，外加封面、封底，装订成册，并在装订线上加贴封签。在封面上，应写明单位名称、年度、月份、记账凭证的种类、起讫日期、起讫号数以及记账凭证和原始凭证张数，并在封签处加盖会计主管的骑缝图章。如果采用单式记账凭证整理装订时，必须保持会计分录的完整，应按凭证号码顺序还原装订成册，不得按科目归类装订。对各种重要的原始单据以及各种需要随时查阅和退回的单据,应另编目录,单独登记保管,并在有关的记账凭证和原始凭证上相互注明日期和编号。

会计凭证装订的要求是,既要美观大方又要便于翻阅,因此在装订时要先设计好装订册数及每册的厚度。一般来说,一本凭证,厚度以 1.5~2.0 厘米为宜,太厚了不便于翻阅核查,太薄时可用纸折一些三角形纸条,均匀地垫在装订处,以保证它的厚度与凭证中间的厚度一致。

有些会计在装订会计凭证时采用角订法,装订起来简单易行,效果也很不错。它的具体操作步骤如图 2-1 所示。

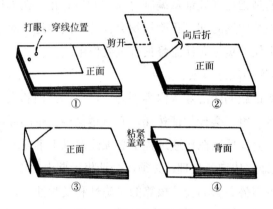

图 2-1 会计凭证的装订

① 封面和封底裁开,分别附在凭证前面和后面,再拿一张质地相同的纸(可以再找一张凭证封皮,裁下一半用,另一半为订下一本凭证备用)放在封面上角,做护角线。

② 在凭证的左上角画一个边长为 5 厘米的等腰三角形,用夹子夹住,并用装订机在底线上分布均匀地打两个眼儿。

③ 大针引线绳穿过两个眼儿。如果没有针,可以将回形别针顺直,然后将两端折向同一个方向,将线绳从中穿过并夹紧,即可把线引过来,因为一般装订机打出的眼都是可以穿过的。

④ 在凭证的背面打结。线绳最好把凭证两端也系上。

⑤ 将护角向左上侧折,并将一侧剪开至凭证的左上角,然后抹上胶水。

⑥ 向上折叠,并将侧面和背面的线绳扣粘住。

待晾干后,在凭证本的背面写上"某年某月第几册共几册"的字样。装订人在装订线封签处签名或盖章。现金凭证、银行凭证或转账凭证最好依次顺序编号,一个月从头编一次序号,如果单位的凭证少,可以全年顺序编号。

3) 会计凭证的保管

会计凭证是重要的经济资料和会计档案。每个单位在完成经济业务手续和记账以后,必须按规定的立卷归档制度,形成会计档案资料,以便日后查阅。

会计凭证的保管期限和销毁手续,必须严格按照会计制度的有关规定执行。一般会计凭证至少须保存十年,重要的会计凭证须长期保存,会计凭证保存期满须销毁时,必须开列清单,按照规定的手续报经批准后方可销毁,任何单位都不能随意销毁会计凭证。

2.3 会计记账的要求

1. 记账前的准备工作

① 选购和装订账簿。现行总账一般采用订本式,选购时应根据本单位业务量的大小选择,尽量一年一本,避免一种账一年用不完或不够用。活页账装订时要注意同一本账装同样的账页,其纸色、大小应一致。装订时,应排齐顶紧,以保证账本外形美观,防止账页松动。

② 粘贴索引纸。会计业务量小的单位,其账簿可不设索引纸;会计业务量较大、业务较复杂的单位,其账簿应粘贴索引纸。粘贴索引纸时,应按由前往后(按账页顺序)、自上而下的顺序粘贴。当合起账本时,全部索引纸应整齐、匀称,并能显露科目。

③ 统一笔墨、印台、印章。同一本账要尽量用同一支笔、同一牌号的墨水、同一套印章、同色印油。墨水、印台应单独保管,以免被他人混用而改变颜色。记账用的蘸水笔也应单独保管,防止被他人使用而改变笔尖的角度,造成笔迹不一。

④ 整理办公桌面,清除污染物,防止账簿被污染。

2. 记账时的注意事项

① 在账页下部放上干净纸,防止手上的汗渍浸染账页。

② 先将笔在其他纸上试写数字,以清除沉积在笔头的墨水。使用蘸水笔记账时,应备专用墨水,并使瓶中墨水保持一定的高度,以便蘸水均衡。

③ 记账要及时,精力要集中,以提高记账的质量,减少差错率,同时还能在笔迹、颜色上减少时间差的影响。

④ 翻动墨水未干的账页,可在其上方放一张吸水性较强的纸。这样既可防止未干

墨水污染账簿,又不影响记账速度。

⑤ 结账时应核对无误后,再用记账笔正式填写。

⑥ 印章应经常擦拭,以保持字面清晰。使用印章时,应先在其他纸上试盖,待清晰时再正式使用,要注意印油不可太多,否则,不仅会影响本账页的整洁,还会渗透殃及相邻的页面。

⑦ 结账划线应用两块直尺重叠使用,上面的(尺)向前伸出一点,使尺的前沿伸出的部分与账页保持一定的距离,以避免尺上的墨水污染账页。

⑧ 结账的通栏横线不要骑格划,可稍稍错上一点,以免红绿颜色相混,看不到红线。

⑨ 翻阅账页时,不要总捻账页的右下角或右上角,应该经常变换位置,以防止账角卷曲变黑,影响账簿的整洁与寿命。

3. 记账的书写要点

① 阿拉伯数字应当一个一个地写,不得连笔写。阿拉伯数字金额前面书写货币币种符号的,币种符号与阿拉伯数字金额之间不得留有空白。凡阿拉伯数字前写有币种符号的,数字后面不再写货币单位。

② 所有以元为单位的阿拉伯数字,除表示单价等情况外,一律写到角分;无角分的,角位和分位可写"00"或符号"—";有角无分的,分位应当写"0",不得用符号"—"代替。

③ 汉字大写数字金额(如"零、壹、贰、叁、肆、伍、陆、柒、捌、玖、拾、佰、仟、万、亿"等),一律用正楷或者行书体书写,不得用"〇、一、二、三、四、五、六、七、八、九、十"等简化字代替,不得任意制造简化字体。大写金额数字到元或角为止的,在"元"或"角"字之后应当写"整"字或"正"字;大写金额数字有分的,分字后面不写"整"字或"正"字。

④ 阿拉伯数字金额中间有"0"时,汉字大写金额要写"零"字;阿拉伯数字金额中间连续有几个"0"时,汉字大写金额中可以只写一个"零"字;阿拉伯数字元位是"0",或者数字中间连续有几个"0"、元位也是"0",但角位不是"0"时,汉字大写金额可以只写一个"零"字,也可以不写"零"字。

关于阿拉伯数字的字形以及正确的书写方法如图 2-2 所示。

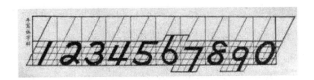

图 2-2 阿拉伯数字书写字形

2.4 日记账的设置和登记

1. 日记账的定义及其分类

日记账是按照经济业务发生或完成的时间先后顺序逐日、逐笔进行登记的账簿。设置日记账的目的是为了使经济业务的时间顺序清晰地反映在账簿记录中。日记账按其所核算和监督经济业务的范围,可分为特种日记账和普通日记账。在我国,大多数企业一般只设库存现金日记账和银行存款日记账。现金日记账是用来核算和监督库存现金的收入、支出及结存状况的账簿,多采用三栏式和多栏式格式,但必须使用订本账。银行存款日记账的格式和登记方法与现金日记账相同。

2. 库存现金日记账的设置和登记

库存现金日记账是用来对库存现金的日常收支变动和结存情况按时间先后顺序逐笔登记、连续反映的账簿。利用现金日记账的记录,可以对现金的保管、使用及现金管理制度的执行情况进行严格的日常监督,可以检查现金收款凭证、付款凭证有无丢失情况,保证账证相符、账实相符。库存现金日记账必须使用订本账。

库存现金日记账的格式一般有两种:三栏式和多栏式。

1) 三栏式库存现金日记账的登记方法

三栏式库存现金日记账是用来登记库存现金的增减变动及其结果的日记账。设借方、贷方和余额三个金额栏目,一般将其分别称为收入、支出和结余三个基本栏目。

三栏式库存现金日记账是由出纳人员根据库存现金收款凭证、库存现金付款凭证以及银行存款的付款凭证,按照库存现金收、付款业务和银行存款付款业务发生时间的先后顺序逐日逐笔登记。

三栏式库存现金日记账的登记方法如下。

① 日期栏:系指记账凭证的日期,应与库存现金实际收付日期一致。

② 凭证栏:系指登记入账的收付款凭证的种类和编号,如:"库存现金收(付)款

凭证",简写为"现收(付)";"银行存款收(付)款凭证",简写为"银收(付)"。凭证栏还应登记凭证的编号数,以便于查账和核对。

③ 摘要栏:系指说明登记入账的经济业务的内容。文字要简练,但要能说明问题。

④ 对方科目栏:系指库存现金收入的来源科目或支出的用途科目。例如,银行提取现金,其来源科目(对方科目)为"银行存款"。其作用在于了解经济业务的来龙去脉。

⑤ 收入、支出栏(或借方、贷方):系指库存现金实际收付的金额。每日终了,应分别计算库存现金收入和付出的合计数,结出余额,同时将余额与出纳员的库存现金核对,即通常说的"日清"。如果账款不符应查明原因,并记录备案。月终同样要计算库存现金收、付和结存的合计数,通常称为"月结"。

库存现金日记账一般由出纳人员逐日顺序登记,为了坚持内部牵制原则,实行钱账分管,出纳人员不得负责现金收入日记账和银行存款日记账以外的项目账簿,这是出纳工作中重要的环节,也是考核出纳员工作成绩的重要依据之一。出纳员应根据现金日记账来管理现金,做到以账管钱,完备出纳核算系统,同时明确出纳员的责任。

出纳员根据审核后的现金收款凭证或现金付款凭证进行登记。对于从银行提取现金的业务,应只编制银行付款凭证,根据银行付款凭证登记在现金"收入"栏。

每日终了,都要结出当日的收入合计数和支出合计数,分别记入"收入"栏和"支出"栏,并结出当日的结存余额,记入"结余"栏。

每日结账的时候,出纳员将库存现金日记账同库存现金相核对,以查明二者是否相符,若有不相符的地方,应及时查明原因,报告会计主管人员。

月份终了,应结出本月收入合计数、支出合计数及月末余额;每年年终,应结出本年收入合计数、支出合计数和年末余额。

三栏式库存现金日记账的格式如表2-3所示。

表2-3 三栏式库存现金日记账

年		凭 证		对方科目	摘 要	收 入	支 出	结 余
月	日	种类	号码					

2) 多栏式库存现金日记账的登记方法

① 多栏式库存现金日记账的登记方法与三栏式库存现金日记账的登记方法大体相同，都是由出纳员根据审核后的记账凭证进行登记，并在每日终了进行结账，同时与库存现金核对相符；月份终了进行月结，年份终了进行年结。

② 多栏式库存现金收入日记账的登记方法。其登记方法同一般的多栏式现金日记账基本相同。需注意的是，多栏式现金支出日记账中的支出合计款应转入本账户中的"支出合计"栏中，因此每期的结余数也在本账户中列示。此外，在根据库存现金收入日记账登记总账的时候，凡是涉及"银行存款"账户的，都不能据此登记银行存款总账，因为这笔业务在银行存款日记账中也有记录，如果据此登记则会造成同一笔业务的重复登记。

③ 多栏式库存现金支出日记账的登记方法。其登记方法与多栏式现金收入日记账的登记方法大致相同。需注意的是，在根据现金支出日记账登记有关总账的时候，还应登记"银行存款"总账，同时期末应将其支出合计数转记到现金收入日记账的支出合计栏内。

多栏式库存现金日记账的格式如表2-4所示。

表2-4 多栏式库存现金日记账

年		凭证号	摘要	收入				支出				结余
				应贷科目				应借科目				
月	日			银行存款	主营业务收入	……	合计	其他应收款	管理费用	……	合计	

三栏式库存现金日记账由出纳人员根据现金收款凭证和现金付款凭证直接逐日逐笔登记。登记时，应填明业务日期、凭证字号、对方科目、摘要、收入或支出金额。对于从银行提取现金收入的业务，应根据银行存款付款凭证登记。每日终了，应及时计算出当日的收入数、支出数和结余数，与库存现金实存数核对。多栏式现金收入和现金支出分别反映在两本账上。根据现金付款凭证登记现金支出日记账，按日结出每天的现金支出数填记在支出合计栏内，同时将现金支出日记账上的支出合计数转记到现金收入日记账上的支出合计数栏内。根据现金收款凭证登记现金收入日记账，按日

结出每天的现金收入合计数,登记在收入合计栏内,同时结出当天现金的结余数,与库存现金实存数相核对。

3. 银行存款日记账的设置和登记

银行存款日记账是用来核算和监督银行存款每日的收入、支出和结余情况的账簿。银行存款日记账应按企业在银行开立的账户和币种分别设置,每个银行账户设置一本日记账,由出纳员根据与银行存款收付业务有关的记账凭证,按时间先后顺序逐日逐笔进行登记。

根据银行存款收款凭证和有关的库存现金付款凭证登记银行存款收入栏,根据银行存款付款凭证登记其支出栏,每日结出存款余额。

银行存款日记账的格式与库存现金日记账相同,可以采用三栏式,也可以采用多栏式。

多栏式可以将收入和支出的核算在一本账上进行,也可以分设"银行存款收入日记账"和"银行存款支出日记账"两本账。其格式和登记方法与"库存现金收入日记账"和"库存现金支出日记账"基本相同。三栏式银行存款日记账的格式如表 2-5 所示。

表 2-5 三栏式银行存款日记账

年		凭证		摘要	对方科目	现金支票号码	转账支票号码	借方	贷方	借或贷	余额
月	日	种类	号数								

为了避免多栏式银行存款日记账的篇幅过大,在实际工作中,一般也将这种日记账划分为银行存款收入日记账和银行存款支出日记账,其格式与现金收入日记账和现金支出日记账基本相同,区别在于没有"结算凭证种类"栏。多栏式银行存款日记账的格式从略。

银行存款日记账与库存现金日记账的登记方法大致相同,这里不再详述。

银行存款日记账是由出纳人员根据银行存款收款凭证、银行存款付款凭证逐日逐笔顺序登记的,对于现金存入银行的业务,只编制现金付款凭证,不编制银行存款收款凭证,因而此时的银行存款收入数,应根据相关的现金付款凭证登记。每日终了,应及时计算出当日的收入数、支出数和结余数,以便检查监督各项收支款项,并便于定期同银行送来的对账单逐笔核对。

2.5 总分类账的设置和登记

为了全面、总括地反映经济活动情况,并为编制会计报表提供核算资料,任何单位都应设置总分类账。在总分类账中,应按照一级科目的编码顺序分设账户,并为每个账户预留若干账页,以集中登记属于各账户的经济业务及其增减变动。总分类账核算只运用货币计量,采用三栏式和多栏式账页两种格式记录各账户的增减金额,以三栏式最为常用。

所谓三栏式总分类账,是指其格式设有"借方""贷方"和"余额"三个金额栏,而不反映对方科目,如表2-6所示。

表2-6 总分类账(三栏式)

科目名称:
第 页

年		凭证号码	对方科目	摘 要	借 方	贷 方	借或贷	余 额
月	日							

总分类账登记的依据和方法取决于所采用的会计核算组织程序。在不同的会计核算组织程序下,总分类账可以直接根据各种记账凭证逐笔进行登记;也可以将各种记账凭证先汇总编制成科目汇总表或汇总记账凭证,再据以登记;还可以根据多栏式日记账登记。无论采取哪一种方式,会计人员每月都应将全月已发生的经济业务全部登

记入账，并于月末结出总分类账各个账户的本期发生额和期末余额，作为编制会计报表的主要依据。

2.6 明细账的设置和登记

为了详细地反映经济活动情况，并为编制会计报表提供详细核算资料，各单位应在设置总分类账的基础上，根据经营管理的需要，设置必要的明细分类账。明细分类账应分别按照二级科目或明细科目开设账户，用以分类、连续地记录有关资产、负债、所有者权益、收入、费用和利润的详细资料。明细分类账的设置对于加强财产物资的收发和保管、资金的管理和使用、收入的取得和分配、往来款项的结算以及费用的开支等方面经济活动的监督起着重要的作用。

各个单位应根据经营管理的需要，为各种财产物资、债权债务、收入、费用及利润等有关总分类账户设置各种明细分类账，如材料明细账、应收账款明细账等。明细分类账一般采用活页式账簿，也有的采用卡片式账簿，如固定资产卡片账可作为固定资产明细账。明细分类账的格式，应根据它所反映经济业务内容的特点，以及实物管理的不同要求来设计。明细分类账一般有三栏式、数量金额式、多栏式和横线登记式四种，通常根据记账凭证和相应的原始凭证来登记。

1. 三栏式明细分类账

三栏式明细分类账是指设有借方、贷方和余额三个栏目，用以分类核算各项经济业务，提供详细核算资料的账簿。其格式与三栏式总账格式相同。

2. 数量金额式明细分类账

数量金额式明细分类账的账页，在收入、发出和结存栏内，分别设有数量栏、单价栏和金额栏。这种格式适用于既要进行金额核算，又要进行实物数量核算的各种财产物资科目，如"原材料""产成品"等科目的明细分类核算。数量金额式明细分类账的格式如表2-7所示。

表 2-7 数量金额式明细分类账

科目名称: 品名: 规格:

第   页

年		凭证		摘要	收入			发出			结存		
月	日	种类	号码		数量	单价	金额	数量	单价	金额	数量	单价	金额

3. 多栏式明细分类账

多栏式明细分类账是根据经济业务的特点和管理需要,在一张账页内按某一总账科目所属明细科目或明细项目分设若干专栏,用以在同一张账页上集中反映某一总账科目所属各有关明细科目或明细项目的核算资料。这种格式适用于收入、成本、费用类科目的明细核算。而三栏式和数量金额式明细分类账则是按有关的明细科目分设账页,这一点与多栏式明细分类账有所不同。多栏式明细分类账适用于只需要进行金额核算而不需要进行数量核算,并且管理上要求反映项目构成情况的成本费用支出、收入、财务成果类科目,如"生产成本""制造费用""管理费用""财务费用""营业外收入""本年利润"等科目的明细分类核算。

在每一成本费用总账科目下,都有若干明细科目或明细项目,反映成本费用支出的构成。由于这类科目在会计期间内发生的经济业务主要都应登记在该账户的借方,因此成本费用支出类明细分类账按借方设多栏,反映各明细科目或明细项目本月借方发生额。多栏式明细分类账(如制造费用明细分类账)的格式如表 2-8 所示。

表 2-8　制造费用明细分类账

年		凭证		摘要	借方						贷方	金额
月	日	种类	号码		工资	福利费	折旧费	办公费	水电费	其他		

4. 横线登记式明细分类账

横线登记式明细分类账也称平行式明细分类账。它的账页结构的特点是,将前后密切相关的经济业务在同一横行内进行详细登记,以检查每笔经济业务的完成及变动情况。这种格式适用于登记材料采购、在途物资、应收票据和一次性备用金业务。

横线登记式明细分类账的借方一般在购料付款或借出备用金时按会计凭证的编号顺序逐日逐笔登记,贷方则不要求按会计凭证编号逐日逐笔登记,而是在材料验收入库或者备用金使用后报销和收回时,在与借方记录的同一行内进行登记。同一行内借方、贷方均有记录时,表示该项经济业务已处理完毕,若一行内只有借方记录而无贷方记录,则表示该项经济业务尚未结束。

横线登记明细分类账(如材料采购明细分类账)的格式如表 2-9 所示。

表 2-9　材料采购明细分类账

年		凭证		摘要	借方			贷方	余额
月	日	种类	号码		买价	采购费用	合计		

各种明细账的登记方法,应根据本单位业务量的大小和经营管理上的需要,以及所记录的经济业务内容而定,可以根据原始凭证、汇总原始凭证或记账凭证逐笔登记,也可以根据这些凭证逐日或定期汇总登记。

2.7 备查账簿的设置和登记

备查账簿的作用是对序时账簿和分类账簿进行补充说明。根据实际需要,其设计方式可以灵活多样、不拘一格。备查账簿的设计,主要包括下列三种情形。

① 对所有权不属于本企业,但由企业暂时使用或代为保管的财产物资,应设计相应的备查账簿,如租入固定资产登记簿、受托加工材料登记簿、代销商品登记簿等。

② 对同一业务需要进行多方面登记的备查账簿,一般适用于大宗、贵重物资,如固定资产保管登记卡、使用登记卡等。

③ 对某些出于管理上的需要,而必须予以反映的事项的备查簿,如合同执行情况记录、贷款还款情况记录、重要空白凭证记录等。备查账簿(如租入固定资产登记簿)的设计如表 2-10 所示。

表 2-10 租入固定资产登记簿

资产名称	规格	合同号	租出单位	租入日期	租期	租金	使用地点	备注

2.8 记账规则与平行登记

1. 记账的规则

会计人员应当根据审核无误的会计凭证登记会计账簿。登记账簿的基本要求如下。

① 记账时,应当将会计凭证日期、编号、业务内容摘要、金额和其他有关资料逐项记入账内。记录的数字要准确,摘要要清楚,登记要及时,字迹要工整。

② 记账后,要在记账凭证上签名盖章,并注明"√"符号,表示已经记账。

③ 账簿中书写的文字和数字一般占格宽的1/2。

④ 记账不得使用圆珠笔或者铅笔书写，要使用蓝、黑墨水或碳素墨水书写。除了在用红字冲账凭证、冲销错误记录、在不设借贷等栏内结出负数余额的情况下可以使用红色墨水记账外，其他一律不得用红字记账。

⑤ 各账页应按顺序连续登记，不得跳行，不得隔页码使用。如果发生隔页、跳行，应当将空页、空行划线注销，并写上"此行空白"或"此页空白"的字样，盖上记账人员私章以示负责。

⑥ 各账户的余额，应写上"借"或"贷"字样，没有余额的要在余额栏内写上"0"表示。

⑦ 每一页应结出本页合计数和余额，并在最后一行写上"过次页"。在下一页第一行摘要栏内写出"承上页"的字样，并将上页余额抄在下页第一行的余额栏内。

记账中，当发生账簿记录错误时，不准涂改、挖补、刮擦或者用药水等消除字迹，应按规定进行更正。

2. 总分类账与明细分类账的平行登记

总分类账是根据总分类科目设置的，用来对会计要素具体内容进行总括分类核算的账户。总分类账又称总账账户，提供总括核算指标。

明细分类账是根据明细分类科目设置的，用来对会计要素具体内容进行明细分类核算的账户。明细分类账又称为明细账户。明细分类账是企业会计部门依据本单位经济业务的具体内容、管理上的要求及方便会计核算等而自行设置的。

总分类账和明细分类账，两者登记的经济业务内容是相同的，只是详细程度不一样。因此，在会计核算中，要采取平行登记的方法。所谓平行登记，是指凡涉及明细分类账的同一笔经济业务，要根据会计凭证一方面记入相关总分类账，另一方面又要记入所属明细分类账的一种登账方法。采用平行登记，一方面可以满足经营管理者对总括资料及详细核算资料相互关系的全面了解的需求，另一方面可以检查账务记录的正确性。可见，平行登记是企业内部牵制制度在会计核算上的具体运用。

平行登记的要点通常有以下几点。

① 同时登记，又称双重登记。即对同一笔经济业务，在同一会计期间内(如月度内)，既要记入有关的总分类账，又要记入其所属的有关明细分类账，不能漏记或重记。

② 方向相同。即对同一笔经济业务，在登记总分类账和明细分类账时，其各自的记账方向必须一致。也就是说，总分类账登记在借方，明细分类账也应登记在借方。

③ 依据相同。总分类账和明细分类账是对同一笔业务不同程度的反映，虽然登账的依据可以是记账凭证、汇总记账凭证，或者是科目记账汇总表，但它们所依据的原始凭证应该是一样的。

④ 金额相等。即将一笔经济业务记入几个明细分类账时，所记入总分类账的金额，应与记入几个明细分类账的金额之和相等。

第3章

【 算账 】

第 3 章 算账

本章分两个部分进行讲解。

第一部分是针对企业生产经营过程中发生的经济业务账务处理，主要内容有：资金筹集业务的账务处理；固定资产业务的账务处理；材料采购业务的账务处理；生产业务的账务处理；销售业务的账务处理；利润形成与分配业务的账务处理。

第二部分是一些具体业务的账务处理，主要内容有：长期待摊费用的账务处理；存货取得的账务处理；以前年度损益调整的账务处理；管理费用的账务处理；销售费用的账务处理；财务费用的账务处理；其他收益的账务处理；资产处置收益的账务处理；营业外收入的账务处理；营业外支出的账务处理；红字发票的账务处理；资产减值、盘盈、盘亏的账务处理；其他应付款的账务处理；坏账准备的账务处理。

3.1 资金筹集业务的账务处理

企业的资金筹集业务按其资金来源通常分为所有者权益筹资和负债筹资。所有者权益筹资形成所有者的权益(通常称为权益资本)，包括投资者的投资及其增值，这部分资本的所有者既享有企业的经营收益，也承担企业的经营风险；负债筹资形成债权人的权益(通常称为债务资本)，主要包括企业向债权人借入的资金和结算形成的负债资金等，这部分资本的所有者享有按约定收回本金和利息的权利。

1. 所有者权益筹资业务

1) 所有者投入资本的构成

所有者投入资本按照投资主体的不同可以分为国家资本金、法人资本金、个人资本金和外商资本金等。

所有者投入的资本主要包括实收资本(或股本)和资本公积。

实收资本(或股本)是指企业的投资者按照企业章程、合同或协议的约定，实际投入企业的资本金以及按照有关规定由资本公积、盈余公积等转增资本的资金。

资本公积是企业收到投资者投入的超出其在企业注册资本(或股本)中所占份额的投资，以及直接计入所有者权益的利得和损失等。资本公积作为企业所有者权益的重要组成部分，主要用于转增资本。

2) 账户设置

企业通常设置以下账户对所有者权益筹资业务进行会计核算。

(1)"实收资本(或股本)"账户。

"实收资本"账户(股份有限公司一般设置"股本"账户)属于所有者权益类账户，用以核算企业接受投资者投入的实收资本。

该账户贷方登记所有者投入企业资本金的增加额，借方登记所有者投入企业资本金的减少额。期末余额在贷方，反映企业期末实收资本(或股本)总额。

该账户可按投资者的不同设置明细账户，进行明细核算。

(2)"资本公积"账户。

"资本公积"账户属于所有者权益类账户，用以核算企业收到投资者出资额超出其在注册资本或股本中所占份额的部分，以及直接计入所有者权益的利得和损失等。

该账户借方登记资本公积的减少额，贷方登记资本公积的增加额。期末余额在贷方，反映企业期末资本公积的结余数额。

该账户可按资本公积的来源不同，分别进行"资本溢价(或股本溢价)""其他资本公积"明细核算。

(3)"银行存款"账户。

"银行存款"账户属于资产类账户，用以核算企业存入银行或其他金融机构的各种款项，但是银行汇票存款、银行本票存款、信用卡存款、信用证保证金存款、存出投资款、外埠存款等，通过"其他货币资金"账户核算。

该账户借方登记存入的款项，贷方登记提取或支出的存款。期末余额在借方，反映企业存在银行或其他金融机构的各种款项。

该账户应当按照开户银行、存款种类等分别进行明细核算。

3) 账务处理

(1) 接受现金资产投资。

企业收到投资者以现金投入的资本时，借记"库存现金"或"银行存款"账户，按投资者在企业注册资本中所占的份额，贷记"实收资本"账户。对于实际投入的金额超过投资者在企业注册资本中所占份额的部分，应记入"资本公积"账户。

(2) 接受投入固定资产。

企业接受投资者作价投入的房屋、建筑物、机器设备等固定资产，应按照投资合同或协议约定的价值确定固定资产的价值，但投资合同或协议约定价值不公允的除外。在进行账务处理时，按照投资合同或协议约定的价值借记"固定资产"账户，按投资者在企业注册资本中应享有的份额，贷记"实收资本"账户。如果投资合同或协议约定的价值大于投资者在企业注册资本中应享有的份额，应将其差额记入"资本公积"账户。

(3) 接受投入材料物资。

企业接受投资者作价投入的材料物资，应按照投资合同或协议约定的价值确定材料物资的价值，但投资合同或协议约定价值不公允的除外。在进行账务处理时，应按照投资合同或协议约定的价值借记"原材料"账户，按增值税专用发票上注明的增值税额，借记"应交税费——应交增值税(进项税额)"账户，按投资者在企业注册资本中应享有的份额，贷记"实收资本"账户，按其差额贷记"资本公积"账户。

(4) 接受投入无形资产。

企业接受投资者以无形资产方式投入的资本，应按照投资合同或协议约定的价值确定无形资产的价值，但投资合同或协议约定价值不公允的除外。在进行账务处理时，应按照投资合同或协议约定的价值借记"无形资产"账户，按投资者在企业注册资本中应享有的份额，贷记"实收资本"账户。如果投资合同或协议约定的价值大于投资者在企业注册资本中应享有的份额，应将其差额记入"资本公积"账户。

2. 负债筹资业务

1) 负债筹资的构成

负债筹资主要包括短期借款、长期借款以及结算形成的负债等。

短期借款是指企业为了满足其生产经营对资金的临时性需要而向银行或其他金融机构等借入的偿还期限在一年以内(含一年)的各种借款。长期借款是指企业向银行或其他金融机构等借入的偿还期限在一年以上(不含一年)的各种借款。结算形成的负债主要有应付账款、应付职工薪酬、应交税费等。

2) 账户设置

企业通常设置以下账户对负债筹资业务进行会计核算。

(1) "短期借款"账户。

"短期借款"账户属于负债类账户，用以核算企业的短期借款。

该账户贷方登记短期借款本金的增加额，借方登记短期借款本金的减少额。期末余额在贷方，反映企业期末尚未归还的短期借款。

该账户可按借款种类、贷款人和币种进行明细核算。

(2) "长期借款"账户。

"长期借款"账户属于负债类账户，用以核算企业的长期借款。

该账户贷方登记企业借入的长期借款本金,借方登记归还的本金和利息。期末余额在贷方,反映企业期末尚未偿还的长期借款。

该账户可按贷款单位和贷款种类,分别进行"本金""利息调整"等明细核算。

(3) "应付利息"账户。

"应付利息"账户属于负债类账户,用以核算企业按照合同约定应支付的利息,包括吸收存款、分期付息到期还本的长期借款、企业债券等应支付的利息。

该账户贷方登记企业按合同利率计算确定的应付未付利息,借方登记归还的利息。期末余额在贷方,反映企业应付未付的利息。

该账户可按存款人或债权人进行明细核算。

(4) "财务费用"账户。

"财务费用"账户属于损益类账户,用以核算企业为筹集生产经营所需资金等而发生的筹资费用,包括利息支出(减利息收入)、汇兑损益以及相关的手续费、企业发生的现金折扣或收到的现金折扣等。为购建或生产满足资本化条件的资产发生的应予资本化的借款费用,通过"在建工程""制造费用"等账户核算。

该账户借方登记手续费、利息费用等的增加额,贷方登记应冲减财务费用的利息收入等。期末结转后,该账户无余额。该账户可按费用项目进行明细核算。

3) 账务处理

(1) 短期借款。

企业借入的各种短期借款,借记"银行存款"科目,贷记"短期借款"科目;归还借款时做相反的会计分录。

资产负债表日,应按计算确定的短期借款利息费用,借记"财务费用"科目,贷记"银行存款""应付利息"等科目。

(2) 长期借款。

企业借入长期借款,应按实际收到的金额借记"银行存款"科目,按借款本金贷记"长期借款——本金"科目,如存在差额,还应借记"长期借款——利息调整"科目。

资产负债表日,应按确定的长期借款的利息费用,借记"在建工程""制造费用""财务费用""研发支出"等科目,按确定的应付未付利息,贷记"应付利息"科目,按其差额,贷记"长期借款——利息调整"等科目。

3.2 固定资产业务的账务处理

1. 固定资产的概念与特征

固定资产是指为生产商品、提供劳务、出租或者经营管理而持有，使用寿命超过一个会计年度的有形资产。

固定资产同时具有以下特征：①属于一种有形资产；②为生产商品、提供劳务、出租或者经营管理而持有；③使用寿命超过一个会计年度。

2. 固定资产的确认

某一资产项目，要作为固定资产予以确认，首先要符合固定资产的定义，其次要在同时满足下列条件时，才能予以确认。

(1) 与该固定资产有关的经济利益很可能流入企业。

资产预期能给企业带来经济利益的流入，这是资产最基本的特征。如果某一项目预期不能给企业带来经济利益，就不能确认为企业的资产。那么，固定资产作为企业资产的重要组成部分，要予以确认，也必须满足这一条件。对于固定资产的确认来说，如果某一项目预期不能给企业带来经济利益，就不能确认为企业的固定资产。因此，固定资产的确认，首先需要判断该项固定资产所包含的经济利益是否很可能流入企业。如果该项固定资产包含的经济利益很可能流入企业，并同时满足固定资产确认的其他条件，那么企业应将其确认为固定资产；如果该项固定资产包含的经济利益不是很可能流入企业，即使它满足固定资产确认的其他条件，企业也不能将其确认为固定资产。

在会计实务中，如何判断固定资产的经济利益是否很可能流入企业，主要依据与该固定资产所有权相关的风险和报酬是否转移给了企业。其中，与固定资产所有权相关的风险，是指由于经营情况变化造成的相关收益的变动，以及由于资产闲置、技术陈旧等原因造成的损失；与固定资产所有权相关的报酬，是指在固定资产使用寿命内直接使用该资产而获得的收入以及处置该资产所实现的利得等。而如何判断与该固定资产所有权相关的风险和报酬是否转移给了企业，主要依据是是否取得了固定资产的所有权。通常，取得固定资产的所有权是判断与固定资产所有权相关的风险和报酬转移给了企业的一个重要标志。凡是所有权已属于企业，不论企业是否收到或持有该项固定资产，均可作为企业的固定资产；反之，如果没有取得所有权，即使存放在企业，也不能作为企业的固定资产。但是，在有的情况下，某项固定资产的所有权虽然不属于企业,但是,企业能够对该项固定资产有实质性的控制权,从而使该项固定资产所包含的经济利益能够流入企业,如融资租入固定资产。在这种情况下,可以认定与该固定资产所有权相关的风险和报酬已经实质上转移到了企业,因此也应作为企业的固定资产加以确认。

(2) 该固定资产的成本能够可靠地计量。

成本能够可靠地计量,是资产确认的一项基本条件。固定资产作为企业资产的重要组成部分,要予以确认,也必须满足这一条件,即企业为取得固定资产而发生的支出必须能够可靠地计量。如果固定资产的成本能够可靠计量,并同时满足固定资产确认的其他条件,那么企业应将其确认为固定资产;如果固定资产的成本不能够可靠计量,即使它满足固定资产确认的其他条件,企业也不能将其确认为固定资产。

企业在确定固定资产成本时,有时需要进行合理的估计。例如,企业已经达到预定可使用状态的固定资产,在尚未办理竣工决算之前,需要根据工程预算、工程造价等资料,对固定资产的成本进行估计,按估计价值确定固定资产的入账价值。待办理竣工决算后,再按实际成本和暂估价的差额,调整固定资产的账面成本。

另外,在对固定资产进行确认时,还需要注意以下两个问题:①固定资产的各组成部分具有不同使用寿命或者以不同方式为企业提供经济利益,适用不同折旧率或折旧方法的,应当分别将各组成部分确认为单项固定资产。②与固定资产有关的后续支出,符合固定资产确认条件的,应当计入固定资产成本;不符合固定资产确认条件的,应当在发生时计入当期损益。

3. 固定资产的成本

固定资产的成本是指企业购建某项固定资产达到预定可使用状态前所发生的一切合理、必要的支出。

企业可以通过外购、自行建造、投资者投入、非货币性资产交换、债务重组、企业合并和融资租赁等方式取得固定资产。不同取得方式下,固定资产成本的具体构成内容及其确定方法也不尽相同。

其中,外购固定资产的成本,包括购买价款、相关税费(不包括购置固定资产的进项税额)、使固定资产达到预定可使用状态前所发生的可归属于该项资产的运输费、装卸费、安装费和专业人员服务费等。

4. 固定资产的折旧

固定资产折旧是指在固定资产使用寿命内，按照确定的方法对应计折旧额进行的系统分摊。其中，应计折旧额是指应当计提折旧的固定资产的原价扣除其预计净残值后的金额。已计提减值准备的固定资产，还应当扣除已计提的固定资产减值准备累计金额。

预计净残值是指假定固定资产的预计使用寿命已满并处于使用寿命终了时的预期状态，企业目前从该项资产的处置中获得的扣除预计处置费用后的金额。预计净残值率是指固定资产预计净残值额占其原价的比率。企业应当根据固定资产的性质和使用情况，合理确定固定资产的预计净残值。预计净残值一经确定，不得随意变更。

企业应当按月对所有的固定资产计提折旧，但是，已提足折旧仍继续使用的固定资产、单独计价入账的土地和持有待售的固定资产除外。提足折旧是指已经提足该项固定资产的应计折旧额。当月增加的固定资产，当月不计提折旧，从下月起计提折旧；当月减少的固定资产，当月仍计提折旧，从下月起不计提折旧；提前报废的固定资产，不再补提折旧。

企业可选用的折旧方法有年限平均法、工作量法、双倍余额递减法和年数总和法等。

(1) 年限平均法。

年限平均法又称直线法，是指将固定资产的应计折旧额均匀地分摊到固定资产预计使用寿命内的一种方法。其各月应计提折旧额的计算公式如下。

$$月折旧额=(固定资产原价-预计净残值)×月折旧率$$

其中，　　　　　　　　$月折旧率=年折旧率÷12$

【例3-1】 某公司一台生产用设备原值为30 000元，预计清理费为1 200元，而预计残值为3 000元，使用年限为4年。那么用年限平均法怎么计算折旧额呢？

年折旧额=[30 000-(3 000-1 200)]÷4
　　　　=(30 000-1 800)÷4
　　　　=7 050(元)

月折旧额=7 050÷12=587.5(元)

那么，计算出的折旧额又怎么记账呢？我们先要知道，折旧额在"累计折旧"科目下核算，而累计折旧是作为固定资产的减项。也就是说，用固定资产的原值减去累计折旧，便是固定资产还剩多少没提折旧的(也就是固定资产净值)。会计上的核算是在每期计提折旧时,在"累计折旧"账户的贷方记账。

例 3-1 中,计提的折旧应记入"制造费用"科目,因为那是生产用的,所以每期应做如下会计分录。

借:制造费用　　　　　　　　　587.5
　　贷:累计折旧　　　　　　　　　　　587.5

(2) 工作量法。

工作量法是根据实际工作量计算每期应提折旧额的一种方法。其计算公式如下。

某项固定资产月折旧额=该项固定资产当月工作量×单位工作量折旧额

其中,　　单位工作量折旧额=(固定资产原值-预计净残值)÷预计总工作量

【例 3-2】 某电器厂购置一台专用机床,价值 200 000 元,预计总工作小时数为 300 000 小时,预计净残值为 2 000 元,购置的当年便工作了 2 400 小时,则有:

每小时折旧额=(200 000-2 000)÷300 000=0.66(元/小时)

当年的折旧额=2 400×0.66=1 584(元)

工作量法实际上也是直线法,它把产量与成本相联系,也就是把收入与费用相匹配。于是,年末计提折旧时的会计分录如下。

借:制造费用　　　　　　　　　1 584
　　贷:累计折旧　　　　　　　　　　　1 584

有些固定资产,如计算机,新买来时创造的利润大,若用直线法,计提折旧就相对少;而到了后来,所创造的利润减少,而如果还这样计提折旧就显得相对多了。于是,就有了"加速折旧法",即双倍余额递减法和年数总和法。

(3) 双倍余额递减法。

双倍余额递减法是指在不考虑固定资产残值的情况下,根据每期期初固定资产账面净值(固定资产账面余额减去累计折旧)和双倍的直线法折旧率计算固定资产折旧的一种方法。其计算公式如下。

$$年折旧率 = \frac{2}{预计折旧年限} \times 100\%$$

月折旧率=年折旧率÷12

月折旧额=固定资产账面净值×月折旧率

由于双倍余额递减法不考虑固定资产的残值收入,因此在应用这种方法时必须注意,不能使固定资产的账面折余价值降低到它的预计残值收入以下,所以采用双倍余额递减法计提折旧的固定资产,一般应在其折旧年限到期前两年内,将固定资产账面

净值扣除预计净残值后的余额平均摊销。

【例 3-3】 某公司进口一条生产线,安装完毕后,固定资产原值为 200 000 元,预计使用年限为 5 年,预计净残值为 8 000 元。该生产线按双倍余额递减法计算各年的折旧额如下。

双倍余额折旧率 = $\frac{2}{5} \times 100\% = 40\%$

第一年应提折旧 = 200 000×40% = 80 000(元)

第二年应提折旧 = (200 000−80 000)×40%

$\qquad$ = 120 000×40%

$\qquad$ = 48 000(元)

第三年应提折旧 = (120 000−48 000)×40%

$\qquad$ = 72 000×40%

$\qquad$ = 28 800(元)

第四年应提折旧 = [(72 000−28 800)−8 000]÷2

$\qquad$ = 17 600(元)

第五年应提折旧 = [(72 000−28 800)−8 000]÷2

$\qquad$ = 17 600(元)

(4) 年数总和法。

年数总和法又称合计年限法,是指将固定资产的原价减去预计净残值后的余额乘以一个逐年递减的变动折旧率计算每年的折旧额的一种方法。固定资产的变动折旧率是以固定资产预计使用年限的各年数字之和作为分母,以各年初尚可使用的年数作为分子求得的,该方法的计算公式如下。

$$\text{固定资产各年的折旧率} = \frac{\text{固定资产各年初尚可使用年数}}{\text{固定资产预计使用年限各年数字之和}} \times 100\%$$

或

$$= \frac{\text{固定资产预计使用年限} - \text{已使用年限}}{\text{固定资产预计使用年限} \times (\text{预计使用年限}+1) \div 2} \times 100\%$$

固定资产月折旧率 = 固定资产年折旧率÷12

固定资产月折旧额 = (固定资产原值−预计净残值)×月折旧率

比如,一项固定资产可用 6 年,第一年时,还可用 6 年,于是:

年折旧率 = 6÷(6+5+4+3+2+1)×100% = 28.57%

第二年时,还可用 5 年,于是:

年折旧率=5÷(6+5+4+3+2+1)×100%=23.81%

以后各年以此类推。

不同的固定资产折旧方法，将影响固定资产使用寿命期间内不同时期的折旧费用。企业应当根据与固定资产有关的经济利益的预期实现方式合理选择折旧方法，固定资产的折旧方法一经确定，不得随意变更。

固定资产在其使用过程中，因所处经济环境、技术环境以及其他环境均有可能发生很大变化，企业至少应当于每年年度终了，对固定资产的使用寿命、预计净残值和折旧方法进行复核。固定资产使用寿命、预计净残值和折旧方法的改变，应当作为会计估计变更。

【例3-4】 某公司一台小型机床的原值为50 000元，预计使用年限为5年，预计净残值为2 000元。则：

第一年折旧率=5÷(5+4+3+2+1)×100%=33.3%

第一年折旧额=(50 000-2 000)×33.3%=15 984(元)

第二年折旧率=4÷(5+4+3+2+1)×100%=26.7%

第二年折旧额=(50 000-2 000)×26.7%=12 816(元)

其余几年以此类推。

5. 账户设置

企业通常设置以下账户对固定资产业务进行会计核算。

(1)"在建工程"账户。

"在建工程"账户属于资产类账户，用以核算企业基建、更新改造等在建工程发生的支出。

该账户借方登记企业各项在建工程的实际支出，贷方登记工程达到预定可使用状态时转出的成本等。期末余额在借方，反映企业期末尚未达到预定可使用状态的在建工程的成本。

该账户可按"建筑工程""安装工程""在安装设备""待摊支出"以及"单项工程"等进行明细核算。

(2)"工程物资"账户。

"工程物资"账户属于资产类账户，用以核算企业为在建工程准备的各种物资的成本，包括工程用材料、尚未安装的设备以及为生产准备的工器具等。

该账户借方登记企业购入工程物资的成本，贷方登记领用工程物资的成本。期末余额在借方，反映企业期末为在建工程准备的各种物资的成本。

该账户可按"专用材料""专用设备""工器具"等进行明细核算。

(3) "固定资产"账户。

"固定资产"账户属于资产类账户，用以核算企业持有的固定资产原价。

该账户的借方登记固定资产原价的增加，贷方登记固定资产原价的减少。期末余额在借方，反映企业期末固定资产的原价。

该账户可按固定资产类别和项目进行明细核算。

(4) "累计折旧"账户。

"累计折旧"账户属于资产类备抵账户，用以核算企业固定资产计提的累计折旧。

该账户贷方登记按月提取的折旧额，即累计折旧的增加额，借方登记因减少固定资产而转出的累计折旧。期末余额在贷方，反映期末固定资产的累计折旧额。

该账户可按固定资产的类别或项目进行明细核算。

6. 日常账务处理

1) 固定资产的购入

(1) 购入不需要安装的固定资产。

企业购入不需要安装的固定资产，是指企业购置的不需要安装即可直接交付使用的固定资产，即不需要安装直接达到预定可使用状态的固定资产。

购入不需要安装的固定资产，应按购入时实际支付的购买价款、相关税费，以及为使固定资产达到预定可使用状态所发生的可直接归属于该资产的其他支出，作为固定资产的入账价值，借记"固定资产"科目，按照可抵扣的增值税进项税额，借记"应交税费——应交增值税(进项税额)"科目，贷记"银行存款"等科目。

(2) 购入需要安装的固定资产。

企业购入需要安装的固定资产，是指企业购置的需要经过安装以后才能交付使用的固定资产，即需要安装才能达到预定可使用状态的固定资产。

购入需要安装的固定资产，应在购入的固定资产取得成本的基础上加上安装调试成本等，作为购入固定资产的成本，先通过"在建工程"科目核算，待安装完毕达到预定可使用状态时，再由"在建工程"科目转入"固定资产"科目。

企业购入需要安装的固定资产时，按实际支付的购买价款、运输费、装卸费和其他相关税费等，借记"在建工程"科目，按照可抵扣的增值税进项税额，借记"应交税费——应交增值税(进项税额)"科目，贷记"银行存款"等科目；支付安装费用时，借记"在建工程"科目,贷记"银行存款"等科目;安装完毕达到预定可使用状态时,按其实际成本,借记"固定资产"科目,贷记"在建工程"科目。

2) 固定资产的折旧

固定资产应当按月计提折旧,并根据用途计入相关资产的成本或者当期损益。基本生产车间使用的固定资产,所计提的折旧应计入制造费用,并最终计入所生产的产品成本;管理部门使用的固定资产,所计提的折旧应计入管理费用;销售部门使用的固定资产,所计提的折旧应计入销售费用;企业自行建造固定资产过程中使用的固定资产,所计提的折旧应计入在建工程成本;经营租出的固定资产,所计提的折旧应计入其他业务成本;未使用的固定资产,所计提的折旧应计入管理费用。企业计提固定资产折旧时,应借记"制造费用""管理费用""销售费用""在建工程""其他业务成本"等科目,贷记"累计折旧"科目。

企业各月计算提取折旧额时,可以在上月计提折旧的基础上,对上月固定资产的增减情况进行调整后,计算当月应计提的折旧额。其计算公式如下。

当月固定资产应计提的折旧额=上月固定资产应计提的折旧额+上月增加固定资产应计提的折旧额-上月减少固定资产应计提的折旧额

3.3 材料采购业务的账务处理

1. 材料的采购成本

材料的采购成本是指企业物资从采购到入库前所发生的全部支出,包括购买价款、相关税费、运输费、装卸费、保险费以及其他可归属于采购成本的费用。

在会计实务中,企业也可以将发生的运输费、装卸费、保险费以及其他可归属于采购成本的费用等先进行归集,期末再按照所购材料的存销情况进行分摊。

2. 账户设置

企业通常设置以下账户对材料采购业务进行会计核算。

(1) "原材料"账户。

"原材料"账户属于资产类账户,用以核算企业库存的各种材料,包括原料及主要材料、辅助材料、外购半成品(外购件)、修理用备件(备品备件)、包装材料、燃料等的计划成本或实际成本。企业收到来料加工装配业务的原料、零件等,应当设置备查簿进行登记。

该账户借方登记已验收入库材料的成本,贷方登记发出材料的成本。期末余额在借方,反映企业库存材料的计划成本或实际成本。

该账户可按材料的保管地点(仓库)、材料的类别、品种和规格等进行明细核算。

(2) "材料采购"账户。

"材料采购"账户属于资产类账户,用以核算企业采用计划成本进行材料日常核算而购入材料的采购成本。

该账户借方登记企业采用计划成本进行核算时,采购材料的实际成本以及材料入库时结转的节约差异,贷方登记入库材料的计划成本以及材料入库时结转的超支差异。期末余额在借方,反映企业在途材料的采购成本。

该账户可按供应单位和材料品种进行明细核算。

(3) "材料成本差异"账户。

"材料成本差异"账户属于资产类账户,用以核算企业采用计划成本进行日常核算的材料计划成本与实际成本的差额。

该账户借方登记入库材料形成的超支差异以及转出的发出材料应负担的节约差异,贷方登记入库材料形成的节约差异以及转出的发出材料应负担的超支差异。期末余额在借方,反映企业库存材料等的实际成本大于计划成本的差异;期末余额在贷方,反映企业库存材料等的实际成本小于计划成本的差异。

该账户可以分为"原材料""周转材料"等,按照类别或品种进行明细核算。

(4) "在途物资"账户。

"在途物资"账户属于资产类账户,用以核算企业采用实际成本(或进价)进行材料、商品等物资的日常核算,货款已付尚未验收入库的在途物资的采购成本。

该账户借方登记购入材料、商品等物资的买价和采购费用(采购实际成本),贷方登记已验收入库材料、商品等物资应结转的实际采购成本。期末余额在借方,反映企业期末在途材料、商品等物资的采购成本。

该账户可按供应单位和物资品种进行明细核算。

(5) "应付账款"账户。

"应付账款"账户属于负债类账户,用以核算企业因购买材料、商品和接受劳务等经营活动应支付的款项。

该账户贷方登记企业因购入材料、商品和接受劳务等尚未支付的款项,借方登记偿还的应付账款。期末余额一般在贷方，反映企业期末尚未支付的应付账款余额；如果在借方，反映企业期末预付账款余额。

该账户可按债权人进行明细核算。

(6)"应付票据"账户。

"应付票据"账户属于负债类账户，用以核算企业购买材料、商品和接受劳务等开出、承兑的商业汇票，包括银行承兑汇票和商业承兑汇票。

该账户贷方登记企业开出、承兑的商业汇票，借方登记企业已经支付或者到期无力支付的商业汇票。期末余额在贷方，反映企业尚未到期的商业汇票的票面金额。

该账户可按债权人进行明细核算。

(7)"预付账款"账户。

"预付账款"账户属于资产类账户，用以核算企业按照合同规定预付的款项。预付款项情况不多的，也可以不设置该账户，将预付的款项直接计入"应付账款"账户。

该账户的借方登记企业因购货等业务预付的款项，贷方登记企业收到货物后应支付的款项等。期末余额在借方，反映企业预付的款项；期末余额在贷方，反映企业尚需补付的款项。

该账户可按供货单位进行明细核算。

(8)"应交税费"账户。

"应交税费"账户属于负债类账户，用以核算企业按照《税法》等规定计算应缴纳的各种税费，包括增值税、消费税、企业所得税、资源税、土地增值税、城市维护建设税、房产税、土地使用税、车船税、教育费附加、矿产资源补偿费等。企业代扣代缴的个人所得税等，也通过本账户核算。

该账户贷方登记各种应缴未缴税费的增加额，借方登记实际缴纳的各种税费。期末余额在贷方，反映企业尚未缴纳的税费；期末余额在借方，反映企业多缴或尚未抵扣的税费。

该账户可按应交的税费项目进行明细核算。

3．日常账务处理

材料的日常收发结存可以采用实际成本法核算，也可以采用计划成本法核算。

1) 实际成本法核算的账务处理

实际成本法下，一般通过"原材料"和"在途物资"等科目进行核算。企业外购材料时，按材料是否验收入库分为以下三种情况。

(1) 货款已支付，同时材料已经验收入库。

如果货款已经支付，发票账单已到，材料已经验收入库，按支付的实际金额，借记"原材料""应交税费——应交增值税(进项税额)"等科目，贷记"银行存款""预付账款"等科目。

如果货款尚未支付，材料已经验收入库，按相关发票凭证上应付的金额，借记"原材料""应交税费——应交增值税(进项税额)"等科目，贷记"应付账款""应付票据"等科目。

如果货款尚未支付，材料已经验收入库，但月末仍未收到相关发票凭证，按照暂估价入账，即借记"原材料"科目，贷记"应付账款"等科目。下月初做相反分录予以冲回，收到相关发票账单后再编制会计分录。

(2) 货款已支付或已开出承兑商业汇票，但材料尚未验收入库。

如果货款已经支付，发票账单已到，但材料尚未验收入库，按支付的金额，借记"在途物资""应交税费——应交增值税(进项税额)"等科目，贷记"银行存款"等科目；待验收入库时再做后续分录。

对于可以抵扣的增值税进项税额，一般纳税人企业应根据收到的增值税专用发票上注明的增值税税额，借记"应交税费——应交增值税(进项税额)"科目。

(3) 货款尚未支付，材料已经验收入库。

如果货款尚未支付，但材料已经验收入库，则按照应该支付的金额，借记"原材料""应交税费——应交增值税(进项税额)"等科目，贷记"应付账款"等科目；待实际交付款项以后再做后续分录。

2) 计划成本法核算的账务处理

计划成本法下，一般通过"材料采购""原材料""材料成本差异"等科目进行核算。企业外购材料时，按材料是否验收入库分为以下两种情况。

(1) 材料已经验收入库。

如果货款已经支付，发票账单已到，材料已经验收入库，按支付的实际金额，借记"材料采购"科目，贷记"银行存款"科目；按计划成本金额，借记"原材料"科目，贷记"材料采购"科目；按计划成本与实际成本之间的差额，借记(或贷记)"材料采购"科目，贷记(或借记)"材料成本差异"科目。

如果货款尚未支付，材料已经验收入库，按相关发票凭证上应付的金额，借记"材料采购"科目，贷记"应付账款""应付票据"等科目；按计划成本金额，借记"原材料"科目,贷记"材料采购"科目;按计划成本与实际成本之间的差额,借记(或贷记)"材料采购"科目,贷记(或借记)"材料成本差异"科目。

如果材料已经验收入库,货款尚未支付,月末仍未收到相关发票凭证,按照计划成本暂估入账,即借记"原材料"科目,贷记"应付账款"等科目。下月初做相反分录予以冲回,收到账单后再编制会计分录。

(2) 材料尚未验收入库。

如果相关发票凭证已到,但材料尚未验收入库,按支付或应付的实际金额,借记"材料采购"科目,贷记"银行存款""应付账款"等科目;待验收入库时再做后续分录。

对于可以抵扣的增值税进项税额,一般纳税人企业应根据收到的增值税专用发票上注明的增值税税额,借记"应交税费——应交增值税(进项税额)"科目。

3) 发出原材料的账务处理

企业在生产经营过程中领用原材料,按实际成本借记"生产成本""制造费用""管理费用"等科目,贷记"原材料"科目。企业委托外单位加工的原材料,按实际成本,借记"委托加工物资"科目,贷记"原材料"科目。企业基建工程、福利部门领用的原材料,按实际成本加上不予抵扣的增值税税额,借记"在建工程""应付职工薪酬"等科目,按实际成本贷记"原材料"科目,按不予抵扣的增值税税额贷记"应交税费——应交增值税(进项税额转出)"科目。企业出售的原材料,应在月末结转成本时,借记"其他业务成本"科目,贷记"原材料"科目。

3.4 生产业务的账务处理

企业产品的生产过程同时也是生产资料的耗费过程。企业在生产过程中发生的各项生产费用,是企业为获得收入而预先垫支并需要得到补偿的资金耗费。这些费用最终都要归集、分配给特定的产品,形成产品的成本。

产品成本的核算是指把一定时期内企业生产过程中所发生的费用,按其性质和发生地点,分类归集、汇总、核算,计算出该时期内生产费用的发生总额,并按适当方法分别计算出各种产品的实际成本和单位成本等。

1. 生产费用的构成

生产费用是指与企业日常生产经营活动有关的费用,按其经济用途可分为直接材料、直接人工和制造费用。

1) 直接材料

直接材料是指构成产品实体的原材料以及有助于产品形成的主要材料和辅助材料。

2) 直接人工

直接人工是指直接从事产品生产的工人的职工薪酬及福利费。生产工人的工资及其福利费应当计入各项产品的直接人工成本项目中，车间、管理部门的工资及福利费，应分别计入"制造费用""管理费用"等账户中。

3) 制造费用

制造费用是指企业为生产产品和提供劳务而发生的各项间接费用。月末，一般无余额。

2. 账户设置

企业通常设置以下账户对生产费用业务进行会计核算。

(1) "生产成本"账户。

"生产成本"账户属于成本类账户，用以核算企业生产各种产品(产成品、自制半成品等)、自制材料、自制工具、自制设备等发生的各项生产成本。

该账户借方登记应计入产品生产成本的各项费用，包括直接计入产品生产成本的直接材料费、直接人工费和其他直接支出，以及期末按照一定的方法分配计入产品生产成本的制造费用；贷方登记完工入库产成品应结转的生产成本。期末余额在借方，反映企业期末尚未加工完成的在产品成本。

该账户可按基本生产成本和辅助生产成本进行明细分类核算。基本生产成本应当分别按照基本生产车间和成本核算对象(如产品的品种、类别、订单、批别、生产阶段等)设置明细账(或成本计算单)，并按照规定的成本项目设置专栏。

(2) "制造费用"账户。

"制造费用"账户属于成本类账户，用以核算企业生产车间(部门)为生产产品和提供劳务而发生的各项间接费用。

该账户借方登记实际发生的各项制造费用，贷方登记期末按照一定标准分配转入"生产成本"账户借方的应计入产品成本的制造费用。

该账户可按不同的生产车间、部门和费用项目进行明细核算。

(3) "库存商品"账户。

"库存商品"账户属于资产类账户，用以核算企业库存的各种商品的实际成本(或进价)或计划成本(或售价)，包括库存产成品、外购商品、存放在门市部准备出售的商品、发出展览的商品以及寄存在外的商品等。

该账户借方登记验收入库的库存商品成本，贷方登记发出的库存商品成本。期末余额在借方，反映企业期末库存商品的实际成本(或进价)或计划成本(或售价)。

该账户可按库存商品的种类、品种和规格等进行明细核算。

(4)"应付职工薪酬"账户。

"应付职工薪酬"账户属于负债类账户，用以核算企业根据有关规定应付给职工的各种薪酬。

该账户借方登记本月实际支付的职工薪酬数额；贷方登记本月计算的应付职工薪酬总额，包括各种工资、奖金、津贴和福利费等。期末余额在贷方，反映企业应付未付的职工薪酬。该账户可按"工资""职工福利""社会保险费""住房公积金""工会经费""职工教育经费""非货币性福利""辞退福利""股份支付"等进行明细核算。

3. 日常账务处理

1) 材料费用的归集与分配

在确定材料费用时，应先根据领料凭证区分车间、部门和不同用途后，再按照确定的结果将发出材料的成本借记"生产成本""制造费用""管理费用"等科目，贷记"原材料"等科目。

对于直接用于某种产品生产的材料费用，应直接计入该产品生产成本明细账中的直接材料费用项目；对于由多种产品共同耗用、应由这些产品共同负担的材料费用，应选择适当的标准在这些产品之间进行分配，按分担的金额计入相应的成本计算对象(生产产品的品种、类别等)；对于为提供生产条件等间接消耗的各种材料费用，应先通过"制造费用"科目进行归集，期末再同其他间接费用一起按照一定的标准分配计入有关产品成本；对于行政管理部门领用的材料费用，应记入"管理费用"科目。

2) 职工薪酬的归集与分配

职工薪酬是指企业为获得职工提供的服务或解除劳动关系而给予各种形式的报酬或补偿，具体包括：短期薪酬、离职后福利、辞退福利和其他长期职工福利。企业提供给职工配偶、子女、受赡养人、已故员工遗属及其他受益人等的福利，也属于职工薪酬。

对于短期职工薪酬，企业应当在职工为其提供服务的会计期间，按实际发生额确认为负债,并计入当期损益或相关资产成本。企业应当根据职工提供服务的受益对象,分下列情况处理。

① 应由生产产品、提供劳务负担的短期职工薪酬,计入产品成本或劳务成本。其中,生产工人的短期职工薪酬应借记"生产成本"科目,贷记"应付职工薪酬"科目;生产车间管理人员的短期职工薪酬属于间接费用,应借记"制造费用"科目,贷记"应付职工薪酬"科目。

当企业采用计件工资制时,生产工人的短期职工薪酬属于直接费用,应直接计入有关产品的成本。当企业采用计时工资制时,对于只生产一种产品的生产工人的短期职工薪酬也属于直接费用,应直接计入产品成本;对于同时生产多种产品的生产工人的短期职工薪酬,则需采用一定的分配标准(实际生产工时或定额生产工时等)分配计入产品成本。

② 应由在建工程、无形资产负担的短期职工薪酬,计入建造固定资产或无形资产成本。

③ 除上述两种情况之外的其他短期职工薪酬应计入当期损益,如企业行政管理部门人员和专设销售机构销售人员的短期职工薪酬均属于期间费用,应分别借记"管理费用""销售费用"等科目,贷记"应付职工薪酬"科目。

3) 制造费用的归集与分配

企业发生的制造费用,应当按照合理的分配标准按月分配计入各成本核算对象的生产成本。企业可以采取的分配标准包括机器工时、人工工时、计划分配率等。制造费用的分配方法有以下两种。

(1) 生产工人工时比例分配法。

生产工人工时比例分配法是按照各种产品所用生产工人实际工时的比例分配制造费用。其计算公式如下。

$$制造费用分配率 = \frac{制造费用总额}{各种产品生产工时之和}$$

某种产品应负担的制造费用 = 该产品的生产工时数 × 制造费用分配率

这种方法适用于机械化程度较低或者生产单位生产的各种产品工艺过程机械化程度大致相同的企业。

(2) 生产工人工资比例分配法。

生产工人工资比例分配法是以直接计入各种产品的生产工人实际工资的比例作为分配标准分配制造费用的一种方法。其公式如下。

$$制造费用分配率 = \frac{制造费用总额}{各种产品生产工人工资之和}$$

某种产品应负担的制造费用=该产品的生产耗用机器工时数×制造费用分配率

对机械化、自动化程度较高的车间，其制造费用可以按机器工时的比例进行分配。

企业发生制造费用时，借记"制造费用"科目，贷记"累计折旧""银行存款""应付职工薪酬"等科目；结转或分摊时，借记"生产成本"等科目，贷记"制造费用"科目。

4）完工产品生产成本的计算与结转

产品生产成本计算是指将企业生产过程中为制造产品所发生的各种费用按照成本计算对象进行归集和分配，以便计算各种产品的总成本和单位成本。有关产品成本信息是进行库存商品计价和确定销售成本的依据，产品生产成本计算是会计核算的一项重要内容。

企业应设置产品生产成本明细账，用来归集应计入各种产品的生产费用。通过对材料费用、职工薪酬和制造费用的归集和分配，企业各月生产产品所发生的生产费用应记入"生产成本"科目中。如果月末某种产品全部完工，该种产品生产成本明细账所归集的费用总额，就是该种完工产品的总成本，用完工产品总成本除以该种产品的完工总产量即可计算出该种产品的单位成本。如果月末某种产品全部未完工，该种产品生产成本明细账所归集的费用总额就是该种产品在产品的总成本。

如果月末某种产品一部分完工，一部分未完工，这时归集在产品成本明细账中的费用总额还要采取适当的分配方法在完工产品和在产品之间进行分配，然后才能计算出完工产品的总成本和单位成本。完工产品生产成本的基本计算公式如下。

完工产品生产成本=期初在产品成本+本期发生的生产费用-期末在产品成本

当产品生产完成并验收入库时，借记"库存商品"科目，贷记"生产成本"科目。

3.5 销售业务的账务处理

销售业务的账务处理涉及商品销售、其他销售等业务收入、成本、费用和相关税费的确认与计量等内容。

1. 商品销售收入的确认与计量

企业销售商品收入的确认，必须同时符合以下条件：①企业已将商品所有权上的主要风险和报酬转移给购货方；②企业既没有保留通常与商品所有权相联系的继续管理权，也没有对已售出的商品实施控制；③收入的金额能够可靠地计量；④相关的经济利益很可能流入企业；⑤相关的已发生或将发生的成本能够可靠地计量。

2. 账户设置

企业通常设置以下账户对销售业务进行会计核算。

(1) "主营业务收入"账户。

"主营业务收入"账户属于损益类账户，用以核算企业确认的销售商品、提供劳务等主营业务的收入。

该账户贷方登记企业实现的主营业务收入，即主营业务收入的增加额；借方登记期末转入"本年利润"账户的主营业务收入(按净额结转)，以及发生销售退回和销售折让时应冲减本期的主营业务收入。期末结转后，该账户无余额。

该账户应按照主营业务的种类设置明细账户，进行明细分类核算。

(2) "其他业务收入"账户。

"其他业务收入"账户属于损益类账户，用以核算企业确认的除主营业务活动以外的其他经营活动实现的收入，包括出租固定资产、出租无形资产、出租包装物和商品、销售材料等。

该账户贷方登记企业实现的其他业务收入，即其他业务收入的增加额；借方登记期末转入"本年利润"账户的其他业务收入。期末结转后，该账户无余额。

该账户可按其他业务的种类设置明细账户，进行明细分类核算。

(3) "应收账款"账户。

"应收账款"账户属于资产类账户，用以核算企业因销售商品、提供劳务等经营活动应收取的款项。

该账户借方登记由于销售商品以及提供劳务等发生的应收账款，包括应收取的价款、税款和代垫款等；贷方登记已经收回的应收账款。期末余额通常在借方，反映企业尚未收回的应收账款；期末余额如果在贷方，反映企业预收的账款。

该账户应按不同的债务人进行明细分类核算。

(4) "应收票据"账户。

"应收票据"账户属于资产类账户，用以核算企业因销售商品、提供劳务等而收到的商业汇票。

该账户借方登记企业收到的应收票据，贷方登记票据到期收回的应收票据；期末余额在借方，反映企业持有的商业汇票的票面金额。

该账户可按开出、承兑商业汇票的单位进行明细核算。

(5) "预收账款"账户。

"预收账款"账户属于负债类账户，用以核算企业按照合同规定预收的款项。预收账款情况不多的，也可以不设置本账户，将预收的款项直接计入"应收账款"账户。

该账户贷方登记企业向购货单位预收的款项等，借方登记销售实现时按实现的收入转销的预收款项等。期末余额在贷方，反映企业预收的款项；期末余额在借方，反映企业已转销但尚未收取的款项。

该账户可按购货单位进行明细核算。

(6) "主营业务成本"账户。

"主营业务成本"账户属于损益类账户，用以核算企业确认销售商品、提供劳务等主营业务收入时应结转的成本。

该账户借方登记主营业务发生的实际成本，贷方登记期末转入"本年利润"账户的主营业务成本。期末结转后，该账户无余额。

该账户可按主营业务的种类设置明细账户，进行明细分类核算。

(7) "其他业务成本"账户。

"其他业务成本"账户属于损益类账户，用以核算企业确认的除主营业务活动以外的其他经营活动所发生的支出，包括销售材料的成本、出租固定资产的折旧额、出租无形资产的摊销额、出租包装物的成本或摊销额等。

该账户借方登记其他业务的支出额，贷方登记期末转入"本年利润"账户的其他业务支出额。期末结转后，该账户无余额。

该账户可按其他业务的种类设置明细账户，进行明细分类核算。

(8) "税金及附加"账户。

"税金及附加"账户属于损益类账户，用以核算企业经营活动应负担的相关税费，包括消费税、城市维护建设税、教育费附加、资源税、房产税、城镇土地使用税、车船税、印花税等。企业按规定计算确定的与经营活动相关的税费，借记本科目，贷记"应交税费"等科目。企业收到的返还的消费税等原记入本科目的各种税金，应按实际收到的金额，借记"银行存款"科目，贷记本科目。

期末，应将本科目余额转入"本年利润"科目，结转后本科目应无余额。

3. 日常账务处理

1) 主营业务收入的账务处理

企业销售商品或提供劳务实现的收入，应按实际收到、应收或者预收的金额，借记"银行存款""应收账款""应收票据""预收账款"等科目，按确认的营业收入，贷记"主营业务收入"科目。

对于增值税销项税额，一般纳税人应贷记"应交税费——应交增值税(销项税额)"科目；小规模纳税人应贷记"应交税费——应交增值税"科目。

2) 主营业务成本的账务处理

期(月)末，企业应根据本期(月)销售各种商品、提供各种劳务等的实际成本，计算应结转的主营业务成本，借记"主营业务成本"科目，贷记"库存商品""劳务成本"等科目。

采用计划成本或售价核算库存商品的，平时的营业成本按计划成本或售价结转，月末，还应结转本月销售商品应分摊的产品成本差异或商品进销差价。

3) 其他业务收入与成本的账务处理

主营业务和其他业务的划分并不是绝对的，一个企业的主营业务可能是另一个企业的其他业务，即便在同一个企业，不同期间的主营业务和其他业务的内容也不是固定不变的。

当企业发生其他业务收入时，借记"银行存款""应收账款""应收票据"等科目，按确定的收入金额，贷记"其他业务收入"科目，同时确认有关税金；在结转其他业务收入的同一会计期间，企业应根据本期应结转的其他业务成本金额，借记"其他业务成本"科目，贷记"原材料""累计折旧""应付职工薪酬"等科目。

3.6 利润形成与分配业务的账务处理

1. 利润形成的账务处理

1) 利润的形成

利润是指企业在一定会计期间的经营成果，包括收入减去费用后的净额、直接计入当期损益的利得和损失等。利润由营业利润、利润总额和净利润三个层次构成。

(1) 营业利润。

营业利润是企业进行生产经营活动产生的利润，分为主营业务利润和其他业务利润。这一指标能够比较恰当地反映企业管理者的经营业绩。其计算公式如下。

营业利润=营业收入-营业成本-税金及附加-销售费用-管理费用-财务费用-资产减值损失+公允价值变动收益(-公允价值变动损失)+投资收益(-投资损失)

其中，
$$营业收入=主营业务收入+其他业务收入$$
$$营业成本=主营业务成本+其他业务成本$$

(2) 利润总额。

利润总额又称税前利润，是营业利润加上营业外收入减去营业外支出后的金额。其计算公式如下。

$$利润总额=营业利润+营业外收入-营业外支出$$

(3) 净利润。

净利润又称税后利润，是利润总额扣除所得税费用后的净额。其计算公式如下。

$$净利润=利润总额-所得税费用$$

2) 账户设置

企业通常设置以下账户对利润形成业务进行会计核算。

(1) "本年利润"账户。

"本年利润"账户属于所有者权益类账户，用以核算企业当期实现的净利润(或发生的净亏损)。企业期(月)末结转利润时，应将各损益类账户的金额转入本账户，结平各损益类账户。

该账户贷方登记企业期(月)末转入的主营业务收入、其他业务收入、营业外收入和投资收益等；借方登记企业期(月)末转入的主营业务成本、税金及附加、其他业务成本、管理费用、财务费用、销售费用、营业外支出、投资损失和所得税费用等。上述结转完成后，余额如在贷方，即为当期实现的净利润；余额如在借方，即为当期发生的净亏损。年度终了，应将本年收入和支出相抵后结出的本年实现的净利润(或发生的净亏损)，转入"利润分配——未分配利润"账户贷方(或借方)，结转后本账户无余额。

(2) "投资收益"账户。

"投资收益"账户属于损益类账户，用以核算企业确认的投资收益或投资损失。该账户贷方登记实现的投资收益和期末转入"本年利润"账户的投资净损失；借方登记发生的投资损失和期末转入"本年利润"账户的投资净收益。期末结转后，该账户无余额。

该账户可按投资项目设置明细账户，进行明细分类核算。

(3) "营业外收入"账户。

"营业外收入"账户属于损益类账户，用以核算企业发生的各项营业外收入，主要包括非流动资产处置利得、非货币性资产交换利得、债务重组利得、政府补助、盘盈利得、捐赠利得等。

该账户贷方登记营业外收入的实现,即营业外收入的增加额;借方登记会计期末转入"本年利润"账户的营业外收入额。期末结转后,该账户无余额。

该账户可按营业外收入项目设置明细账户,进行明细分类核算。

(4) "营业外支出"账户。

"营业外支出"账户属于损益类账户,用以核算企业发生的各项营业外支出,包括非流动资产处置损失、非货币性资产交换损失、债务重组损失、公益性捐赠支出、非常损失、盘亏损失等。

该账户借方登记营业外支出的发生,即营业外支出的增加额;贷方登记期末转入"本年利润"账户的营业外支出额。期末结转后,该账户无余额。

该账户可按支出项目设置明细账户,进行明细分类核算。

(5) "所得税费用"账户。

"所得税费用"账户属于损益类账户,用以核算企业确认的应从当期利润总额中扣除的所得税费用。该账户借方登记企业应计入当期损益的所得税;贷方登记企业期末转入"本年利润"账户的所得税。期末结转后,该账户无余额。

3) 账务处理

会计期末(月末或年末)结转各项收入时,借记"主营业务收入""其他业务收入""营业外收入"等科目,贷记"本年利润"科目;结转各项支出时,借记"本年利润"科目,贷记"主营业务成本""税金及附加""其他业务成本""管理费用""财务费用""销售费用""资产减值损失""营业外支出""所得税费用"等科目。

2. 利润分配的账务处理

利润分配是指企业根据国家有关规定和企业章程、投资者协议等,对企业当年可供分配利润指定其特定用途和分配给投资者的行为。利润分配的过程和结果不仅关系到每个股东的合法权益是否得到保障,而且还关系到企业的未来发展。

1) 利润分配的顺序

企业向投资者分配利润,应按一定的顺序进行。按照我国《公司法》的有关规定,利润分配应按下列顺序进行。

(1) 计算可供分配的利润。

企业在利润分配前,应根据本年净利润(或亏损)与年初未分配利润(或亏损)、其他转入的金额(如盈余公积弥补的亏损)等项目,计算可供分配的利润,即:

可供分配的利润=净利润(或亏损)+年初未分配利润-弥补以前年度的亏损+
　　　　　其他转入的金额

如果可供分配的利润为负数(即累计亏损)，则不能进行后续分配；如果可供分配的利润为正数(即累计盈利)，则可进行后续分配。

(2) 提取法定盈余公积。

按照《公司法》的有关规定，公司应当按照当年净利润(抵减年初累计亏损后)的10%提取法定盈余公积，提取的法定盈余公积累计额超过注册资本50%以上的，可以不再提取。

(3) 提取任意盈余公积。

公司提取法定盈余公积后，经股东会或者股东大会决议，还可以从净利润中提取任意盈余公积。

(4) 向投资者分配利润(或股利)。

企业可供分配的利润扣除提取的盈余公积后，形成可供投资者分配的利润，即：

可供投资者分配的利润=可供分配的利润-提取的盈余公积

企业可采用现金股利、股票股利和财产股利等形式向投资者分配利润(或股利)。

2) 账户设置

企业通常设置以下账户对利润分配业务进行会计核算。

(1) "利润分配"账户。

"利润分配"账户属于所有者权益类账户，用以核算企业利润的分配(或亏损的弥补)和历年分配(或弥补)后的余额。

该账户借方登记实际分配的利润额，包括提取的盈余公积和分配给投资者的利润，以及年末从"本年利润"账户转入的全年发生的净亏损；贷方登记用盈余公积弥补的亏损额等其他转入数，以及年末从"本年利润"账户转入的全年实现的净利润。年末，应将"利润分配"账户下的其他明细账户的余额转入"未分配利润"明细账户，结转后，除"未分配利润"明细账户可能有余额外，其他各个明细账户均无余额。"未分配利润"明细账户的贷方余额为历年累积的未分配利润(即可供以后年度分配的利润)，借方余额为历年累积的未弥补亏损(即留待以后年度弥补的亏损)。

该账户应当分别按"提取法定盈余公积""提取任意盈余公积""应付现金股利或利润""转作股本的股利""盈余公积补亏"和"未分配利润"等进行明细核算。

(2) "盈余公积"账户。

"盈余公积"账户属于所有者权益类账户，用以核算企业从净利润中提取的盈余公积。该账户贷方登记提取的盈余公积，即盈余公积的增加额，借方登记实际使用的盈余公积，即盈余公积的减少额。期末余额在贷方，反映企业结余的盈余公积。

该账户应当分别按"法定盈余公积""任意盈余公积"进行明细核算。

(3) "应付股利"账户。

"应付股利"账户属于负债类账户，用以核算企业分配的现金股利或利润。该账户贷方登记应付给投资者股利或利润的增加额；借方登记实际支付给投资者的股利或利润，即应付股利的减少额。期末余额在贷方，反映企业应付未付的现金股利或利润。

该账户可按投资者进行明细核算。

3) 账务处理

(1) 净利润转入利润分配。

会计期末，企业应将当年实现的净利润转入"利润分配——未分配利润"科目，即借记"本年利润"科目，贷记"利润分配——未分配利润"科目。如为净亏损，则做相反会计分录。

结转前，如果"利润分配——未分配利润"明细科目的余额在借方，上述结转当年所实现净利润的分录同时反映了当年实现的净利润自动弥补以前年度亏损的情况。因此，在用当年实现的净利润弥补以前年度亏损时，不需另行编制会计分录。

(2) 提取盈余公积。

企业提取的法定盈余公积，借记"利润分配——提取法定盈余公积"科目，贷记"盈余公积——法定盈余公积"科目；提取的任意盈余公积，借记"利润分配——提取任意盈余公积"科目，贷记"盈余公积——任意盈余公积"科目。

(3) 向投资者分配利润或股利。

企业根据股东大会或类似机构审议批准的利润分配方案，按应支付的现金股利或利润，借记"利润分配——应付现金股利"科目，贷记"应付股利"等科目；以股票股利转作股本的金额，借记"利润分配——转作股本股利"科目，贷记"股本"等科目。董事会或类似机构通过的利润分配方案中拟分配的现金股利或利润，不做账务处理，但应在附注中披露。

(4) 盈余公积补亏。

企业发生的亏损，除用当年实现的净利润弥补外，还可使用累积的盈余公积弥补。以盈余公积弥补亏损时，借记"盈余公积"科目，贷记"利润分配——盈余公积补亏"科目。

(5) 企业未分配利润的形成。

年度终了，企业应将"利润分配"科目所属其他明细科目的余额转入该科目"未分配利润"明细科目，即借记"利润分配——未分配利润""利润分配——盈余公积补亏"等科目,贷记"利润分配——提取法定盈余公积""利润分配——提取任意盈余公积""利润分配——应付现金股利""利润分配——转作股本股利"等科目。

结转后,"利润分配"科目中除"未分配利润"明细科目外,所属其他明细科目无余额。"未分配利润"明细科目的贷方余额表示累积未分配的利润,该科目如果出现借方余额,则表示累积未弥补的亏损。

3.7 工业企业产品成本的核算

前面六节我们讲解了企业从资金筹集到利润形成与分配的整个账务处理知识。在实际工作中,由于各行业账务处理方法和各种业务处理方法各有不同,因此本节通过对会计核算方面比较完整的工业企业产品成本的核算进行整体讲解,使读者可以从企业的原材料费用到人工费用,再到折旧费用、制造费用等的归集与分配的整个核算过程,加深对核算流程及细节的理解。

1. 成本核算的基本要求

在工业企业成本核算工作中,应遵循以下各项要求。

1) 算管结合,算为管用

"算管结合,算为管用"就是说成本核算应当与加强企业经营管理相结合,所提供的成本信息应当满足企业经营管理和决策的需要。

2) 正确划分各种费用界限

为了正确地进行成本核算,正确地计算产品成本和期间费用,必须正确划分以下5个方面的费用界限。

① 正确划分应否计入生产费用、期间费用的界限。
② 正确划分生产费用与期间费用的界限。
③ 正确划分各月份的生产费用和期间费用界限。
④ 正确划分各种产品的生产费用界限。
⑤ 正确划分完工产品与在产品的生产费用界限。

以上 5 个方面费用界限的划分过程,也就是产品生产成本的计算和各项期间费用的归集过程。在这一过程中,应贯彻受益原则,即何者受益何者负担费用,何时受益何时负担费用;负担费用的多少应与受益程度的大小成正比。

3) 正确确定财产物资的计价和价值结转方法

企业财产物资计价和价值结转方法主要包括:固定资产原值的计算方法、折旧方法、折旧率的种类和高低；固定资产修理费用是否采用待摊或预提方法及摊提期限的长短；固定资产与低值易耗品的划分标准；材料成本的组成内容，材料按实际成本进行核算时发出材料单位成本的计算方法，材料按计划成本进行核算时材料成本差异率的种类等；低值易耗品和包装物价值的摊销方法、摊销率的高低及摊销期限的长短等。为了正确计算成本，对于各种财产物资的计价和价值的结转，应严格执行国家统一的会计制度。各种方法一经确定，应保持相对稳定，不能随意改变，以保证成本信息的可比性。

4) 做好各项基础工作

① 做好定额的制定和修订工作。

② 建立和健全材料物资的计量、收发、领退和盘点制度。

③ 建立和健全原始记录工作。

④ 做好厂内计划价格的制定和修订工作。

2. 成本核算的一般程序

1) 审核各种费用凭证，将发生的费用按发生的地点和用途进行归集和分配

企业财会人员要根据企业会计制度及成本开支范围的规定审核各种费用凭证，确定发生的费用是否应当计入产品成本或是期间费用，同时运用权责发生制原则分清费用的归属期间。对属于本期的生产费用，按费用发生的地点和用途分别计入"生产成本——基本生产成本(××产品)""生产成本——辅助生产成本(××辅助生产车间)"和"制造费用——××车间"等账户。对属于本期的期间费用，按期间费用的性质和内容分别计入"管理费用""销售费用"和"财务费用"等账户。对属于本期支付、后期负担的成本费用，则按其摊销期的长短分别计入"长期待摊费用"等账户。

2) 分配辅助生产费用

"生产成本——辅助生产成本"各明细账户归集了各个辅助生产车间本期发生的生产费用(包括通过"制造费用"账户归集并分配转入的辅助生产成本的制造费用)，形成了各种辅助生产成本或辅助生产劳务成本。对归集的各项辅助生产费用，应当以受益产品或部门的受益程度为标准，采用一定的分配方法于月末进行分配，并将属于成本费用的辅助生产费用分别计入"生产成本——基本生产成本""制造费用——××基本生产车间""销售费用"和"管理费用"等账户。

3) 分配基本生产车间的制造费用

各个基本生产车间归集的"制造费用"，应当在月末按照一定的分配标准进行分配，计入"生产成本——基本生产成本(××产品)"账户，以使各个产品成本明细账户

归集本期发生的全部生产费用。

4) 确定月末在产品应负担的生产费用

月末，如果存在未完工产品，需要按照在产品的数量、产品成本的构成、投料的方式以及在产品的完工程度等具体情况，运用一定的方法，将产品成本明细账归集的全部生产费用(包括月初在产品负担的生产费用与本期发生的生产费用)，在完工产品与月末在产品之间进行分配，确定月末在产品应负担的生产费用，形成月末在产品成本。

5) 计算完工产品总成本与单位成本

各个产品成本明细账户所归集的全部生产费用，扣除月末在产品成本后，形成本期完工产品的总成本。用完工产品总成本除以完工产品的数量，计算出完工产品的单位成本。

产品成本核算账务处理的基本程序如图 3-1 所示。

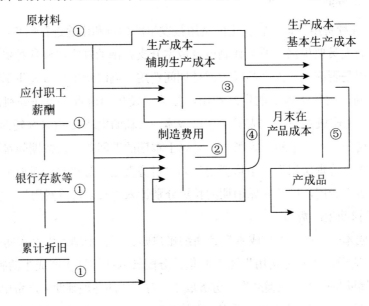

图 3-1 产品成本核算账务处理的基本程序

图 3-1 说明产品成本核算账务处理的基本程序如下。

① 分配各项要素费用。

② 分配辅助生产车间制造费用。

③ 分配辅助生产费用。

④ 分配基本生产车间制造费用。

⑤ 结转产品成本。

3. 原材料费用的分配与核算

1) 发出材料

(1) 按实际成本计价的材料发出核算。

企业应设立"原材料""材料采购"等总账科目进行总账核算，并按材料的类别、品种设置材料明细账，账内按数量、金额反映材料的收发、结存情况。材料明细账中收入材料的金额，应根据按实际成本计价的收料凭证进行登记，账中发出材料的金额，应该按照先进先出法、个别计价法、加权平均法等方法计算，企业应根据收料凭证和发料凭证定期汇总编制收料凭证汇总表和发料凭证汇总表，并据以登记"原材料"总账科目。

【例3-5】A工厂原材料按实际成本价核算，用先进先出法计算材料的实际成本，2020年1月发料凭证汇总表如表3-1所示。

表3-1 A工厂发料凭证汇总表(一)

应借科目		应贷科目		
		主要材料	燃料	合计
基本生产成本	甲产品	22 000	8 000	30 000
	乙产品	25 000	6 000	31 000
	小计	47 000	14 000	61 000
制造费用	基本生产车间	1 500	500	2 000
辅助生产成本	修理车间	1 200	1 400	2 600
	供水车间	1 300	2 700	4 000
	小计	2 500	4 100	6 600
销售费用		1 800	200	2 000
管理费用		2 600	400	3 000
合计		55 400	19 200	74 600

会计分录如下。

借：基本生产成本——甲产品　　　　　　30 000

　　　基本生产成本——乙产品　　　　　　31 000

　　　制造费用——基本生产车间　　　　　2 000

辅助生产成本——修理车间		2 600
辅助生产成本——供水车间		4 000
销售费用		2 000
管理费用		3 000
贷：原材料——主要材料		55 400
——燃料		19 200

(2) 按计划成本计价的材料发出核算。

企业应设立"原材料""材料采购""材料成本差异"明细账，分别核算原材料的计划成本、实际成本和计划成本与实际成本的差异。其计算公式如下。

发出材料应分配的成本差异额=发出材料计划成本×材料成本差异分配率

发出材料实际成本=发出材料计划成本+发出材料应分配的成本差异额

【例3-6】 假定A工厂原材料按计划成本计价，材料成本差异率为-2%，本月发料凭证汇总表如表3-2所示。

表3-2 A工厂发料凭证汇总表(二)

应借科目		应贷科目		
		计划成本	成本差异	合计
基本生产成本	甲产品	22 400	-448	21 952
	乙产品	25 600	-512	25 088
	小计	48 000	-960	47 040
制造费用	基本生产车间	2 800	-56	2 744
辅助生产成本	修理车间	1 500	-30	1 470
	供水车间	1 900	-38	1 862
	小计	3 400	-68	3 332
销售费用		1 000	-20	980
管理费用		1 400	-28	1 372
合计		56 600	-1 132	55 468

会计分录如下。

借：基本生产成本——甲产品	22 400
基本生产成本——乙产品	25 600
制造费用——基本生产车间	2 800

　　　　辅助生产成本——修理车间　　　　1 500
　　　　辅助生产成本——供水车间　　　　1 900
　　　　销售费用　　　　　　　　　　　　1 000
　　　　管理费用　　　　　　　　　　　　1 400
　　　　　贷：原材料　　　　　　　　　　　　　56 600
　　借：基本生产成本——甲产品　　　　448
　　　　基本生产成本——乙产品　　　　512
　　　　制造费用——基本生产车间　　　　56
　　　　辅助生产成本——修理车间　　　　30
　　　　辅助生产成本——供水车间　　　　38
　　　　销售费用　　　　　　　　　　　　20
　　　　管理费用　　　　　　　　　　　　28
　　　　　贷：原材料　　　　　　　　　　　　　1 132

2) 材料费用分配的核算

直接材料费用的分配，应根据审核后的领退料凭证，按照材料用途把费用计入各成本计算对象中去。其中，用于产品生产的材料费用应直接计入"基本生产成本"账户的"直接材料"成本项目；用于产品销售以及组织和管理生产的材料费用，计入"销售费用"和"管理费用"账户有关的费用项目；用于建造固定资产的材料费用，计入"在建工程"等账户。凡是几种产品共同耗用的材料费用，在领用时无法确定每种产品耗用的金额时，则需要按照一定的标准在各种产品之间进行分配，然后再分别计入各有关产品成本明细账的"直接材料"成本项目中。

(1) 直接材料费用的分配。

直接材料费用的分配要注意以下两点。

① 直接材料费用的分配方法。在材料消耗定额比较准确的情况下，材料费用可按材料定额消耗量比例法或材料定额费用法进行分配。

按材料定额消耗量比例分配原材料费用的计算公式如下。

某种产品原材料定额消耗量=该种产品实际产量×单位产品原材料定额消耗量

$$原材料消耗量分配率=\frac{原材料实际消耗总量}{各种产品原材料定额消耗量之和}$$

某种产品应分配的实际消耗量=该种产品的原材料定额消耗量×原材料消耗量分配率
某种产品应分配的实际原材料费用=该种产品应分配的原材料实际消耗量×材料单价

按材料定额费用分配原材料费用的计算公式如下。

某种产品原材料定额费用＝该种产品实际产量×单位产品原材料费用定额

$$原材料费用分配率 = \frac{各种产品原材料实际费用总额}{各种产品原材料定额费用总额}$$

某种产品应分配的实际原材料费用＝该种产品原材料定额费用×原材料费用分配率

【例3-7】 A工厂2020年1月生产甲、乙两种产品，本月两种产品共同领用甲材料15 400千克，单价10元，共计154 000元，本月生产甲产品200件，乙产品300件，甲产品的单位材料消耗定额为25千克，乙产品的单位材料消耗定额为30千克。

要求：按材料定额消耗量比例法分配材料费用并做会计分录。

解析：

甲产品材料定额消耗量＝25×200＝5 000(千克)

乙产品材料定额消耗量＝30×300＝9 000(千克)

材料消耗量分配率＝15 400÷(5 000+9 000)＝1.1

甲产品分配材料实际消耗量＝1.1×5 000＝5 500(千克)

乙产品分配材料实际消耗量＝1.1×9 000＝9 900(千克)

甲产品分配的材料费用＝5 500×10＝55 000(元)

乙产品分配的材料费用＝9 900×10＝99 000(元)

相关会计分录如下。

借：基本生产成本——甲产品——直接材料　　55 000
　　　　　　　　　——乙产品——直接材料　　99 000
　　贷：原材料——甲材料　　　　　　　　　154 000

A工厂共同耗用材料费用的分配如表3-3所示。

表3-3　A工厂共同耗用材料费用的分配

产品名称	实际产量/件	单位消耗定额/千克	按实际产量计算的定额耗用量/千克	分配率	实际耗用量的分配/千克	材料费用 单价/(元/千克)	材料费用 金额/元
(1)	(2)	(3)	(4)=(2)×(3)	(5)=(6)/(4)	(6)=(4)×(5)	(7)	(8)=(6)×(7)
甲	200	25	5 000	1.1	5 500	10	55 000
乙	300	30	9 000	1.1	9 900	10	99 000
合计					15 400		154 000

【例 3-8】 A 工厂生产 A、B 两种产品，共同领用甲、乙两种材料，共计 42 560 元，本月投产 A 产品 200 件，B 产品 100 件，A 产品的单位材料消耗定额为甲材料 5 千克，乙材料 8 千克，B 产品的单位材料消耗定额为甲材料 6 千克，乙材料 10 千克，两种材料的计划单价分别为 15 元、8 元。

要求：按材料定额费用法分配材料费用并做会计分录。

解析：

A 产品材料定额费用=A 产品所耗甲材料定额费用+ A 产品所耗乙材料定额费用
 =15×5×200+8×8×200=27 800(元)

B 产品材料定额费用=B 产品所耗甲材料定额费用+ B 产品所耗乙材料定额费用
 =15×6×100+8×10×100=17 000(元)

材料费用分配率=42 560÷(27 800+17 000)=0.95

A 产品应分配的实际材料费用=0.95×27 800=26 410(元)

B 产品应分配的实际材料费用=0.95×17 000=16 150(元)

相关会计分录如下。

借：基本生产成本——A 产品——直接材料　　26 410
　　　　　　　　——B 产品——直接材料　　16 150
　贷：原材料　　　　　　　　　　　　　　　42 560

② 直接材料费用分配表的编制。直接材料费用的分配，应编制材料费用分配表，它包括材料费用分配明细表和材料费用分配汇总表。材料费用分配明细表是按领料车间、部门，根据归类后的领退料凭证和其他有关资料分别编制的。根据表 3-1、表 3-3 的相关资料，编制下列 A 工厂的原材料费用分配表(见表 3-4)并做会计分录。

根据原材料费用分配表，编制会计分录如下，并据以登记有关产品成本明细账和有关费用明细账。

借：基本生产成本——甲产品　　　　　85 000
　　基本生产成本——乙产品　　　　　130 000
　　制造费用——基本生产车间　　　　2 000
　　辅助生产成本——修理车间　　　　2 600
　　辅助生产成本——供水车间　　　　4 000
　　销售费用　　　　　　　　　　　　2 000
　　管理费用　　　　　　　　　　　　3 000
　贷：原材料　　　　　　　　　　　　228 600

表 3-4 A 工厂的原材料费用分配表

应借账户		成本项目	直接计入金额/元	分配计入			材料费用合计/元
				定额消耗量/千克	实际耗用量(分配率1.1)	分配金额(单价10元/千克)	
基本生产成本	甲产品	直接材料	30 000	5 000	5 500	55 000	85 000
	乙产品	直接材料	31 000	9 000	9 900	99 000	130 000
	小计		61 000				215 000
辅助生产成本	修理车间	原材料	2 600				26 00
	供水车间	原材料	4 000				4 000
	小计		6 600				6 600
制造费用	基本生产车间	机物料	2 000				2 000
销售费用		消耗材料	2 000				2 000
管理费用		消耗材料	3 000				3 000
合计			74 600				228 600

(2) 燃料费用分配的核算。

燃料费用的分配方法与原材料的分配方法基本相同，一般在"原材料"项目中作为辅助材料进行归集核算，但燃料费用在产品成本中所占比重较大时，可与动力费用一起专门设立"燃料及动力"成本项目，或在"燃料及动力"成本项目下增设"燃料"项目，单独核算燃料的购入和分配。

直接用于产品生产的燃料，如果分产品领用，应直接计入各该产品成本明细账的"燃料及动力"成本项目；如果不能分产品领用，则应采用适当的分配方法，分配计入各有关产品成本明细账的"燃料及动力"成本项目。其分配标准一般按产品的重量、体积、所耗原材料的数量或费用，以及燃料的定额消耗量或定额费用等。

【例 3-9】假定 A 工厂所耗燃料和动力较多，在成本项目中，增设"燃料及动力"项目。该厂 2020 年 1 月用于甲、乙两种产品生产的燃料费用共为 19 800 元，根据耗用燃料的产品数量和单位产品燃料费用定额算出的燃料定额费用为：甲产品 8 000 元，乙产品 10 000 元。

要求：按燃料的定额费用比例分配燃料费用。

解析：

燃料费用分配计算如下。

燃料费用分配率=19 800÷(8 000+10 000)= 1.1

甲产品应分配的燃料费用=8 000×1.1=8 800(元)

乙产品应分配的燃料费用=10 000×1.1= 11 000(元)

编制下列 A 工厂的燃料费用分配表(见表 3-5)并做会计分录。

相关会计分录如下。

借：基本生产成本——甲产品　　　　　　　　9 000
　　基本生产成本——乙产品　　　　　　　　11 500
　　辅助生产成本——修理车间　　　　　　　1 000
　　辅助生产成本——供水车间　　　　　　　2 000
　　贷：燃料　　　　　　　　　　　　　　　　　23 500

表 3-5　燃料费用分配表

单位：元

应借账户		成本项目	直接计入金额	分配计入		合计
				定额燃料费用	分配金额(分配率1.1)	
基本生产成本	甲产品	燃料及动力	200	8 000	8 800	9 000
	乙产品	燃料及动力	500	10 000	11 000	11 500
	小计		700	18 000	19 800	20 500
辅助生产成本	修理车间	燃料及动力	1 000			1 000
	供水车间	燃料及动力	2 000			2 000
	小计		3 000			3 000
合　计			3 700		19 800	23 500

4．燃料及动力费用的分配与核算

1) 燃料费用的分配与核算

燃料费用的分配与核算，与原材料费用的分配与核算基本相同。企业对发生的燃料费用是否需要单独进行分配与核算，取决于企业燃料费用额的大小和企业对燃料费用进行管理的要求。燃料费用通常可以并入原材料费用统一核算，连同原材料费用经分配后一并计入有关的成本费用项目。如果燃料费用发生额较大，企业可以单设"燃料"会计科目对燃料进行核算，发生的燃料费用也可以与动力费用一起，单设"燃料及动力"成本项目予以反映。

在单设"燃料"科目进行核算时，对发生的燃料费用，比照原材料费用的分配方法进行处理，能分清受益对象的燃料费用，可以直接计入有关受益对象的成本费用项目；不能分清受益对象的燃料费用，按一定的分配标准分配后计入有关受益对象的成本费用项目。

2) 外购动力费用的分配与核算

动力费用是企业在生产经营过程中消耗电力、热力等而形成的费用。企业消耗的动力可以通过外购取得，也可以通过辅助生产车间提供。

(1) 动力费用的分配。

分配动力费用的方法与多种产品共同消耗原材料费用的分配方法基本相同，即在明确被分配的动力费用额与分配标准的基础上，确定动力费用分配率，进而确定每一受益对象应负担的动力费用。动力费用的分配标准通常为仪表记录。如果没有仪表记录，可以用产品实际或定额消耗工时、机器功率时数(机器功率×机器运转小时数)以及定额动力耗用量等作为分配标准。

(2) 动力费用的核算。

分配后直接由产品成本负担的动力费用，计入"燃料及动力"成本项目，在不单设"燃料及动力"成本项目的企业，先计入"制造费用"账户，经过分配后再计入产品成本中的"制造费用"成本项目。

【例3-10】B工厂直接用于甲、乙两种产品生产的外购电力费用共为10 500元，按甲、乙两种产品所耗的生产工时比例分配。其生产工时为：甲产品3 000小时，乙产品2 000小时。

要求：按工时比例分配动力费用。

解析：

动力费用分配计算如下。

动力费用分配率=10 500÷(3 000+2 000)=2.1(元/工时)

甲产品应分配的动力费用=3 000×2.1=6 300(元)

乙产品应分配的动力费用=2 000×2.1=4 200(元)

如果各部门的照明用电，均通过安装的电表计量，则应先按电力费用总额和电力总度数分配计算，然后再按前列算式分别计算甲乙两种产品的动力费用。外购动力费用总额应根据有关的转账凭证或付款凭证记入"应付账款"或"银行存款"科目的贷方。

【例 3-11】 承接例 3-5，假设生产车间的照明用电、辅助生产修理车间和供水车间、管理部门的照明用电的度数分别如表 3-6 所示，单位电价为 2 元，总用电量为 10 250 度，总电费为 20 500 元，则根据例 3-5 资料编制外购动力费用分配表。

根据编制的外购动力费用分配表，应做如下会计分录(该企业外购电费通过"应付账款"科目核算)。

借：基本生产成本——甲产品　　　　　　6 300
　　基本生产成本——乙产品　　　　　　4 200
　　辅助生产成本——修理车间　　　　　3 200
　　辅助生产成本——供水车间　　　　　4 000
　　制造费用——基本生产车间　　　　　2 400
　　管理费用——水电费　　　　　　　　　400
　　贷：应付账款　　　　　　　　　　　　　　　20 500

表 3-6　外购动力费用分配表

单位：元

应借账户		成本项目	动力费用分配		电费分配		合计
			生产工时	分配金额（分配率 2.1）	用电度数	分配金额（分配率 2）	
基本生产成本	甲产品	燃料及动力	3 000	6 300			6 300
	乙产品	燃料及动力	2 000	4 200			4 200
	小计		5 000	10 500	5 250	10 500	10 500
制造费用	基本生产车间	水电费			1 200	2 400	2 400
辅助生产成本	修理车间	燃料及动力			1 600	3 200	3 200
	供水车间	燃料及动力			2 000	4 000	4 000
	小计				3 600	7 200	7 200
管理费用		水电费			200	400	400
合　计					10 250	20 500	20 500

5. 人工费用的分配与核算

人工费用是企业在生产产品过程中的活劳动的耗费，包括生产工人的工资及按生产工人工资总额一定比例计提的职工福利费,是产品成本构成内容的重要组成部分。

1) 职工薪酬的范围

① 职工工资、奖金、津贴和补贴:计时工资、计件工资、奖金、津贴和补贴。

② 职工福利费。

③ 按照规定缴纳的保险金。

④ 住房公积金。

⑤ 工会经费和职工教育经费。

⑥ 非货币性福利。

⑦ 因解除与职工的劳动关系而给予的补偿。

2) 职工薪酬的汇总和分配

(1) 职工薪酬的汇总。

企业采用不同职工薪酬制度计算出应付给职工的职工薪酬总额后,需要按其用途和发生地点进行汇总。工资结算凭证分为工资结算单和工资结算汇总表。企业为了给职工办理工资结算手续,通常按车间、部门编制工资结算单,用以反映企业与职工的工资结算情况。

(2) 职工薪酬的分配。

企业职工薪酬,应按照其用途分配计入本期各种产品成本和当期损益。其中,直接从事产品生产的生产工人的职工薪酬,应直接计入各种产品成本,在"基本生产成本"账户中进行归集,并以"直接人工"成本项目单独列示;基本生产车间管理人员的职工薪酬,应计入"制造费用"账户;辅助生产车间人员的职工薪酬,应计入"辅助生产成本"账户;企业行政管理人员的职工薪酬,应计入"管理费用"账户;专设采购和销售机构人员的职工薪酬,应计入"销售费用"账户;从事在建工程人员的职工薪酬,应计入"在建工程"账户。

直接人工费用的分配一般采用按产品的实际生产工时比例进行分配的方法,如果企业的工时定额比较准确,直接人工费用也可按定额工时比例分配。其分配公式如下。

$$直接人工成本分配率 = \frac{本期发生的直接人工成本}{各产品耗用的实际工时(或定额工时)}$$

某产品应负担的直接人工成本=该产品耗用的实际工时(或定额工时)数×直接人工成本分配率

【例 3-12】 B 工厂生产甲、乙两种产品,需经过第一车间加工,第一车间生产工人工资共计 80 000 元,其中计件工资为甲产品 15 000 元,乙产品 9 000 元,计时工资为 56 000 元。根据车间的工时记录,第一车间甲产品生产工时 16 000 小时,乙产品耗用 12 000 小时。

则计时工资费用分配明细表如表 3-7 所示。

表 3-7 计时工资费用分配明细表

总分类账户	明细分类账户	成本项目	生产工时/小时	平均小时职工薪酬/元	应分配职工薪酬/元
基本生产成本	甲产品	直接人工	16 000	2	32 000
	乙产品	直接人工	12 000	2	24 000
合计			28 000		56 000

根据计时工资和计件工资合计数,编制会计分录如下。

借:基本生产成本——甲产品——直接人工　　47 000
　　基本生产成本——乙产品——直接人工　　33 000
　　贷:应付职工薪酬　　　　　　　　　　　　80 000

为了汇总反映企业直接人工费用的分配情况,并进行直接人工费用分配的总分类核算,企业应编制职工薪酬分配表,其一般格式如表 3-8 所示。

表 3-8 职工薪酬分配表

单位:元

应借账户		计件工资/元	计时工资费用分配		工资总额/元
			生产工时/小时	分配金额(分配率 2)	
基本生产成本	甲产品	15 000	16 000	32 000	47 000
	乙产品	9 000	12 000	24 000	33 000
	小 计	24 000	28 000	56 000	80 000
制造费用	基本生产车间				30 000
辅助生产成本	修理车间				15 000
	供水车间				17 000
	小 计				32 000
销售费用					5 000
管理费用					10 000
合 计					157 000

根据职工薪酬分配表,编制会计分录如下。

借:基本生产成本——甲产品——直接人工　　47 000

基本生产成本——乙产品——直接人工　　　　33 000
　　辅助生产成本——修理车间——职工薪酬　　　15 000
　　辅助生产成本——供水车间——职工薪酬　　　17 000
　　制造费用——基本生产车间——职工薪酬　　　30 000
　　销售费用——职工薪酬　　　　　　　　　　　5 000
　　管理费用——职工薪酬　　　　　　　　　　　10 000
　　贷：应付职工薪酬　　　　　　　　　　　　　　　　157 000

6. 折旧费用和其他生产费用的分配与核算

固定资产在长期使用过程中，其价值随着固定资产的损耗而逐渐减少，并以折旧的方式逐渐转移到产品成本和费用中去。折旧费是产品成本的组成部分，需要按照固定资产的使用车间、部门进行汇总，然后按照其受益对象分配计入产品成本中。

生产部门使用的固定资产，其折旧费用虽然是直接用于产品生产的费用，但是在生产某种产品时往往需要使用多种设备，而且某种设备可能生产多种产品，分配工作比较复杂，而且其费用在产品成本中所占比重不大，为了简化成本计算工作，不再专门设立成本项目，而是将其作为间接费用计入，通过"制造费用"账户进行核算。非生产部门使用的固定资产，应按照不同用途，将其折旧费用计入规定的成本费用项目中。

折旧费用应按固定资产的用途和使用部门分别计入产品成本和期间费用，生产用固定资产的折旧费用应计入产品成本，但它不单独设立成本项目，而是按照固定资产的使用车间、部门进行汇总，然后与生产单位(车间)、部门的其他费用一起分配计入产品成本和期间费用。计提折旧时，借记"制造费用""生产成本——辅助生产成本""管理费用"等科目，贷记"累计折旧"科目。

固定资产折旧费用通过编制"固定资产折旧提存计算表"分配折旧费用。折旧费用分配表的格式(见表3-9)及账务处理如下。

根据折旧费用分配表，编制会计分录如下，并登记有关成本费用明细账。

　　借：制造费用——基本生产车间　　　　　　　14 000
　　　　辅助生产成本——修理车间　　　　　　　9 000
　　　　辅助生产成本——供水车间　　　　　　　11 200
　　　　销售费用——折旧费　　　　　　　　　　11 700
　　　　管理费用——折旧费　　　　　　　　　　11 000
　　　　贷：累计折旧　　　　　　　　　　　　　　　　56 900

表 3-9　折旧费用分配表

单位：元

使用车间部门	折旧费用					
	房屋建筑物	机械设备	专用设备	运输设备	管理设备	合计
基本生产车间	2 000	5 000		3 000	4 000	14 000
修理车间	1 000	3 000	4 000		1 000	9 000
供水车间	1 500	2 000	6 500		1 200	11 200
专设销售机构	1 300			8 000	2 400	11 700
管理部门	4 000			5 000	2 000	11 000
合　计	9 800	10 000	10 500	16 000	10 600	56 900

7. 辅助生产费用的归集和分配

1) 辅助生产费用的归集

辅助生产费用的归集(包括分配)是通过"辅助生产成本"科目进行的。

辅助生产发生的各项费用，经过前面已述及的各项要素费用的分配，以及摊提费用的分配，已经全部归集在"辅助生产成本"总账的借方及所属明细账的有关项目。辅助生产成本明细账的格式如表 3-10 和表 3-11 所示，表内数据是根据前述的各种费用分配表登记的。

表 3-10　辅助生产成本明细账(一)

辅助车间：供电　　　　　　　　　　2020 年 6 月　　　　　　　　　　单位：元

摘　要	原材料	动力	工资及福利费	折旧费	修理费	保险费	其他	合计	转出
原材料费用分配表	4 500							4 500	
动力费用分配表		15 000						15 000	
工资福利费用分配表			4 560					4 560	
折旧费用分配表				12 000				12 000	
待摊费用分配表						650		650	
其他费用分配表					5 400		5 290	10 690	
辅助生产成本分配表									47 400
合　计	4 500	15 000	4 560	12 000	5 400	650	5 290	47 400	47 400

表 3-11 辅助生产成本明细账(二)

辅助车间：供水　　　　　　　　　　　2020 年 6 月　　　　　　　　　　　　单位：元

摘 要	原材料	动力	工资及福利费	折旧费	修理费	保险费	其他	合计	转出
原材料费用分配表	6 500							6 500	
动力费用分配表		6 000						6 000	
工资福利费用分配表			2 280					2 280	
折旧费用分配表				2 000				2 000	
待摊费用分配表						600		600	
其他费用分配表					1 600		1 670	3 270	
辅助生产成本分配表									20 650
合计	6 500	6 000	2 280	2 000	1 600	600	1 670	20 650	20 650

辅助生产费用的归集总分类核算会计分录如下。

借：生产成本——辅助生产成本
　　贷：原材料
　　　　材料成本差异
　　　　应付职工薪酬
　　　　累计折旧
　　　　低值易耗品
　　　　银行存款等

2) 辅助生产费用的分配

因为企业进行的辅助生产是为基本生产和其他部门服务的，根据受益原则，其发生的费用应由各受益部门承担，即将辅助生产发生的费用向各个受益部门进行分配。

(1) 直接分配法。

直接分配法是将各辅助生产成本明细账中归集的费用总额，不考虑各辅助生产车间之间相互提供的劳务(或产品)，直接分配给辅助生产部门以外的各受益产品、车间、部门。直接分配法的特点是只对外(辅助生产部门以外的各单位)进行分配，而不考虑相互之间提供的劳务。

直接分配法的具体计算公式如下。

辅助生产部门外部受益对象应负担的辅助生产费用=该受益对象接受的劳务量×辅助生产费用的直接分配率

【例 3-13】 某企业产品、劳务供应情况如表 3-12 所示，试分配相关费用。

表 3-12 产品、劳务供应情况

供应对象		供水数量/立方米	供电数量/(千瓦·时)
基本生产——丙产品			103 000
基本生产车间		205 000	80 000
辅助生产车间	供电车间	100 000	
	供水车间		30 000
行政管理部门		80 000	12 000
专设销售机构		28 000	5 000
合　计		413 000	230 000

相关费用计算如下。

供水车间费用分配率=20 650÷(413 000-100 000)=0.066

基本生产车间应承担水费=205 000 × 0.066=13 530(元)

行政管理部门应承担水费=80 000 × 0.066=5 280(元)

由于供水车间费用分配率 0.066 为除不尽小数，为简便计算只保留小数后 3 位，此处案例中用 0.066 与 28 000 相乘结果为 1848，产生 8 元差异。如果用除不尽小数相乘，计算结果会更准确，这 8 元差异会融入各部门承担水费金额之中，消除差异。为简化计算，并保证分录平衡，将除不尽小数差异仅显示在 28 000×0.066 的结果处，为约等于 1 840。

专设销售机构应承担水费=28 000 × 0.066=1 840(元)

供电车间费用分配率=47 400 ÷ (230 000-30 000)=0.237

基本生产丙产品=103 000 × 0.237=24 411(元)

基本生产车间应承担电费=80 000 × 0.237=18 960(元)

行政管理部门应承担电费=12 000 × 0.237=2 844(元)

专设销售机构应承担电费=5 000 × 0.237=1 185(元)

在实际工作中，辅助生产费用分配是通过编制辅助生产费用分配表进行的，本例辅助生产费用分配表如表 3-13 所示。

表 3-13　辅助生产费用分配表(直接分配法)

2020 年×月　　　　　　　　　　　　　　　　　　　　　　　　　　单位：元

辅助生产车间耗用			供　水	供　电	金额合计
待分配费用			20 650	47 400	68 050
辅助生产车间以外单位受益劳务量			313 000	200 000	—
费用分配率(单位成本)			0.066	0.237	
基本生产丙产品	应借"基本生产"科目	数量	—	103 000	—
		金额		24 411	24 411
基本生产车间耗用	应借"制造费用"科目	数量	205 000	80 000	—
		金额	13 530	18 960	32 490
行政管理部门耗用	应借"管理费用"科目	数量	80 000	12 000	—
		金额	5 280	2 844	8 124
专设销售机构	应借"销售费用"科目	数量	28 000	5 000	—
		金额	1 840	1 185	3 025
分配金额合计			20 650	47 400	68 050

根据表 3-13，应编制下列会计分录。

借：生产成本——基本生产成本——丙产品　　24 411
　　制造费用——基本生产车间　　　　　　　32 490
　　管理费用　　　　　　　　　　　　　　　 8 124
　　销售费用　　　　　　　　　　　　　　　 3 025
　　贷：生产成本——辅助生产成本——供水　20 650
　　　　　　　　　　　　　　　　——供电　47 400

(2) 顺序分配法。

顺序分配法是将各种辅助生产之间的费用分配按照辅助生产车间受益多少的顺序排列，受益少的排列在前，先将辅助生产费用分配出去；受益多的排列在后，后将辅助生产费用分配出去。例如，供电、供水和供气三个辅助生产车间中，供电车间耗用水和气较少；供水车间耗用气虽较少，但耗用电较多；供气车间耗用电和水都较多。这样就可以按照供电、供水和供气的顺序排列，顺序分配电、水、气的费用。顺序分配法的特点及基本思路就是按顺序依次分配，排列在前的分配给排列在后的，而排列在后的不再分配给排列在前的，排列在后的进行分配时应在原归集的费用基础上加上排列在前的分配转入数。

【例 3-14】 某企业只有供电和供水两个辅助生产车间,供电车间耗水 100 000 立方米,供水车间耗电 30 000 千瓦·时,从耗用数量看,似乎供电车间受益多,供水车间受益少。但是水和电的计量单位不同,不能比。由于水的单位成本大大低于电的单位成本,因而实际上供电车间受益少,供水车间受益多。供电车间应排列在前先分配,供水车间则排列在后面分配。

供电车间分配率=待分配的辅助生产费用总额/辅助生产供应总量
$$=47\,400÷230\,000=0.21$$

供水车间分配率=(待分配的辅助生产费用总额+由其他辅助生产车间分配来的费用)
÷(辅助生产供应总量-先分配的辅助生产部门耗用的劳务量)
$$=(20\,650+6\,300)÷(413\,000-100\,000)=0.086$$

在实际工作中,辅助生产费用分配是通过编制辅助生产费用分配表进行的。

(3) 交互分配法。

交互分配法是辅助生产车间先进行一次相互分配,然后再将辅助生产费用对辅助生产车间外部各受益对象进行分配的一种辅助生产费用的分配方法。

交互分配法分配辅助生产费用分两个步骤进行:首先对内进行交互分配,也就是在各辅助生产车间、部门之间,按相互提供的劳务数量和交互分配的费用分配率进行交互分配;然后对外进行分配,也就是在辅助生产车间、部门以外的各受益产品、车间、部门之间,按其接受的劳务数量和对外分配率进行分配。

交互分配法的特点是要进行两次分配,计算两个费用分配率,首先对内进行交互分配,然后再对外进行分配。

交互分配法首先是对内交互分配。

对内交互分配率的计算:

供水车间交互分配率=20 650÷413 000=0.05

供电车间交互分配率=47 400÷230 000=0.21

对内交互分配额的计算:

供电车间向供水车间的交互分配额=30 000×0.21=6 300(元)

供水车间向供电车间的交互分配额=100 000×0.05=5 000(元)

交互分配后各辅助生产车间费用额:

供水车间交互分配后的费用额=20 650+6 300-5 000=21 950(元)

供电车间交互分配后的费用额=47 400+5 000-6 300=46 100(元)

交互分配法其次是对外分配。

对外分配率的计算：

供水车间对外分配率=21 950÷(413 000-100 000)=0.070 1

供电车间对外分配率=46 100÷(230 000-30 000)=0.230 5

供水车间对外分配额：

基本生产车间应承担水费=205 000×0.070 1=14 370.5(元)

行政管理部门应承担水费=80 000×0.070 1=5 608(元)

由于供水车间对外分配率 0.0701 为除不尽小数，为简便计算只保留小数后 4 位，此处案例中用 0.0701 与 28 000 相乘结果为 1962.8，产生 8.7 元差异。如果用除不尽小数相乘，计算结果会更准确，这 8.7 元差异会融入各部门承担水费金额之中，消除差异。为简化计算，并保证分录平衡，将除不尽小数差异仅显示在 28 000×0.0701 的结果处，为约等于 1971.5。

专设销售机构应承担水费=28 000×0.070 1=1 971.5(元)

供电车间对外分配额：

基本生产丙产品=103 000×0.230 5=23 741.5(元)

基本生产车间应承担电费=80 000×0.230 5=18 440(元)

行政管理部门应承担电费=12 000×0.230 5=2 766(元)

专设销售机构应承担电费=5 000×0.230 5=1 152.5(元)

根据计算结果编制交互分配法的辅助生产费用分配表。

辅助生产费用分配表如表 3-14 所示。

表 3-14 辅助生产费用分配表

2020 年×月　　　　　　　　　　　　　　　　　　单位：元

项　目			交互分配			对外分配		
辅助生产车间名称			供电	供水	合计	供电	供水	合计
待分配费用			20 650	47 400	68 050			
劳务供应量			413 000	230 000				
费用分配率			0.05	0.21				
辅助生产车间耗用	辅助生产成本	供电车间	数量		30 000			
			金额		6 300	6 300		
		供水车间	数量	100 000				
			金额	5 000		5 000		
		金额小计				11 300		

续表

项　目			交互分配			对外分配		
辅助生产车间名称			供电	供水	合计	供电	供水	合计
基本生产车间	制造费用	数量				80 000	205 000	
		金额				18 440	14 370.5	32 810.5
行政管理部门	管理费用	数量				12 000	80 000	
		金额				2 766	5 608	8 374
专设销售机构	销售费用	数量				5 000	28 000	
		金额				1 152.5	1 971.5	3 124
分配金额合计						22 358.5	21 950	44 308.5

相关会计分录如下。

对内交互分配。

借：辅助生产成本——供水　　　　　　　　　　6 300

　　　　　　　——供电　　　　　　　　　　5 000

　　贷：辅助生产成本——供电　　　　　　　　6 300

　　　　　　　——供水　　　　　　　　　　5 000

对外交互分配。

借：生产成本——基本生产成本——丙产品　　　23 741.5

　　制造费用——基本生产车间　　　　　　　　32 810.5

　　管理费用　　　　　　　　　　　　　　　　8 374

　　销售费用　　　　　　　　　　　　　　　　3 124

　　贷：生产成本——辅助生产成本——供水　　21 950

　　　　　　　——供电　　　　　　　　　　46 100

(4) 代数分配法。

代数分配法是按照数学中解联立方程的方法，计算辅助生产劳务的单位成本，然后根据各受益单位(包括辅助生产车间)耗用的数量和单位成本计算分配辅助生产费用的一种方法。采用这种分配方法时的计算程序是：首先，将辅助生产车间产品或劳务的单位成本设为未知数，并根据各辅助生产车间相互提供的劳务数量，求解联立方程，计算出辅助生产车间产品或劳务的单位成本；然后，再根据各受益单位(包括辅助生产车间)耗用的数量和单位成本计算分配辅助生产费用。

建立联立方程式如下。

$$\begin{cases} 20\ 650+30\ 000Y=413\ 000X & \text{①} \\ 47\ 400+100\ 000X=230\ 000Y & \text{②} \end{cases}$$

(上列方程中,方程的左方为各辅助生产明细账的借方发生额,右方为贷方发生额。)

将式①移项:

$Y=(413\ 000X-20\ 650)\div 30\ 000$ ③

将式③代入式②中:

$47\ 400+100\ 000X=230\ 000\times[(413\ 000X-20\ 650)\div 30\ 000]$

$X=0.0671(元)$

将 $X=0.067\ 1$ 代入式③中:

$Y=(413\ 000\times 0.0671-20\ 650)\div 30\ 000=0.235\ 26$

根据上列计算结果,编制代数分配法的辅助生产费用分配表如表3-15所示。

表3-15 辅助生产费用分配表(代数分配法)

2020年×月　　　　　　　　　　　　　　　　　　　　　　单位:元

辅助生产车间耗用			供　水	供　电	金额合计
待分配费用			20 650	47 400	68 050
劳务供应总量			413 000	230 000	
用代数算出的实际单位成本			0.067 1	0.235 26	
辅助生产车间耗用	应借"辅助生产成本"科目	供水车间 耗用数量		30 000	
		供水车间 分配金额		7 057.8	7 057.8
		供电车间 耗用数量	100 000		
		供电车间 分配金额	6 710		6 710
		分配金额小计			
基本生产丙产品耗用	应借"基本生产成本"科目	耗用数量		103 000	
		分配金额		24 231.8	24 231.8
基本生产车间耗用	应借"制造费用"科目	耗用数量	205 000	80 000	
		分配金额	13 755.5	18 820.8	32 576.3
行政管理部门耗用	应借"管理费用"科目	耗用数量	80 000	12 000	
		分配金额	5 368	2 823.1	8 191.1
专设销售机构	应借"营业费用"科目	耗用数量	28 000	5 000	
		分配金额	1 878.8	1 176.3	3 055.1
分配金额合计			27 712.3	54 109.8	81 822.1

根据表 3-15，应编制下列会计分录。

借：生产成本——辅助生产成本——供电　　　6 710
　　　　　　　　　　　　　　——供水　　　7 057.8
　　生产成本——基本生产成本——丙产品　　24 231.8
　　制造费用——基本生产车间　　　　　　　32 576.3
　　管理费用　　　　　　　　　　　　　　　8 191.1
　　销售费用　　　　　　　　　　　　　　　3 055.1
贷：生产成本——辅助生产成本——供水　　　27 712.3
　　　　　　　　　　　　　　——供电　　　54 109.8

(5) 计划成本分配法。

计划成本分配法是指按辅助生产费用的计划单位成本和各受益单位耗用的劳务数量，分配辅助生产费用的一种方法。采用这种方法分配辅助生产费用时，也是分为两个步骤进行。首先，根据各产品、车间、部门实际耗用的劳务数量和事先确定的计划单位成本分配辅助生产费用；然后，计算辅助生产车间实际成本和按计划单位成本分配出去的计划成本的差异，进行调整分配。

其具体的步骤如下。

第一步：按计划成本分配。

第二步：成本差异的计算。

辅助生产成本差异算出后，应将差异调整分配。调整分配在会计上有两种处理方法：①将差异按辅助生产外部各受益对象的受益比例分配；②将差异全部分配计入管理费用。

【例 3-15】 企业产品劳务供应情况如表 3-16 所示。

表 3-16　产品、劳务供应情况

供应对象		供电度数/(千瓦·时)	修理工时/小时
基本生产产品耗用		80 000	
基本生产车间一般消耗		12 000	6 000
辅助生产车间	供电车间		800
	机修车间	12 000	
行政管理部门		8 000	4 000
合　计		112 000	10 800

根据资料编制计划成本分配法的辅助生产费用分配表,如表 3-17 所示。

表 3-17 辅助生产费用分配表(计划成本分配法)

2020 年×月　　　　　　　　　　　　　　　　　　　　　　　　　单位:元

辅助生产车间名称				供 电	机 修	合 计
待分配辅助生产费用				33 600	34 020	67 620
劳务供应数量				112 000	10 800	
计划单位成本				0.3	3.15	
辅助生产车间耗用	借记"辅助生产成本"科目	供电	耗用数量		800	
			分配金额		2 800	2 800
		机修	耗用数量	12 000		
			分配金额	3 960		3 960
基本生产产品耗用	借记"基本生产成本"科目		耗用数量	80 000		
			分配金额	26 400		26 400
基本生产车间耗用	借记"制造费用"科目		耗用数量	12 000	6 000	
			分配金额	3 960	21 000	24 960
行政管理部门耗用	借记"管理费用"科目		耗用数量	8 000	4 000	
			分配金额	2 640	14 000	16 640
按计划成本分配金额合计				36 960	37 800	74 760
辅助生产实际成本				36 400	37 980	74 380
辅助生产成本差异				-560	180	-380

在所列辅助生产费用分配表中,辅助生产实际成本算式如下。

供电实际成本:33 600+2 800=36 400(元)

机修实际成本:34 020+3 960=37 980(元)

辅助生产成本差异算式如下。

供电成本差异:36 400-36 960=-560(元)

机修成本差异:37 980-37 800=180(元)

根据表 3-17,应编制下列会计分录。

① 按计划成本分配的会计分录。

借:生产成本——辅助生产成本——供电　　　2 800
　　　　　　　　　　　　　　　　——机修　　　3 960
　　生产成本——基本生产成本　　　　　　　26 400
　　制造费用——基本生产车间　　　　　　　24 960

管理费用　　　　　　　　　　　　　　　　　　16 640
　　　　贷：生产成本——辅助生产成本——供电　　36 960
　　　　　　　　　　　　　　　　——机修　　　　37 800
② 调整辅助生产成本差异的会计分录。
　　　借：管理费用　　　　　　　　　　　　　　　　-380
　　　　贷：生产成本——辅助生产成本——供电　　-560
　　　　　　　　　　　　　　　　——机修　　　　180
上列会计分录的差异，若超支用蓝字补加，若节约用红字冲减。

8. 制造费用的归集和分配

1) 制造费用的归集

制造费用是指工业企业为生产产品或提供劳务而发生的、应计入产品成本但没有专设成本项目的各项生产费用。它主要包括如下费用。

① 间接用于产品生产的费用，如机物料消耗，辅助生产工人工资及福利费，车间生产用房屋及建筑物的折旧费和修理费，车间生产用的照明费、取暖费、劳动保护费，以及季节性停工和生产用固定资产修理期间的停工损失等。

② 直接用于产品生产，但管理上不要求或核算上不便于单独核算，因而没有专设成本项目的费用，如机器设备的折旧费、修理费、生产用低值易耗品的摊销、设计制图费和试验检验费等。

③ 车间、分厂等生产部门为组织和管理生产所发生的费用，如车间管理人员的工资及福利费，车间管理用房屋的折旧费和修理费，车间用低值易耗品的摊销，车间管理用的照明费、取暖费、差旅费和办公费等。

2) 制造费用的分配

制造费用项目较多，一般按费用的经济用途设立费用项目进行核算，主要有工资及福利、折旧费、修理费、水电费、机物料消耗、低值易耗品摊销、办公费、差旅费、运输费、保险费、劳动保护费、试验检验费等。企业可根据费用比重的大小和管理的要求，对上述费用项目进行合并或进一步细分，但为了使各期成本费用资料可比，制造费用项目确定后应相对稳定，不能随意变更。

制造费用的核算是通过"制造费用"科目进行的。该科目借方登记实际发生的制造费用，贷方登记分配转出的制造费用，月末一般无余额。该科目应按车间或部门设置明细账，账内按费用项目设专栏，分别反映各车间、各部门各项制造费用的支出情况。制造费用发生时应根据付款的原始凭证和各种要素费用表编制记账凭证,借记"制造费用"科目,贷记"原材料""应付职工薪酬""累计折旧""银行存款"等科目。本节主要详述期末如何按照一定的标准分配制造费用,将该科目的贷方余额转入"基本生产成本"科目的借方,并根据记账凭证登记"制造费用"的总账和明细账。

(1) 生产工人工资比例法。

生产工人工资比例法是按各种产品生产工资的比例分配制造费用的一种方法。其计算公式如下。

$$制造费用分配率=待分配的制造费用÷车间各产品生产工人工资合计$$

$$某种产品应分配的制造费用=该产品生产工人工资×制造费用分配率$$

由于工资费用分配表中有现成的生产工人工资的资料,因而采取这种分配方法核算工作比较简单。但采用这种方法时各种产品的机械化程度应该差别不大,否则,机械化程度高的产品,由于工资费用少,分配负担的制造费用就少,影响费用分配的合理性。因为实际上制造费用中有许多费用,如机器设备的折旧费、修理费、租赁费、保险费等,是与产品的机械化程度正相关的,机械化程度越高,应承担的制造费用就越多。

(2) 生产工时比例法。

生产工时比例法是按照各种产品所用生产工人工时的比例分配制造费用的一种方法。生产工时比例法的计算公式如下。

$$制造费用分配率=制造费用总额÷车间产品生产工时总额$$

$$某种产品应分配的制造费用=该种产品生产工时×制造费用分配率$$

按生产工时比例分配,可以是各种产品实际耗用的生产工时(实用工时);如果产品的工时定额比较准确,制造费用也可以按定额工时的比例分配。其计算公式如下。

$$制造费用分配率=制造费用总额÷车间产品实用(定额)工时总额$$

$$某种产品应分配的制造费用=该种产品实用(定额)工时×制造费用分配率$$

【例3-16】 某公司2020年8月基本生产车间发生制造费用29 000元。制造费用分配表的格式(见表3-18)及账务处理如下。

制造费用分配率=29 000÷40 000=0.725

根据制造费用分配表,相关账务处理如下。

借:生产成本——基本生产成本——甲产品　　　　21 750
　　　　　　　　　　　　　　——乙产品　　　　 7 250
　　贷:制造费用　　　　　　　　　　　　　　　　29 000

表 3-18 制造费用分配表

2020 年 8 月

应借科目	生产工时/小时	制造费用/元	分配率
生产成本——甲产品	30 000	21 750	
——乙产品	10 000	7 250	
合计	40 000	29 000	0.725

注：该公司规定此项费用均按甲、乙两种产品实用工时比例分配。

按生产工时比例分配是较常用的一种分配方法，它能将劳动生产率的高低与产品负担费用的多少联系起来，结果比较合理。但是，必须正确组织好产品生产工时的记录和核算工作，保证生产工时的正确、可靠。

(3) 机器工时比例法。

机器工时比例法是按照各种产品生产时机器设备运转时间的比例分配制造费用的一种方法。这种方法适用于机械化程度较高的车间，因为在这种车间中折旧费用、修理费用的大小与机器运转的时间有密切的联系。采用这种方法，必须保证机器工时的准确性。该方法的计算程序、原理与生产工时比例法基本相同。

(4) 按年度计划分配率分配法。

按年度计划分配率分配法是按照年度开始前确定的全年适用的计划分配率分配费用的方法。采用这种分配方法，不论各月实际发生的制造费用是多少，一律以计划分配率为分配标准。年度内如果发现全年制造费用的实际数和产品的实际产量与计划数发生较大的差额时，应及时调整计划分配率。其计算公式如下：

年度计划分配率=年度制造费用计划总额÷年度各种产品计划产量的定额工时总额

某月某产品制造费用=该月该种产品实际产量的定额工时数×年度计划分配率

【例 3-17】 A 公司下属车间全年制造费用计划为 110 000 元。全年各种产品的计划产量为：甲产品 2 600 件，乙产品 2 250 件；单件产品的工时定额为：甲产品 5 小时，乙产品 4 小时；6 月份实际产量为：甲产品 240 件，乙产品 150 件。本月实际发生制造费用 9 800 元。

解析：

甲产品年度计划产量的定额工时=2 600×5=13 000(小时)

乙产品年度计划产量的定额工时=2 250×4=9 000(小时)

制造费用年度计划分配率=110 000÷(13 000+9 000)=5

甲产品本月实际产量的定额工时=240×5=1 200(小时)

乙产品本月实际产量的定额工时=150×4=600(小时)

该月甲产品制造费用=1 200×5=6 000(元)

该月乙产品制造费用=600×5=3 000(元)

该车间本月按计划分配率分配转出的制造费用为：

6 000+3 000=9 000(元)

相关会计分录如下。

借：生产成本——基本生产成本——甲产品　　6 000
　　　　　　　　　　　　　　——乙产品　　3 000
　　贷：制造费用　　　　　　　　　　　　　　9 000

采用按年度计划分配率分配法时，"制造费用"账户及其明细账月末余额，可能是借方，也可能是贷方。如果为借方余额，表示实际发生的制造费用大于按计划分配的费用，属于待摊费用，为资产；如果为贷方余额，表示实际发生的制造费用小于按计划分配的费用，属于预提费用，为负债。

"制造费用"科目如果有年末余额，就是全年制造费用的实际发生额与计划的差额，一般应在年末调整计入12月份的产品成本。实际发生额大于计划分配额，借记"生产成本——基本生产成本"科目，贷记"制造费用"科目；实际发生额小于计划分配额，则用红字冲减，或者借记"制造费用"科目，贷记"生产成本——基本生产成本"科目。

这种分配方法核算工作简便，特别适用于季节性生产的车间，因为它不受淡季和旺季产量相差悬殊的影响，不会使各月单位产品成本中的制造费用忽高忽低，便于进行成本分析。但是，采用这种分配方法要求计划工作水平较高，否则会影响产品成本计算的正确性。

制造费用分配无论采用哪一种分配方法，都应编制制造费用分配表进行制造费用的总分类核算和明细核算。

9. 废品损失的归集和分配

废品是指由于生产不符合规定的技术标准，生产出的产品不能按原定用途进行使用，或需要加工修理后才能正常使用的产品。它包括在生产过程中发现的不合格的在产品、入库时发现的不合格的半成品或完工产品，但不包括可以降价销售的次品或等外品、合格品入库后因保管不善发生损坏变质的产品和在产品销售时发现的废品。

废品按照修复的可能性和经济性，分为可修复废品与不可修复废品。可修复废品是指经过加工修理后可以按原定用途进行使用，而且在经济上合算的废品；不可修复废品是指在技术上无法修复，或修复成本过大，在经济上不合算而放弃修复的废品。

废品损失是指生产过程中和入库后，因出现废品而发生的无价值的耗费，对可修复废品而言，废品损失是追加的修复成本扣除收回的废品残值及责任人赔款后的差额；对不可修复的废品而言，废品损失是废品成本扣除收回的废品残值及责任人赔款后的差额。

废品损失原则上由本期的完工产品负担，月末在产品通常不承担废品损失。企业对废品损失的具体处理方法有两种：①对废品损失数额不大的企业，可在"制造费用"账户中核算；②对废品损失数额较大的企业，为对废品损失加强管理，可以增设"废品损失"账户，单独核算废品损失。该账户的借方登记不可修复废品的生产成本和可修复废品的修复成本，贷方登记废品残料收回价值、责任人赔款及分配转出的废品损失，分配后该账户无余额。"废品损失"按生产车间设置明细分类账户核算。

1) 可修复废品的核算

可修复废品损失是对废品进行修复所支付的修复费用。修复后，其产品成本由原生产成本和修复费用构成。如果有废品收回残值或赔偿收入，冲减可修复废品的损失。可修复废品损失在进行修复时归集，其计算公式如下。

可修复废品损失=修复废品材料费用+修复废品人工费用+
修复废品制造费用-收回的残值及赔偿收入

对发生的修复费用，从各种费用分配表中取得，并据以编制如下会计分录。

发生修复废品的材料费用(人工费用、制造费用)时，

借：废品损失——××产品

贷：原材料(应付职工薪酬和制造费用等)

收回废品残值或确定责任人赔偿款时，

借：原材料(其他应收款)

贷：废品损失——××产品

结转可修复废品损失时，

借：生产成本——基本生产成本——××产品

贷：废品损失——××产品

若对发生的废品损失不单独设置"废品损失"账户进行核算，则在"生产成本——基本生产成本"明细账户中也不设"废品损失"成本项目。对发生的不可修复废品损

失，先计入"制造费用"账户，连同其他制造费用一起在受益产品中进行分配。对发生的可修复废品损失若不单独进行核算，则将收回的残值及赔偿款冲减"生产成本——基本生产成本"。

2) 不可修复废品的核算

对不可修复废品的损失进行核算，首先必须确定发生的废品损失再进行相关核算。

计算不可修复废品的损失，就是要将废品应负担的生产费用从全部生产费用中分离出来。具体有两种方法：按实际成本计算和按定额成本计算。

(1) 按废品实际成本计算。

这种方法是将全部生产费用在合格品与废品之间进行分配，分配公式如下。

废品应负担的材料费用=某产品的全部材料费用÷(合格品产量+废品约当产量)×废品约当产量

上述公式中，用人工费用、制造费用替换材料费用后，可以计算废品应负担的人工费用与制造费用，从而确定不可修复废品的生产成本。注意，如果期末存在未完工产品，则上述公式的分母中还应包括月末在产品的约当产量。

(2) 按废品定额成本计算。

这种方法是按废品数量和事先核定的各项定额费用计算出废品的定额成本，再扣除废品残值及责任人赔偿款后确定废品损失。其特点是不考虑废品实际发生的生产成本。

10. 停工损失的归集和分配

停工损失是企业发生非季节性停工所造成的损失，停工的主要原因是停电、待料、机器故障或大修、灾害或事故和计划减产等。停工损失由停工期间消耗的燃料及动力、工资、福利费和制造费用等构成，由过失方或者保险公司支付的赔偿款冲减停工损失。停工不足一个工作日，通常不计算停工损失。

企业发生停工，由生产车间将停工范围、起止时间、停工原因及过失方等情况在"停工单"中加以记录，送财会部门审核后，作为计算停工损失的原始依据。

企业可专设"停工损失"账户，并在产品成本计算单中增设"停工损失"成本项目。"停工损失"账户的借方归集本月发生的停工损失，贷方登记分配结转的停工损失，分配后该账户无余额，按生产车间分户进行明细分类核算。

不同原因产生的停工损失，采用不同的分配结转方法。由过失方或保险公司赔偿的停工损失，转作"其他应收款"；属于非常损失引起的停工损失，列为"营业外支出"；对于其他原因引起的停工损失，计入产品成本。会计处理简述如下。

① 发生各种停工损失时，

　　借：停工损失——×车间

　　　　贷：生产成本(应付职工薪酬、制造费用等)

② 分配结转停工损失时，

　　借：生产成本——基本生产成本——×产品(其他应收款、营业外支出)

　　　　贷：停工损失——×车间

企业也可以不单设"停工损失"账户，而将发生的停工损失直接列入"制造费用""其他应收款"和"营业外支出"账户。

季节性生产企业发生季节性停工期间所发生的费用，不作为"停工损失"，可以采用待摊或预提方式处理，转由生产期间的产品成本负担。

3.8　长期待摊费用的账务处理

所谓长期待摊费用，是指企业已经支出，但摊销期限在 1 年以上(不含 1 年)的各项费用。通俗来讲就是已经付款了，但是该成本费用需要以后各期支付，应该等到以后各期分别计入相关成本费用中。

长期待摊费用具体包括固定资产修理支出、租入固定资产的改良支出以及摊销期限在 1 年以上的其他待摊费用。一般情况下，长期待摊费用具有以下三个特征。

① 长期待摊费用属于长期资产；

② 长期待摊费用是企业已经支出的各项费用；

③ 长期待摊费用应能使以后会计期间受益。

长期待摊费用内容较多，但是在一般情况下，为了更好地进行分析核算，我们会将其分为以下四类。

① 已提足折旧的固定资产的改建支出，按照固定资产预计尚可使用年限分期摊销；

② 经营租入固定资产的改建支出，按照合同约定的剩余租赁期限分期摊销；

③ 符合《税法》规定的固定资产大修理支出，按照固定资产尚可使用年限分期摊销；

④ 其他长期待摊费用。

需要提到的是，对于其他长期待摊费用，需要自支出发生月份的次月起分期摊销，并且摊销年限不得少于3年。

【例3-18】 甲企业租入了一台设备，经营期间由于质量发生问题，企业不得不对该设备进行大规模修理。经过一系列核算，发现修理支出96 000元，并且修理的间隔期为4年。其应做如下账务处理。

对设备的修理费用，需要计入"长期待摊费用"科目，

借：长期待摊费用——修理支出　　　　　　　96 000
　　贷：银行存款　　　　　　　　　　　　　　　96 000

因为修理的间隔为4年，所以需要按修理间隔期4年平均摊销，则需要进行如下计算。

96 000÷4÷12=2 000(元)

通过计算可以得出，每月摊销为2 000元，则会计分录如下。

借：管理费用　　　　　　　　　　　　　　　　2 000
　　贷：长期待摊费用——修理支出　　　　　　　2 000

需要注意的是，在进行长期待摊费用账务处理时一定要注意区分相关费用的所属科目，以免发生混淆而造成错误。

3.9　存货取得的账务处理

企业取得存货的方式有很多种，商贸企业以外购取得居多，制造类企业则大多是加工构成的存货等。存货取得的途径不同，相应的账务处理也有所差别。

1. 外购取得的存货

企业外购取得的存货，其购买价款、相关税费、运输费、装卸费、保险费等合理费用均计入存货的成本。需要注意的是，相关税费包括关税、消费税、资源税等，但不包括增值税。如果存货在入库前货物发生了毁损，发出存货单位收回了毁损的存货，则应当将这部分损失冲减已计入的成本；如果毁损属于自然灾害，应先将损失转入待处理财产损溢，待查明原因后再计入相关科目。

【例3-19】 2020年4月1日，甲商贸公司购进200件商品，单价为100元，适用增值税税率13%。支付给运输公司运费300元，装卸费200元。

甲公司该批存货的成本=200×100÷(1+13%)+300+200=18199.12(元)

借：库存商品　　　　　　　　　　　　　18 199.12
　　应交税费——应交增值税(进项税额)　　2 300.88[200×100÷(1+13%)×0.13]
　贷：银行存款　　　　　　　　　　　　　20 500

2. 加工取得的存货

企业加工取得的存货，其成本中会包含为加工存货耗费的所有费用，如耗费的原材料、人工成本、生产车间的水电费等。每个企业的生产特点不同，其成本分配方法的选择也会有所差异。常见的成本分配方法有约当产量法、定额比例法、直接分配法、交互分配法。但分配的方法一经确定，就不得随意更改。

【例 3-20】2020 年 6 月，某企业生产 200 件丙产品，当月耗费 A 材料 2 吨，成本 20 000 元；耗费 B 材料 0.5 吨，成本 15 000 元。当月支付给生产工人的工资 50 000 元，用于生产丙产品的车间水电费 10 000 元。

200 件丙产品成本=20 000+15 000+50 000+10 000=95 000(元)

借：库存商品　　　　　　　95 000
　贷：原材料——A 材料　　　20 000
　　　　　——B 材料　　　15 000
　　　应付职工薪酬　　　　50 000
　　　制造费用　　　　　　10 000

3. 投资者投入的存货

有的时候投资者会选择以存货入股，投资者投入存货以合同约定的价格入账，但是合同价格不公允的除外。合同价格不公允的应以存货的公允价值入账。

【例 3-21】2020 年 7 月 1 日，甲以持有的一批存货入股乙公司，该批存货在市场上的不含税售价为 2 000 000 元，适用的增值税税率为 13%。其账务处理如下。

借：库存商品　　　　　　　　　　　　　2 000 000
　　应交税费——应交增值税(进项税额)　　260 000
　贷：实收资本　　　　　　　　　　　　　2 260 000

3.10 以前年度损益调整的账务处理

以前年度损益调整是对以前年度财务报表中的重大错误的更正。这种错误包括计算错误、会计分录差错以及漏记事项。以前年度损益调整应在留存收益表(或股东权益表)中予以报告，以税后净影响额列示。对于报表期间之前发生的事项，以前年度损益调整将改变留存收益的期初余额。以前年度损益调整属于损益类科目。

1. 企业调整增加以前年度利润或减少以前年度亏损

借：有关科目
　　贷：以前年度损益调整

2. 调整减少以前年度利润或增加以前年度亏损

借：以前年度损益调整
　　贷：有关科目

3. 由于以前年度损益调整增加的所得税费用

借：以前年度损益调整
　　贷：应交税费——应交所得税等科目

4. 由于以前年度损益调整减少的所得税费用

借：应交税费——应交所得税等科目
　　贷：以前年度损益调整

5. 经上述调整后，应将以前年度损益调整余额转入"利润分配——未分配利润"科目

如为贷方余额，
借：以前年度损益调整
　　贷：利润分配——未分配利润
如为借方余额，
借：利润分配——未分配利润
　　贷：以前年度损益调整

解读如下。

① 以前年度损益调整是指企业对以前年度多计或少计的盈亏数额所进行的调整，以使其不至于影响到本年度利润总额。

② 以前年度损益调整主要调整的是以前年度的重要差错，以及资产负债表日后事项，既不是损益类科目，也不是权益类科目，它作为损益类项目的过渡性科目，其余额最终转入"利润分配——未分配利润"科目。

③ 以前年度损益调整的金额不体现在本期利润表上，而是体现在未分配利润中。

④ 以前年度损益调整最终结转后无余额。

⑤ 以前年度损益调整不需要设置二级明细科目，使用一级科目即可。

3.11 管理费用的账务处理

管理费用是指企业为组织和管理企业生产经营所发生的管理费用。

核算内容包括企业在筹建期间内发生的开办费、董事会和行政管理部门在企业的经营管理中发生的或者应由企业统一负担的公司经费(包括行政管理部门职工工资及福利费、物料消耗、低值易耗品摊销、办公费和差旅费等)、工会经费、董事会费(包括董事会成员津贴、会议费和差旅费等)、聘请中介机构费、咨询费(含顾问费)、诉讼费、业务招待费、技术转让费、矿产资源补偿费、研究费用、排污费以及企业生产车间(部门)和行政管理部门等发生的固定资产修理费用等。

企业内部研究和开发无形资产，其在研究阶段的支出全部费用化，计入当期损益(管理费用)；开发阶段的支出符合条件的资本化，不符合资本化条件的计入当期损益(管理费用)。如果确实无法区分研究阶段的支出和开发阶段的支出，应将其所发生的研发支出全部费用化，计入当期损益。

企业发生的管理费用，在"管理费用"科目核算，并在"管理费用"科目中按费用项目设置明细账，进行明细核算。期末，"管理费用"科目的余额结转"本年利润"科目后无余额。

【例3-22】2020年10月15日，企业用现金支付办公用品3 000元，其应做如下账务处理。

借：管理费用——办公费　　　　3 000
　　贷：库存现金　　　　　　　　　　3 000

3.12 销售费用的账务处理

销售费用是指企业在销售商品和材料、提供劳务的过程中发生的各种费用。

核算内容包括企业在销售商品过程中发生的保险费、包装费、展览费和广告费、商品维修费、装卸费等,以及为销售本企业商品而专设的销售机构(含销售网点、售后服务网点等)的职工薪酬、业务费、折旧费、固定资产修理费用等。

企业发生的销售费用,在"销售费用"科目核算,并在"销售费用"科目中按费用项目设置明细账,进行明细核算。期末,"销售费用"科目的余额结转"本年利润"科目后无余额。

【例3-23】2020年7月1日,企业用银行存款支付销售产品运输费5 600元,其中甲产品3 500元,乙产品1 500元,丙产品600元,其应做如下账务处理。

借:销售费用——运输费——甲产品　　　3 500
　　　　　　　　　　　　　乙产品　　　1 500
　　　　　　　　　　　　　丙产品　　　　600
　贷:银行存款　　　　　　　　　　　　5 600

3.13 财务费用的账务处理

财务费用是指企业为筹集生产经营所需资金等而发生的筹资费用。

核算内容包括利息支出(减利息收入)、汇兑损益,以及相关的手续费、企业发生的现金折扣或收到的现金折扣等。

企业发生的财务费用,在"财务费用"科目核算,并在"财务费用"科目中按费用项目设置明细账,进行明细核算。期末,"财务费用"科目的余额结转"本年利润"科目后无余额。

【例3-24】2020年6月计提借款利息1 600元,其应做如下账务处理。

计提时,

借:财务费用——利息　　　　　1 600
　贷:应付利息　　　　　　　　　1 600

偿还时，

借：应付利息　　　　　　　　　　1 600
　　贷：银行存款　　　　　　　　　1 600

【例 3-25】2020 年 9 月收到银行利息 1 700 元，其应做如下账务处理。

借：银行存款　　　　　　　　　　1 700
　　贷：财务费用——利息　　　　　1 700

3.14　其他收益的账务处理

其他收益的核算包括以下内容。

(1) 企业选择总额法对与日常活动相关的政府补助进行会计处理的。

政府补助有两种会计处理方法：总额法和净额法。总额法是在确认政府补助时，将其全额一次或分次确认为收益，而不是作为相关资产账面价值或者成本费用等的扣减。净额法是将政府补助确认为对相关资产账面价值或者所补偿成本费用等的扣减。

(2) 核算总额法下与日常活动相关的政府补助，以及其他与日常活动相关且应直接计入本科目的项目。

需要提醒的是，政府补助准则规定，与企业日常活动相关的政府补助，应当按照经济业务实质，计入其他收益或冲减相关成本费用；与企业日常活动无关的政府补助，应当计入营业外收支。

政府补助准则不对"日常活动"进行界定。通常情况下，若政府补助补偿的成本费用是营业利润之中的项目，或该补助与日常销售等经营行为密切相关(如增值税即征即退等)，则认为该政府补助与日常活动相关。

(3) 账务处理。

对于总额法下与日常活动相关的政府补助，企业在实际收到或应收时，或者将先确认为"递延收益"的政府补助分摊计入收益时，借记"银行存款""其他应收款""递延收益"等科目，贷记"其他收益"科目。期末，应将本科目余额转入"本年利润"科目，本科目结转后应无余额。

3.15　资产处置收益的账务处理

资产处置收益是指企业发生出售非流动资产的损益。

核算内容包括企业出售划分为持有待售的非流动资产(金融工具、长期股权投资和投资性房地产除外)或处置组时确认的处置利得或损失,以及处置未划分为持有待售的固定资产、在建工程、生产性生物资产及无形资产而产生的处置利得或损失。

债务重组中因处置非流动资产产生的利得或损失和非货币性资产交换产生的利得或损失也包括在本项目内。

需要提醒的是,非流动资产毁损报废利得和损失分别在"营业外收入"项目和"营业外支出"项目反映,其中"毁损报废利得和损失"通常包括因自然灾害发生毁损、已丧失使用功能等原因而报废清理产生的损失。

企业应当通过"资产处置损益"科目,核算资产处置收益的取得和结转情况。该科目可按资产处置收益项目进行明细核算。期末,应将该科目余额转入"本年利润"科目,结转后该科目无余额。

3.16　营业外收入的账务处理

营业外收入是指企业发生的营业利润以外的收益。营业外收入并不是由企业经营资金耗费所产生的,不需要企业付出代价,实际上是一种纯收入,不可能也不需要与有关费用进行配比。因此,在会计处理上,应当严格区分营业外收入与营业收入的界限。

核算内容包括非流动资产毁损报废利得、债务重组利得、与企业日常活动无关的政府补助、盘盈利得、捐赠利得等。

① 非流动资产毁损报废损失,是指因自然灾害等发生毁损、已丧失使用功能而报废非流动资产所产生的清理而产生的收益。

② 债务重组利得,是指重组债务的账面价值超过清偿债务的现金、非现金资产的公允价值、所转股份的公允价值,或者重组后债务账面价值之间的差额。

③ 盘盈利得,是指企业对于现金等资产清查盘点中盘盈的资产,报经批准后计入

营业外收入的金额。

④ 政府补助,是指企业与企业日常活动无关的、从政府无偿取得货币性资产或非货币性资产形成的利得。

提醒:与企业日常活动相关的政府补助,应当按照经济业务实质,计入其他收益或冲减相关成本费用;与企业日常活动无关的政府补助,应当计入营业外收支。

⑤ 捐赠利得,是指企业接受捐赠产生的利得。企业接受的捐赠和债务豁免,按照会计准则规定符合确认条件的,通常应当确认为当期收益。

提醒:企业接受控股股东(或控制股东的子公司)或非控股股东(或非控股股东的子公司)直接或间接代为偿债、债务豁免或捐赠,经济实质表明属于控股股东或非控股股东对企业的资本性投入,应当将相关利得计入所有者权益(资本公积)。

企业应当通过"营业外收入"科目,核算营业外收入的取得和结转情况。该科目可按营业外收入项目进行明细核算。期末,应将该科目余额转入"本年利润"科目,结转后该科目无余额。

【例 3-26】收到员工罚款 1 000 元,其应做如下账务处理。

借:库存现金　　　　　　　　　1 000
　　贷:营业外收入　　　　　　　1 000

3.17　营业外支出的账务处理

营业外支出是指企业发生的营业利润以外的支出。

核算内容包括非流动资产毁损报废损失、债务重组损失、公益性捐赠支出、非常损失、盘亏损失等。

① 非流动资产毁损报废损失,是指因自然灾害等发生毁损、已丧失使用功能而报废非流动资产所产生的清理损失。

② 债务重组损失,是指重组债权的账面余额超过受让资产的公允价值、所转股份的公允价值,或者重组后债权的账面价值之间的差额。

③ 公益性捐赠支出,是指企业对外进行公益性捐赠发生的支出。

④ 非常损失,是指企业对于因客观因素(如自然灾害等)造成的损失,在扣除保险赔偿后计入营业外支出的净损失。

企业应通过"营业外支出"科目,核算营业外支出的发生及结转情况。该科目可按营业外支出项目进行明细核算。期末,应将该科目余额转入"本年利润"科目,结转后该科目无余额。

需要注意的是,营业外收入和营业外支出应当分别核算。在具体核算时,不得以营业外支出直接冲减营业外收入,也不得以营业外收入冲减营业外支出,即企业在会计核算时,应当区别营业外收入和营业外支出项目。

【例 3-27】 盘亏原材料 10 000 元,经判定为资产灾害损失,其应做如下账务处理。

借:营业外支出——非常损失　　　　　1 000
　　贷:待处理财产损溢　　　　　　　　　　1 000

3.18　红字发票的账务处理

红字发票就是负数发票,是因为销售退回或之前开具的发票有错误而开具金额为负数的发票。日常工作中,经常会遇到销售退回、开票有误等需要作废或开红字的情况。

1. 红字发票

1) 上月分录
借:银行存款
　　贷:主营业务收入
　　　　应交税费——应交增值税/销项税额

2) 冲红的账务处理
借:银行存款 红字
　　贷:主营业务收入 红字
　　　　应交税费——应交增值税/销项税额 红字

3) 重新开具的分录
借:银行存款
　　贷:主营业务收入
　　　　应交税费——应交增值税/销项税额

2. 已认证的发票开具红字发票

1) 发票已认证，必须走账

借：库存商品/原材料等
  应交税费——应交增值税(进项税额)
  贷：应付账款/银行存款

2) 对方作废时，进项税额必须转出

借：库存商品/原材料等 红字
  贷：应付账款/银行存款 红字
    应交税费——应交增值税(进项税额转出)

3) 取得正确发票时按(1)入账

3.19 资产减值、盘盈、盘亏的账务处理

资产减值是指资产的可收回金额低于其账面价值。在财产清查中有时会发生账实不符的情况，即盘盈或盘亏。

【例 3-28】公司根据盘点情况和销售预测，提取价值 2 500 000 元的存货减值准备，该批存货对应增值税 325 000 元，编写相关会计分录。

借：资产减值损失   2 825 000
  贷：库存商品   2 500 000
    应交税费——应交增值税(进项税额转出) 325 000

【例 3-29】公司根据对客户的应收回款的调查和测试，计提了一笔 1 个月内的应收账款的损失，金额为 160 000 元，编写相关会计分录。

借：资产减值损失   160 000
  贷：坏账准备   160 000

【例 3-30】公司一批价值 140 000 元销售用设备，因过期无法售卖，在盘点时，作为盘亏处理，编写相关会计分录。

借：待处理财产损溢   158 200
  贷：库存商品   140 000
    应交税费——应交增值税(进项税额转出) 18 200

【例3-31】公司盘盈一台生产设备，该生产设备市场价值为260 000元，按照当前状态评估，设备为八成新，编写相关会计分录。

借：固定资产　　　　　　　　　　　　　　　260 000
　　贷：累计折旧　　　　　　　　　　　　　　　52 000
　　　　待处理财产损溢　　　　　　　　　　　　208 000

【例3-32】公司在资产盘点中，发现某运输设备严重损坏，已无使用价值，资产原值260 000元，已累计计提折旧140 000元，按照报废方式处理，可获得6 400元的收入，经查该资产严重损坏是管理不到位形成的损失，应由运营管理部相关人员赔偿28 000元，编写相关会计分录。

借：待处理财产损溢　　　　　　　　　　　　　120 000
　　累计折旧　　　　　　　　　　　　　　　　140 000
　　贷：固定资产　　　　　　　　　　　　　　　260 000

【例3-33】公司正在建造自有的仓库用房，在定期盘点过程中盘盈一批工程物资，该批物资价值48 000元，编写相关会计分录。

借：工程物资　　　　　　　　　　　　　　　　48 000
　　贷：待处理财产损溢　　　　　　　　　　　　48 000

3.20　其他应付款的账务处理

企业除了应付票据、应付账款、预收账款、应付职工薪酬、应付利息、应付股利、应交税费、长期应付款等以外，还会发生一些应付、暂收其他单位或个人的款项，如应付租入固定资产和包装物的租金、存入保证金、应付统筹退休金等。这些暂收应付款，构成了企业的一项流动负债，在我国会计核算中，设置了"其他应付款"科目进行核算。其他应付款主要核算经营租赁租入固定资产和包装物的租金、存入保证金、应付及暂收其他单位款项、应付退休职工的统筹退休金等。

为了总括反映和监督企业其他应付款的应付、暂收及支付的情况，应设置"其他应付款"科目。

其他应付款主要账务处理如下。

① 本科目应当按照其他应付款的项目和对方单位(或个人)进行明细核算。

② 企业发生其他各种应付、暂收款项时，借记"银行存款""管理费用"等科目，

贷记本科目；支付的其他各种应付、暂收款项，借记本科目，贷记"银行存款"等科目。

③ 采用售后回购方式融资的，在发出商品等资产时，应按实际收到或应收的金额，借记"银行存款""应收账款"等科目，按专用发票上注明的增值税额，贷记"应交税费——应交增值税(销项税额)"科目，按其差额，贷记本科目。回购价格与原销售价格之间的差额，应在售后回购期间内按期计提利息费用，借记"财务费用"科目，贷记本科目。

购回该项商品等时，应按回购商品等的价款，借记本科目，按可抵扣的增值税额，借记"应交税费——应交增值税(进项税额)"科目，按实际支付的金额，贷记"银行存款"科目。

④ 本科目期末贷方余额，反映企业尚未支付的其他应付款项；期末余额如为借方余额，反映企业尚未收加的其他应收款项。

【例 3-34】A 公司使用某企业机器设备一台，交付租用押金 6 000 元，该企业账务处理如下。

借：银行存款　　　　　　　　　　6 000
　　贷：其他应付款　　　　　　　　6 000

3.21　坏账准备的账务处理

坏账准备是指企业针对应收款项(含应收账款、其他应收款等)计提的损失准备，是应收款项的备抵账户。

1. 为何要计提坏账准备

一般企业对坏账损失的核算，采用备抵法。在备抵法下，企业每期末要估计坏账损失，设置"坏账准备"账户。备抵法是指采用一定的方法按期(至少每年末)估计坏账损失，提取坏账准备并转作当期损失。实际发生坏账时，直接冲减已计提坏账准备，同时转销相应的应收账款余额的一种处理方法。

2. 坏账准备的会计处理

【例 3-35】甲公司采取应收账款余额百分比法提取坏账准备，坏账提取比例为应收账款的 10%。甲公司 2020 年初应收账款余额为 10 000 000 元，已提坏账准备为

1 000 000 元，当年发生与应收款项有关的四笔业务：

① 新增赊销额 2 000 000 元；

② 收回应收款项 3 000 000 元；

③ 发生坏账 500 000 元；

④ 收回以前的坏账 2 000 000 元。

2020 年甲公司应收账款坏账准备的计算步骤和会计处理如下。

2020 年年末应收账款余额=10 000 000+2 000 000-3 000 000-500 000+2 000 000－2 000 000=8 500 000(元)；

2020 年年末坏账准备调整前的账面余额=1 000 000-500 000+2 000 000=2 500 00(元)；

2020 年年末应提足的坏账准备=8 500 000×10%=850 000(元)；

2020 年应计提坏账准备=850 000-2 500 000=-1 650 000(元)。

1) 核销坏账(发生坏账)时

借：坏账准备　　　　　　　　　500 000
　　贷：应收账款　　　　　　　　　　500 000

2) 核销后又收回应收账款

核销后又收回应收账款，应做与核销坏账的相反处理。

借：应收账款　　　　　　　　　2 000 000
　　贷：坏账准备　　　　　　　　　　2 000 000

借：银行存款　　　　　　　　　2 000 000
　　贷：应收账款　　　　　　　　　　2 000 000

3) 反冲坏账准备

借：坏账准备　　　　　　　　　1 650 000
　　贷：资产减值损失　　　　　　　　1 650 000

坏账准备的余额是根据应收账款的期末余额确定的，所以要先计算应收账款的期末余额。按照应收账款的期末余额计算出期末的坏账准备，再与年初的坏账准备相比较，之后进行坏账准备的补提或者冲回。

第 4 章

对账

4.1 何谓对账

对账是指会计核算中对账簿记录所进行的核对工作。通过对账，可以保证各种账簿记录的真实与完整，有利于做到账证、账账、账实相符。

会计核算是一项严密细致的工作，它有一套特有的核算方式和体系，在核算资料之间存在着相互依存、相互衔接、相互验证的联系。这种内在的相互关系，就为对账提供了有利的条件。对账工作一般可分为内部对账和外部对账两个方面。

1. 内部对账

内部对账是指对本单位内部的账证、账账、账实之间的核对，内部对账通常在规定的时间进行，如在月末、季末、年终等时间进行。

2. 外部对账

外部对账是指凡与本单位有结算关系的单位，彼此进行核对，如金额和收付时间是否相符，经常有往来关系的单位，一般每月核对一次，如银行存款对账。外部对账有的由对方主动来进行，有的则由本单位主动来查对，其中对一些必须进行查对的款项，可随时查对。

如实反映企业经济活动情况，是会计核算的基本原则，但在实际工作中，有时难免会发生各种差错和账实不符的情况，如在编制记账凭证时的差错，记账或过账时的差错，数量或金额计算时的差错，以及在财产清查中发生盘盈、盘亏等。发生的这些差错或产生的溢缺，都必然造成账证不符、账账不符和账实不符等现象。这些现象的产生，有的是由于手工操作失误而造成的，有的是由于会计人员疏忽大意，有的却是某些人员的不良行为或某些财产物资的自然原因所造成的。因此，企业在结账之前，就有必要核对各种账簿的记录有无差错。这种账前对各种账簿记录的核对，就称为对账。

对账是会计工作中的一个重要环节，只有核对是否账证相符、账账相符、账实相符，如实地反映企业经济活动情况，才能提供符合实际的会计信息。

4.2　对账的主要内容

对账就是核对账目，是指会计人员对账簿记录进行核对的工作。在实际工作中，难免会发生各种各样的差错，如填制凭证的差错，记账或过账的差错，存货收发中的差错等。而会计核算的首要原则是客观性原则，要以实际发生的经济业务为依据，真实地反映企业的财务状况和经营成果。通过对账，可以及时发现账务处理过程中的错误，以保证账簿记录的真实性、完整性和正确性，最终为编制会计报表提供真实可靠的会计核算资料。对账是会计工作的一项重要内容。对账的主要内容如下。

1. 账证核对

账证核对就是将各种账簿记录与记账凭证及其所附原始凭证进行核对，以求账证相符，这是保证账账、账实、账表相符的基础。账证核对的具体内容如下。

① 现金日记账、银行存款日记账与现金、银行存款收、付款记账凭证及所附的原始凭证相核对。

② 明细分类账与全部记账凭证及所附原始凭证相核对。

③ 总分类账与据以记账的凭证相核对，可以是科目汇总表或分类汇总记账凭证，也可以是全部收款、付款、转账凭证。

2. 账账核对

账账核对就是对本单位各种账簿之间的记录进行核对，以求账账相符。账账核对的具体内容如下。

① 总分类账全部账户的借方发生额合计与贷方发生额合计核对相符。

② 总账各账户的期末余额与其所属的各明细账的期末余额合计数核对相符。

③ 现金日记账、银行存款日记账的本期发生额和期末余额应与总账中现金账户、银行存款账户的本期发生额和期末余额核对相符。

④ 会计部门的各种财产物资明细账的期末余额，与财产保管部门或使用部门的财产物资明细账的期末余额核对相符。

3. 账实核对

账实核对是对各种财产物资的账面余额与实有数核对。账实核对的具体内容如下。

① 现金日记账的账面余额应与库存现金实有数逐日核对相符。

② 银行存款日记账、银行借款明细账的余额应定期与银行对账单核对。

③ 各种财产物资明细账的账面结存数量应定期与财产物资实存数核对相符。

④ 各种应收、应付账款明细账的账面余额应与有关债权人、债务人的明细账记录核对相符。

4. 账表核对

账表相符是指账簿记录与据其编制的各种会计报表有关数字相符，以保证会计报表的真实性、可靠性。

《会计法》第十七条规定："各单位应当定期将会计账簿记录与实物、款项及有关资料相互核对，保证会计账簿记录与实物及款项的实有数额相符、会计账簿记录与会计凭证的有关内容相符、会计账簿之间相对应的记录相符、会计账簿记录与会计报表的有关内容相符。"

《会计基础工作规范》要求各单位的对账工作每年至少进行一次。

4.3 对账的方法

由于对账的内容不同，对账的方法也有所不同。一般的核对方法如下。

1. 账证核对

它是将原始凭证、记账凭证与账簿记录进行核对，看其内容、数量、金额和会计科目是否两相符合。由于逐笔核对的工作量较大，一般可以采取抽查核对办法。如果发现差错，则应逐笔核对，直到查出差错产生的原因为止。

2. 账账核对

1) 总分类账户的核对

检查各总分类账户的登记是否正确，可通过编制总分类账户试算表(又称对照表)进行检查。试算表的格式有以下三种。

① 余额式，即将资产、负债、所有者权益各账户的余额列示相加，看其是否平衡。

② 发生额式，即将各账户的借、贷方本期发生额相加，看其是否平衡。

③ 发生额式及余额式，既列示各账户的本期发生额，又列示其期初、期末余额，看其借、贷方发生额及余额是否平衡。以上核对结果如有不平，则说明记账有差错，

就应查明更正。

2) 总分类账户与所属明细分类账户的核对

总分类账户与所属明细分类账户的核对一般有以下两种方法。

① 通过编制本期发生额及余额明细表或财产物资收发、结存表与总分类账户进行核对，如有不符，再进一步查找差错原因。

② 将各明细分类账户余额相加的合计数，直接与有关总分类账户的余额核对，以省略上述明细表的编制工作。

3) 财产物资明细账户与财产物资保管账(卡)的核对

财产物资明细账户与财产物资保管账(卡)的核对，一般是将明细账的数量(或金额)余额直接与保管账(卡)的数量(或金额)余额核对，如有不符，再进一步查找原因。

3. 账实核对

账实核对必须采取盘点的方法。固定资产、库存商品、材料物资、现金和工业企业的材料、在产品、产成品等，都应通过实物盘点，与账存数进行核对。如发生盘盈盘亏，应先调整账存数，将溢缺转入"待处理财产损溢"账户，待查明原因报经批准后处理。

此外，对结算中的债权、债务，可通过对账单、函询、走访等方式与对方核对，以确定其实有数。经过核对，如发现有差错，其责任在本单位的，由本单位更正；如责任在对方的，应通知对方更正。

4.4 期末财产清查

财产清查，实际上就是对财产进行查点，查明是否账实相符的一种方法。

1. 财产清查的意义

财产清查是通过对企业的财产(包括各种财产物资、货币资金、各种往来款项)进行实地盘点或核对，以查明其实有数和账面数是否相符的一种专门方法。

账实相符是保证会计信息资料真实的客观要求，只有真实的会计信息，才能起到会计核算应有的作用。然而，由于种种主客观原因，往往会造成账实不符。其主要原因有：财产物资的自然损耗，收发差错，计量器具失灵，会计凭证或会计账簿的漏记、重记、错记或计算错误，不法分子的营私舞弊、贪污盗窃，自然灾害等造成的非常损失等。因此，必须对财产进行清查，对各项财务报表的真实性予以实地检验。

通过财产清查，可以起到以下作用。

1) 保证会计资料的真实性，提高会计信息质量

通过财产清查，可以确定各项财产的实有数，将实有数和账面数进行对比，将盘盈或盘亏数及时调整入账，做到账实相符，以保证账簿记录的真实正确，为编制报表做好准备。

2) 加强企业财产物资的管理，提高经济效益

通过财产清查，可以找到财产账实不符的原因，发现企业财产管理上存在的问题，并在此基础上采取措施，堵塞漏洞，健全财产物资管理制度，保证财产物资的安全完整。同时，通过财产清查，可以查明各项财产物资的使用情况，有无闲置、超储或不足的现象，从而充分发挥财产物资的潜力，加速资金周转，提高经济效益。

3) 确保结算制度的执行

通过财产清查，可以查明企业的债权债务情况，促使企业及时结算应收应付款项，对已确认的坏账及时处理，对应付款项及时归还，避免长期挂账和长期拖欠，遵守结算纪律，维护商业信用。

2. 财产清查的种类

财产清查的种类很多，可以按不同标准进行分类。其主要分类有以下几种。

1) 按照清查对象的范围划分

(1) 全面清查。

全面清查是指对企业的全部财产进行盘点和核对，包括属于本单位和存放在本单位的所有财产物资、货币资金和各项债权债务。全面清查的对象一般包括以下内容。

① 货币资金，包括库存现金、银行存款、其他货币资金等。

② 财产物资，包括在本单位的所有固定资产、库存商品、原材料、包装物、低值易耗品、在产品、未完工程等；属于本单位但在途中的各种在途物资；委托其他单位加工、保管的材料物资；存放在本单位的代销商品、材料物资等。

③ 债权债务，包括各项应收款项、应付和应交款项以及银行借款等。通过全面清查，可以准确地掌握本单位各项财产物资、货币资金、债权债务等的真实情况。但全面清查内容多，范围广，参加的人员多，花费的时间长，一般适用以下几种情况。

- 年终决算前，为确保年终决算会计资料真实、正确，需进行全面清查。
- 单位撤销、合并或改变隶属关系前，中外合资、国内联营前以及企业实行股

份制改造前，为了明确经济责任，需进行全面清查。
- 开展全面清产核资、资产评估等活动，为了摸清家底，准确地核定资产，需进行全面清查。
- 单位负责人调离工作前。单位负责人是指单位法定代表人或法律、行政法规规定代表单位行使职权的主要负责人，按《会计法》规定其对本单位的会计工作和会计资料的真实性、完整性负责。单位负责人在调离工作前需进行离任审计，其中包括全面经济责任审计，为此需进行全面清查。

(2) 局部清查。

局部清查是指根据需要对一部分财产进行的清查。局部清查范围小，涉及人员少，但专业性较强，其清查对象主要是流动性较强的财产，一般包括以下内容。

① 库存现金，出纳人员应于每日业务终了时清点核对。

② 银行存款，出纳人员每月至少应同银行核对一次。

③ 库存商品、原材料、包装物等，年内应轮流盘点或重点抽查；对各种贵重物资，每月应盘点一次。

④ 债权债务，每年至少应同对方核对一至两次。

2) 按照清查时间划分

(1) 定期清查。

定期清查就是按预先安排的时间对财产进行清查。定期清查可以是局部清查，也可以是全面清查。一般是在年度、季度、月份、每日结账时进行；也可以在编制会计报表前对于所发现的账实不符的情况，调整有关账簿记录，使账实相符，从而保证会计报表资料的客观真实性。

(2) 不定期清查。

不定期清查是指事先并未规定时间，而是根据实际需要所进行的临时性清查。这种清查对象的范围可以是局部清查，也可以是全面清查。在以下几种情况下，才需要进行不定期清查。

① 更换财产物资、库存现金保管人员，为了分清经济责任，要对其所保管的财产物资、库存现金进行清查。

② 发生自然灾害或意外损失，为了查明损失情况，要对受损财产物资进行清查。

③ 有关财政、审计、银行等部门对本单位进行会计检查，为了验证会计资料的可靠性，要按检查的要求和范围进行清查。

④ 进行临时性清产核资，对某些要求清查的资产进行清查。

企业在编制年度财务报告前，应当全面清查财产、核实债务。各单位应当定期将会计账簿记录与实物、款项及有关资料相互核对,以保证会计账簿记录与实物及款项的实有数额相符。

3) 按照清查的执行系统划分

(1) 内部清查。

内部清查是指由本单位内部自行组织清查工作小组所进行的财产清查工作。大多数财产清查都是内部清查。

(2) 外部清查。

外部清查是指由上级主管部门、审计机关、司法部门、注册会计师根据国家有关规定或情况需要对本单位所进行的财产清查。一般来讲,进行外部清查时应有本单位相关人员参加。

3. 财产清查的步骤

财产清查一般包括以下程序:①建立财产清查组织;②组织清查人员学习有关政策规定,掌握有关法律、法规和相关业务知识,以提高财产清查工作的质量;③确定清查对象、范围,明确清查任务;④制定清查方案,具体安排清查内容、时间、步骤、方法,以及必要的清查前准备;⑤清查时本着先清查数量、核对有关账簿记录等,后认定质量的原则进行;⑥填制盘存清单;⑦根据盘存清单,填制实物、往来账项清查结果报告表。其步骤如图4-1所示。

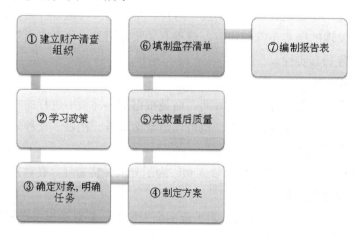

图4-1 财产清查程序

在做好各项准备工作以后,应由清查人员根据清查对象的特点,采用相应的清查方法,实施财产清查。

4．财产清查的方法

1）货币资金的清查方法

(1) 库存现金的清查。

库存现金的清查,包括人民币和各种外币的清查,都是采用实地盘点即通过点票数来确定现金的实存数,然后以实存数与现金日记账的账面余额进行核对,以查明账实是否相符及盈亏情况。

由于现金的收支业务十分频繁,容易出现差错,需要出纳人员每日进行清查和定期及不定期的专门清查。每日业务终了,出纳人员都应将现金日记账的账面余额与现金的实存数进行核对,做到账款相符。专门班子清查盘点时,出纳人员必须在场,现钞应逐张查点,还应注意有无违反现金管理制度的现象,编制现金盘点报告表,并由盘点人员和出纳人员签章。现金盘点报告表兼有盘存表和实存账存对比表的作用,是反映现金实有数和调整账簿记录的重要原始凭证。财产物资盘存表和实存账存对比表的一般格式,如表 4-1 和表 4-2 所示。

表 4-1　盘存表

单位名称：　　　　　　　　盘点时间：　　　　　　　　编号：
财产类别：　　　　　　　　存放地点：　　　　　　　　金额单位：

编 号	名 称	计量单位	数 量	单 价	金 额	备 注

盘点人签章：　　　　　　　　　　　　　　　　　　　　保管人：

表 4-2　实存账存对比表

编号	类别及名称	计量单位	单价	实存		账存		对比结果				备注
								盘盈		盘亏		
				数量	金额	数量	金额	数量	金额	数量	金额	

主管人员：　　　　　　　　　会计：　　　　　　　　　制表：

现金盘点结束，直接填制"现金盘点报告表"，由盘点人员、出纳人员及有关负责人签字，并据以调整账簿记录。现金盘点报告表的一般格式如表 4-3 所示。

表 4-3 现金盘点报告表

单位名称：　　　　　　　　　　　　　　　　年　月　日

实存金额	账存金额	对比结果		备 注
		盘 盈	盘 亏	

盘点人：　　　　　　　　　　　　　　　　　　　　　　出纳员：

(2) 银行存款的清查。

银行存款的清查，与实物和现金的清查方法不同，它是采用与银行核对账目的方法来进行的。即将企业单位的银行存款日记账与从银行取得的对账单逐笔核对，以查明银行存款的收入、付出和结余的记录是否正确。

开户银行送来的银行对账单是银行在收付企业单位存款时复写的账页，它完整地记录了企业单位存放在银行的款项的增减变动情况及结存余额，是进行银行存款清查的重要依据。

在实际工作中，企业银行存款日记账余额与银行对账单余额往往不一致，其主要原因：一是双方账目发生错账、漏账。在与银行核对账目之前，应先仔细检查企业单位银行存款日记账的正确性和完整性，然后再将其与银行送来的对账单逐笔进行核对。二是正常的"未达账项"。所谓未达账项，是指由于双方记账时间不一致而发生的一方已经入账，而另一方尚未入账的款项。企业单位与银行之间的未达账项，有以下两种情况。

第一种情况企业已入账，但银行尚未入账。

● 企业送存银行的款项，企业已做存款增加入账，但银行尚未入账。
● 企业开出支票或其他付款凭证，企业已作为存款减少入账，但银行尚未付款、未入账。

第二种情况银行已入账，但企业尚未入账。

● 银行代企业收进的款项，银行已作为企业存款的增加入账，但企业尚未收到通知，因而未入账。
● 银行代企业支付的款项，银行已作为企业存款的减少入账，但企业尚未收到通知，因而未入账。

上述任何一种情况的发生，都会使双方的账面存款余额不一致。因此，为了查明企业单位和银行双方账目的记录有无差错，同时也是为了发现未达账项，在进行银行存款清查时，必须将企业单位的银行存款日记账与银行对账单逐笔核对；核对的内容包括收付金额、结算凭证的种类和号数、收入来源、支出的用途、发生的时间、到某日止的金额等。通过核对，如果发现企业单位有错账或漏账，应立即更正；如果发现银行有错账或漏账，应及时通知银行查明更正；如果发现有未达账项，则应据以编制银行存款余额调节表进行调节，并验证调节后余额是否相等。

【例 4-1】 2020 年 6 月 30 日某企业银行存款日记账的账面余额为 31 000 元，银行对账单的账面余额为 36 000 元，经逐笔核对，发现有下列未达账项。

① 29 日，企业销售产品收到转账支票一张计 2 000 元，将支票存入银行，银行尚未办理入账手续。

② 29 日，企业采购原材料开出转账支票一张计 1 000 元，企业已做银行存款付出，银行尚未收到支票而未入账。

③ 30 日，企业开出现金支票一张计 250 元，银行尚未入账。

④ 30 日，银行代企业收回货款 8 000 元，收款通知尚未到达企业，企业尚未入账。

⑤ 30 日，银行代付电费 1 750 元，付款通知尚未到达企业，企业尚未入账。

⑥ 30 日，银行代付水费 500 元，付款通知尚未到达企业，企业尚未入账。

根据以上资料编制银行存款余额调节表如表 4-4 所示。

表 4-4　银行存款余额调节表

2020 年 6 月 30 日　　　　　　　　　　　　　　　　　单位：元

项　目	金　额	项　目	金　额
企业银行存款账面余额	31 000	银行对账单账面余额	36 000
加：银行已记增加，企业未记增加的账项		加：企业已记增加，银行未记增加的账项	
银行代收货款	8 000	存入的转账支票	2 000
减：银行已记减少，企业未记减少的账项		减：企业已记减少，银行未记减少的账项	
银行代付电费	1 750	开出转账支票	1 000
银行代付水费	500	开出现金支票	250
调节后存款余额	36 750	调节后存款余额	36 750

如果调节后双方余额相等，则一般说明双方记账没有差错；若不相等，则表明企业方或银行方或双方记账有差错，应进一步核对，查明原因予以更正。

需要注意的是，对于银行已经入账而企业尚未入账的未达账项，不能根据银行存款余额调节表来编制会计分录，作为记账依据，必须在收到银行的有关凭证后方可入账。另外,对于长期悬置的未达账项,应及时查明原因,予以解决。

上述银行存款的清查方法,也适用于各种银行借款的清查。但在清查银行借款时,还应检查借款是否按规定的用途使用,是否按期归还。

2) 实物资产的清查方法

财产清查是确定其实存数,查明实存数与其账存数是否相符的一种专门方法。因此,进行财产清查,首先就要清查其实存数量和金额、确定其账存数量和金额;然后再用实存数与账存数进行比较,便可查明二者是否相符。

(1) 实地盘点法。

即通过实地逐一点数或用计量器具确定其实存数量,如逐台清点有多少台机床,用秤计量库存了多少吨钢材等。

(2) 技术推算法。

即通过技术推算确定实存数量。对有些价值低、数量大的材料物资,如露天堆放的原料、砂石等,不便于逐一过磅、点数的,可以在抽样盘点的基础上,进行技术推算,从而确定实存数。

3) 往来款项的清查

往来款项的清查,采用对方单位核对账目的方法。在检查各单位结算往来款项账目正确性和完整性的基础上,根据有关明细分类账的记录,按用户编制对账单,送交对方单位进行核对。对账单一般一式两联,其中一联作为回单。如果对方单位核对相符,应在回单上盖章后退回;如果数字不符,则应将不符的情况在回单上注明,或另抄对账单退回,以便进一步清查。在核对过程中,如果发现未达账项,双方都应采用调节账面余额的方法来核对往来款项是否相符。尤其应注意查明有无双方发生争议的款项、没有希望收回的款项以及无法支付的款项,以便及时采取措施进行处理,避免或减少坏账损失。往来款项清查表如表 4-5 所示。

表 4-5 往来款项清查表

总分类账户		明细分类账户		清查结果		核对不符及原因				备注
名称	金额	名称	金额	核对相符金额	核对不符金额	核对不符单位	未达账项金额	争执款项金额	无法收回款项金额	其他	

记账人员签章: 清查人员签章:

5. 财产清查的账务处理

财产清查的种类不同，所采用的清查方法以及清查结果的账务处理也不同。

财产清查后，如果实存数与账存数一致，账实相符，就不必进行账务处理。如果实存数与账存数不一致，会出现两种情况：当实存数大于账存数时，称为盘盈；当实存数小于账存数时，称为盘亏。实存数虽与账存数一致，但实存的财产物资有质量问题，不能按正常的财产物资使用的，称为毁损。不论是盘盈，还是盘亏、毁损，都需要进行账务处理，调整账存数，使账存数与实存数一致，保证账实相符。一旦发现账存数与实存数不一致时，应核准数字，并进一步分析形成差异的原因，明确经济责任。经规定的程序批准后，才能对差异进行处理。财产清查结果处理的具体要求如下。

① 分析产生差异的原因和性质，提出处理建议。在财产清查结束后，清查小组人员应认真分析差异产生的原因和性质，形成文字报告，并提出处理建议。一般来说，财产盘盈多是由于财物收发过程中的失误造成的，对于流动资产盘盈一般应冲减管理费用，固定资产盘盈一般应计入营业外收入。造成财产盘亏的原因很多，如定额内合理损耗、偷盗损失、自然灾害损失等，应分清原因分别处理。对于定额内合理损耗应计入管理费用，偷盗损失应找出责任人由责任人赔偿，自然灾害等非正常损失应计入营业外支出。

② 积极处理多余积压财产，清理往来款项。在财产清查中，应明确企业存在的积压财产和长期挂账的往来款项。积压财产和被拖欠的款项都是企业资金的占用形态，意味着企业的资金有相应的部分没有有效地运转并给企业带来效益，会在一定程度上降低企业资金利用率。因此，在财产清查后，应及时处理多余积压财产、清理往来款项，以减少资金不必要的占用，提高资金利用效率。

③ 总结经验教训，建立和健全各项管理制度。在财产清查中，会发现企业在管理中存在的种种问题，这些问题大多数都是由于企业的各项管理制度不完善或管理制度没有得到严格执行造成的，因此，在总结了财产清查发现的问题后，企业的管理部门应及时建立健全各项规章制度，以防止相同的问题再次发生，因此，财产清查对建立健全管理制度有促进作用。

④ 及时调整账簿记录，保证账实相符。财产清查是为了检查企业的财产物资是否账实相符。在发现财产物资的盘盈和盘亏后，应按照一定的程序报请企业领导部门的批准，在得到批准的情况下调整账簿记录，以保证账实相符，使会计资料符合实际情况。

对于财产清查结果的处理可分为以下两种情况。

1) 审批之前的处理

根据"清查结果报告表""盘点报告表"等已经查实的数据资料，填制记账凭证，记入有关账簿，使账簿记录与实际盘存数相符，同时根据权限，将处理建议报股东大会或董事会，或经理(厂长)会议或类似机构批准。

2) 审批之后的处理

企业清查的各种财产的损益，应于期末前查明原因，并根据企业的管理权限，经股东大会或董事会，或经理(厂长)会议或类似机构批准后，在期末结账前处理完毕。企业应严格按照有关部门对财产清查结果提出的处理意见进行账务处理，填制有关记账凭证，登记有关账簿，并追回由于责任者原因造成的财产损失。

企业清查的各种财产的损益，如果在期末结账前尚未批准，在对外提供财务报表时，先按上述规定进行处理，并在附注中作出说明；其后批准处理的金额与已处理金额不一致的，调整财务报表相关项目的年初数。

财产清查的对象不同，清查结果的账务处理也不一样。

(1) 设置"待处理财产损溢"账户。

为了反映和监督企业在财产清查过程中查明的各种财产物资的盘盈、盘亏、毁损及其处理情况，应设置"待处理财产损溢"账户(但固定资产盘盈和毁损分别通过"以前年度损益调整""固定资产清理"账户核算)。该账户属于双重性质的资产类账户，下设"待处理流动资产损溢""待处理非流动资产损溢"两个明细分类账户进行明细分类核算。

该账户的借方登记财产物资的盘亏数、毁损数和批准转销的财产物资盘盈数；贷方登记财产物资的盘盈数和批准转销的财产物资盘亏数及毁损数。企业清查的各种财产的盘盈、盘亏和毁损应在期末结账前处理完毕，所以"待处理财产损溢"账户在期末结账后没有余额。

(2) 库存现金清查结果的账务处理。

① 库存现金盘盈的账务处理。库存现金盘盈时，应及时办理库存现金的入账手续，调整库存现金账簿记录，即按盘盈的金额借记"库存现金"科目，贷记"待处理财产损溢——待处理流动资产损溢"科目。对于盘盈的库存现金，应及时查明原因，按管理权限报经批准后，按盘盈的金额借记"待处理财产损溢——待处理流动资产损溢"科目，按需要支付或退还他人的金额贷记"其他应付款"科目，按无法查明原因的金

额贷记"营业外收入"科目。

② 库存现金盘亏的账务处理。库存现金盘亏时，应及时办理盘亏的确认手续，调整库存现金账簿记录，即按盘亏的金额借记"待处理财产损溢——待处理流动资产损溢"科目，贷记"库存现金"科目。

对于盘亏的库存现金，应及时查明原因，按管理权限报经批准后，按可收回的保险赔偿和过失人赔偿的金额借记"其他应收款"科目，按管理不善等原因造成净损失的金额借记"管理费用"科目，按自然灾害等原因造成净损失的金额借记"营业外支出"科目，按原记入"待处理财产损溢——待处理流动资产损溢"科目借方的金额贷记本科目。

(3) 存货清查结果的账务处理。

① 存货盘盈的账务处理。存货盘盈时，应及时办理存货入账手续，调整存货账簿的实存数。盘盈的存货应按其重置成本作为入账价值借记"原材料""库存商品"等科目，贷记"待处理财产损溢——待处理流动资产损溢"科目。

【例 4-2】 根据"实存账存对比表"所列盘盈原材料 1 200 元，编制记账凭证，调整原材料账存数，其会计分录如下。

借：原材料　　　　　　　　　　　　　　　　　1 200
　　贷：待处理财产损溢——待处理流动资产损溢　　1 200

对于盘盈的存货，应及时查明原因，按管理权限报经批准后，冲减管理费用，即按其入账价值，借记"待处理财产损溢——待处理流动资产损溢"科目，贷记"管理费用"科目。

② 存货盘亏的账务处理。存货盘亏时，应按盘亏的金额借记"待处理财产损溢——待处理流动资产损溢"科目，贷记"原材料""库存商品"等科目。材料、产成品、商品采用计划成本(或售价)核算的，还应同时结转成本差异(或商品进销差价)；涉及增值税的，还应进行相应处理。

【例 4-3】 根据"实存账存对比表"所列盘亏原材料 13 000 元，编制记账凭证，调整材料账存数，其会计分录如下。

借：待处理财产损溢——待处理流动资产损溢　　13 000
　　贷：原材料　　　　　　　　　　　　　　　　13 000

经查盘亏原因如下：定额内损耗为 11 500 元；管理员过失为 200 元；非常事故损失为 1 300 元，保险公司同意赔款 1 000 元，残料作价 100 元入库。

经有关部门核准后，据此编制记账凭证，结转"待处理财产损溢"，其会计分录如下。

  借：管理费用   11 500
    其他应收款——某管理员   200
        ——保险公司   1 000
    原材料   100
    营业外支出   200
    贷：待处理财产损溢——待处理流动资产损溢   13 000

  对于盘亏的存货，应及时查明原因，按管理权限报经批准后，按可收回的保险赔偿和过失人赔偿的金额借记"其他应收款"科目，按管理不善等原因造成净损失的金额借记"管理费用"科目，按自然灾害等原因造成净损失的金额借记"营业外支出"科目，按原记入"待处理财产损溢——待处理流动资产损溢"科目借方的金额贷记本科目。

  (4) 固定资产清查结果的账务处理。

  ① 固定资产盘盈的账务处理。企业在财产清查过程中盘盈的固定资产，经查明确属企业所有，按管理权限报经批准后，应根据盘存凭证填制固定资产交接凭证，经有关人员签字后送交企业会计部门，填写固定资产卡片账，并作为前期差错处理，通过"以前年度损益调整"科目核算。盘盈的固定资产通常按其重置成本作为入账价值借记"固定资产"科目，贷记"以前年度损益调整"科目。涉及增值税、所得税和盈余公积的，还应按相关规定处理。

  【例4-4】 某企业在固定资产清查过程中，发现未入账的设备一台，其重置完全价值为20 000元，估计折旧额为6 000元。经批准，该盘盈固定资产作为营业外收入处理。有关会计处理如下。

  盘盈固定资产时，
  借：固定资产   20 000
    贷：累计折旧   6 000
      以前年度损益调整   14 000
  盘盈的固定资产经批准转销时，
  借：以前年度损益调整   14 000
    贷：营业外收入——固定资产盘盈   14 000

  ② 固定资产盘亏的账务处理。固定资产盘亏时，应及时办理固定资产注销手续，按盘亏固定资产的账面价值，借记"待处理财产损溢——待处理非流动资产损溢"科

目；按已提折旧额，借记"累计折旧"科目；按其原价，贷记"固定资产"科目。涉及增值税和递延所得税的，还应按相关规定处理。

对于盘亏的固定资产，应及时查明原因，按管理权限报经批准后，按过失人及保险公司应赔偿额，借记"其他应收款"科目；按盘亏固定资产的原价扣除累计折旧和过失人及保险公司赔偿后的差额，借记"营业外支出"科目；按盘亏固定资产的账面价值，贷记"待处理财产损溢——待处理非流动资产损溢"科目。

【例 4-5】 某企业进行财产清查时盘亏设备一台，其账面原值为 50 000 元，已提折旧为 15 000 元。有关会计处理如下。

盘亏固定资产时，
借：待处理财产损溢——待处理非流动资产损溢　　35 000
　　累计折旧　　　　　　　　　　　　　　　　　15 000
　　贷：固定资产　　　　　　　　　　　　　　　　　　50 000
报经批准转销时，
借：营业外支出——固定资产盘亏　　　　　　　　35 000
　　贷：待处理财产损溢——待处理非流动资产损溢　　35 000

(5) 结算往来款项盘存的账务处理。

在财产清查过程中发现的长期未结算的往来款项，应及时清查。对于经查明确实无法支付的应付款项可按规定程序报经批准后，转作营业外收入。

对于无法收回的应收款项则作为坏账损失冲减坏账准备。坏账是指企业无法收回或收回的可能性极小的应收款项。由于发生坏账而产生的损失，称为坏账损失。

企业通常应将符合下列条件之一的应收款项确认为坏账：①债务人死亡，以其遗产清偿后仍然无法收回；②债务人破产，以其破产财产清偿后仍然无法收回；③债务人较长时间内未履行其偿债义务，并有足够的证据表明无法收回或者收回的可能性极小。

企业对有确凿证据表明确实无法收回的应收款项，经批准后作为坏账损失。对于已确认为坏账的应收款项，并不意味着企业放弃了追索权，一旦重新收回，应及时入账。

4.5　错账的查找方法

如果账簿记录有误，应及时查找。查找错账，可采用两种方法：一是抽查法；二是详查法。

1. 抽查法

1) 差数法

差数法是根据错账的差数,回忆查找所发生的经济业务的账簿、凭证中,有无与错账相同的数字。这种办法对于发现漏记账目最为简便。例如,一笔业务只在借方账户做了记录,而贷方账户则漏记了,或者相反,则差数即是漏记账目的数字。

2) 除2法

除2法是先将差数用2来除,如果能除尽,有可能是一方重复记录的错误,且商数可能就是重记的数字。因为如果记账记错了方向,如应记贷方的记成了借方或者相反,就使一方的合计数加大,而另一方的合计数减少,其差数正好是记错了方向数字的1倍。例如,已查明,借方合计数大于贷方合计数360元,除以2得180元。这时就可以查找有无一笔180元的贷方记录被错记为借方记录。

3) 除9法

除9法是先将差数用9来除,如果能除尽,可能属于下列两种情况之一。

① 顺序错位。例如,将300写成3 000或30 000、30以及3等,这样就将原来的数字扩大9倍、99倍或缩小了9/10、99%等。因此,如果差数能被9或99以及999等除尽,则所除得的商数就是错位的数字。根据商数或者将商数扩大10倍、100倍、1 000倍等,或缩小至1/10、1/100、1/1000之后,就能查找到写错的数字。例如,已查明,借方合计数大于贷方合计数2 700,用9来除商数为300倍,这时就查有无一笔3 000的贷方记录错记为300。

② 相邻两个数字颠倒。例如,将98写成89,将345写成354或者435,等等。它包括以下两种情况。

- 两位数的两个数字颠倒,其差数都是9的倍数,被9除以后的商数正好等于这个两位数中的两个数字的差额。例如,把98颠倒为89,其差数为9(98-89),差数除以9所得商数为1,颠倒的两个数字之差也为1;又如,把13颠倒为31,其差数为18,用18除以9所得商数为2,颠倒的两个数字之差也为2。
- 三位及三位以上的数中相邻两个数字顺序颠倒。正确数与错误数的差额也是9的倍数,被9除后的商数其首位数字以下的数字都是0,且商数的首位数字正好等于颠倒的两个数字之差。三位及三位以上的数中相邻两个数字颠倒,其差数被9除以后,若得到商数是一位数,则是这个数中最末两个数字颠倒;若得到商数是两位数,个位是0,则是这个数中的百位与十位数颠倒;若得到商数是三位数,且个位与十位均为0,则是这个数中的千位与百位颠倒,以此类推。例如，经查明，借方合计数大于贷方合计数 630，除以 9 商数为 70，则查记账金额中是否有一笔三位或三位以上的数中百位与十位数弄颠倒了。

2. 详查法

详查即全面检查。当用抽查法仍不能找出错误所在时，就可考虑采用这种办法。详查法可以分为顺查法和逆查法两种。

1) 顺查法

顺查法是指按照记账顺序，从原始凭证开始，逐步查到账户发生额及余额试算平衡表为止。

首先，核查记账凭证是否与所附原始凭证相符，凭证中数字与合计的计算有无差错。

其次，将记账凭证及所附原始凭证有关总分类账、明细分类账及日记账逐笔进行核对，检查有无漏记、重记及错记等情况。

最后，检查账户发生额试算表的抄写是否正确，结算是否正确。

2) 逆查法

逆查法是指按照记账的相反顺序，从账户发生额及余额试算平衡表开始，一直查到原始凭证为止。

首先，核算账户发生额及余额试算平衡表中的数字及抄写是否正确。

其次，逐笔核对有关账簿记录与记账凭证是否相符。

最后，核查记账凭证与所附原始凭证是否相符。

4.6　错账的更正方法

登记会计账簿是一项很细致的工作。在记账工作中，可能由于种种原因会使账簿记录发生错误，有的是填制凭证和记账时发生的单纯笔误；有的是写错了会计科目、金额等；有的是合计时计算错误；有的是过账错误……登记账簿中发生的差错，一经查出就应立即更正。对于账簿记录错误，不准涂改、挖补、刮擦或者用药水消除字迹，不准重新抄写，而必须根据错误的具体情况和性质，采用规范的方法予以更正。错账更正方法通常有划线更正法、红字更正法和补充登记法等几种。

1. 划线更正法

记账凭证填制正确，在记账或结账过程中发现账簿记录中文字或数字有错误，应采用划线更正法。具体做法是：先在错误的文字或数字上划一条红线，表示注销，划线时必须使原有字迹仍可辨认；然后将正确的文字或数字用蓝字写在划线处的上方，并由记账人员在更正处盖章，以明确责任。对于文字的错误，可以只划去错误的部分，并更正错误的部分，对于错误的数字，应当全部划红线更正，不能只更正其中的个别错误数字。例如，把"3457"元误记为"8457"元时，应将错误数字"8457"全部用红线注销后，再写上正确的数字"3457"，而不是只删改一个"8"字。如记账凭证中的文字或数字发生错误，在尚未过账前，也可用划线更正法更正。

2. 红字更正法

在记账以后，如果发现记账凭证中应借、应贷科目或金额发生错误时，可以用红字更正法进行更正。具体做法是：先用红字填写一张与错误记账凭证内容完全相同的记账凭证，且在摘要栏注明"更正某月某日第×号凭证"，并据以用红字金额登记入账，以冲销账簿中原有的错误记录，然后再用蓝字重新填制一张正确的记账凭证，登记入账。这样，原来的错误记录便得以更正。

红字更正法一般适用于以下两种情况错账的更正。

(1) 记账后，如果发现记账凭证中的应借、应贷会计科目有错误，那么可以用红字更正法予以更正。

【例 4-6】 A 车间领用甲材料 2 000 元用于一般消耗。

① 填制记账凭证时，误将借方科目写成"生产成本"，并已登记入账。原错误记账凭证如下。

借：生产成本　　　　2 000
　　贷：原材料　　　　　2 000

② 发现错误后，用红字填制一张与原错误记账凭证内容完全相同的记账凭证。

借：生产成本　　　　2 000
　　贷：原材料　　　　　2 000

③ 用蓝字填制一张正确的记账凭证。

借：制造费用　　　　2 000
　　贷：原材料　　　　　2 000

(2) 记账后，如果发现记账凭证和账簿记录中应借、应贷的账户没有错误，只是所记金额大于应记金额。对于这种账簿记录的错误,更正的方法是:将多记的金额用红字填制一张与原错误记账凭证会计科目相同的记账凭证,并在摘要栏注明"更正某月某日第×号凭证",并据以登记入账,以冲销多记的金额,使错账得以更正。

【例 4-7】 承例 4-6,假设在编制记账凭证时应借、应贷账户没有错误,只是金额由 2 000 元写成了 20 000 元,并且已登记入账。

该笔业务只需用红字更正法编制一张记账凭证,将多记的金额 18 000 元用红字冲销即可。编制的记账凭证如下。

借:制造费用　　　　18 000
　　贷:原材料　　　　　　18 000

3. 补充登记法

在记账之后,如果发现记账凭证中应借、应贷的账户没有错误,但所记金额小于应记金额,造成账簿中所记金额也小于应记金额,这种错账应采用补充登记法进行更正。更正的方法是:将少记金额用蓝笔填制一张与原错误记账凭证会计科目相同的记账凭证,并在摘要栏内注明"补记某月某日第×号凭证"并予以登记入账,补足原少记金额,使错账得以更正。

【例 4-8】 承例 4-6,假设在编制记账凭证时应借、应贷账户没有错误,只是金额由 2 000 元写成了 200 元,并且已登记入账。

该笔业务只需用补充登记法编制一张记账凭证,将少记的金额 1 800 元补足便可。其记账凭证如下。

借:制造费用　　　　1 800
　　贷:原材料　　　　　　1 800

错账更正的三种方法,红字更正法和补充登记法都是用来更正因记账凭证错误而产生的记账错误,如果非因记账凭证的差错而产生的记账错误,只能用划线更正法更正。

以上三种方法是对当年内发现填写记账凭证或者登记账错误而采用的更正方法。如果发现以前年度记账凭证(会计科目和金额)中有错误并导致账簿登记出现差错时,应当用蓝字或黑字填制一张更正的记账凭证。因错误的账簿记录已经在以前会计年度终了进行结账或决算,不可能将已经决算的数字进行红字冲销,只能用蓝字或黑字凭证对除文字外的一切错误进行更正,并在更正凭证上特别注明"更正××年度错账"的字样。

第 5 章

[结　账]

5.1 何谓结账

结账是指在将本期发生的经济业务全部登记入账的基础上，结算出每个账户的本期发生额和期末余额，并将期末余额结转至下期的一种方法。

结账是会计核算工作的又一项重要内容。如果只记账而不定期结账，记账就失去了意义。结账可以考察各期资产、负债、所有者权益和资金周转的情况，便于正确计算资金的耗费与产品成本，更重要的是为编制会计报表提供资料。

5.2 结账的内容

① 结账前，检查本期内发生的经济业务是否已全部登记入账，不能将本期发生的经济业务延至下期入账。这是结账工作的前提和基础，只有这样才能保证结账的正确性。

② 按权责发生制的原则调整和结转有关账项。对于本期内所有应计和预收收入及应计和预付费用，应编制记账凭证并记入有关账簿，以调整账簿记录。例如，将待摊费用按规定的比例分配到本期的成本、费用中。又如，将本期所发生的各项收入、费用、成本、支出结转到"本年利润"账户。

③ 计算各账户本期发生额和期末余额。在本期全部经济业务已登记入账的基础上，结算出现金日记账、银行存款日记账，以及总分类账和明细分类账的本期发生额和期末余额。

注意，不能为了提前编制会计报表而先结账，也不能先编会计报表而后结账。

5.3 结账的方法

结账的目的通常是为了总结一定时期的财务状况和经营成果，因此结账工作一般是在会计期末进行的，可以分为月结、季结和年结。结账主要采用划线法，即期末结出各账户的本期发生额和期末余额后，划线标记，并将期末余额结转至下期的方法。划线的具体方法在月结、季结、年结时有所不同。

1. 月结

月底应办理月结。首先，在各账户本月份最后一笔记录下面划一通栏红线，表示本月结束。然后，在红线下结算出本月发生额和月末余额。如果没有余额，在余额栏内注明"平"字或"0"符号，同时在"摘要"栏注明"本月合计"或"×月份发生额及余额"字样，然后在下面再划一通栏红线，表示完成月结。

2. 季结

季末应办理季结。首先，应在各账户本季度最后一个月的月结下面(需按月结出累计发生额的，应在"本季累计"下面)划一通栏红线，表示本季结束。然后，在红线下结算出本季发生额和季末余额，并在摘要栏内注明"第×季度发生额及余额"或"本季合计"字样。最后，再在本摘要栏下面划一通栏红线，表示完成季结工作。

3. 年结

年终应办理年结。首先在12月份月结或第四季度季结下面划一通栏红线，表示年度终了，然后在红线下面结算出全年12个月的月结发生额或4个季度的季结发生额，并在摘要栏内注明"年度发生额及余额"或"本年合计"字样，并在"本年发生额及余额"或"本年合计"下面通栏划双红线。年度终了，要把各账户的余额结转到下一会计年度，并在摘要栏内注明"结转下年"字样；在下一会计年度新建有关会计账簿的第一行余额栏内填写"上年结转"字样。

5.4 结账的主要程序

为了总结一定时期内，如月份、季度和年度经济活动情况，必须按月、季、年进行结账。简单地说就是结清账目，即把一定时期内所发生的经济业务全部登记入账后，将各种账簿记录的经济业务结算清楚，结出本期发生额合计和期末余额，或将余额结转下期，以便编制会计报表，分清上下期会计记录和分期继续核算。

结账的主要程序如下。

(1) 做好结账前的准备工作。

① 认真检查本期内日常发生的经济业务是否已经全部记入了有关账簿，若有遗漏应补记。

注意：只有在上述前提下，才能办理结账手续，既不允许为了赶编报表提前结账，也不能把结账工作有意推迟。

② 应由本期承担的费用和收入，按权责发生制的要求，填制凭证登记入账；不应由本期承担的费用和收入，本期不考虑。例如，"待摊费用"和"预提费用"，须按一定比例摊配或预提，计入本期成本或费用。

③ 结转应结转的账目。例如，期末制造费用应结转记入"生产成本"账户；本期完工产品应由"生产成本"结转至"产成品"。

④ 检查应由本期清偿的债权、债务是否办妥清偿手续。例如，已记入"应交税费"账户的欠税，应及时上交；月终催收各项应收款项。

⑤ 检查应由本期提存的款项是否如数提存。例如，应交消费税和所得税是否计算提存，计入"应交税费"账户。

⑥ 认真对账，以保持账面记录正确，做到账证相符、账账相符和账实相符，以便提供真实可靠的会计指标。

(2) 结出所有账户本期发生额和余额。

(3) 编制本期发生额余额对照表进行试算平衡。

(4) 划线结账，将期末余额结转入下期。

结账工作是在月份、季度和年度终了时进行的，因此有月结、季结和年结，一般采用划线结账法。

5.5 结账前的试算平衡

在结账之前，必须做好对账工作，保证在这个时期内所发生的经济业务已经全部填制和取得合法的会计凭证，并已记入有关账簿。对于所有债权、债务，以及通过财产清查所发生的财产物资盘盈、盘亏等，都应当全部登记入账。为了正确计算当期的产品成本，考核企业的经营成果，还应将所有发生的收入、费用以及所有收入、成本、费用各种账户的余额结转有关账户，以便正确计算产品成本和财务成果。

结账之前，应做好账账核对工作。账账核对一般是通过编制试算表，根据试算表各栏合计数验算借贷双方是否相等。

试算是测试在一定会计时期内记账是否正确的方法。通常在月末结账前，把总分类各账户按顺序排列，分别将账户的期初余额，本期发生额的借、贷金额列成一表，以测试记账有无错误。这种测试方法在会计上称为试算平衡。试算结果，如果各科目期末借贷双方的余额总和相等，一般来说，记账基本不错，否则，必须及时查明更正。

试算平衡是借贷平衡原理的具体应用。因为对每一经济业务都要从借贷两个方面以相等的金额来记录会计要素增减变化情况，并规定"有借必有贷，借贷必相等"作为借贷记账规律，因此，根据会计分录逐笔记入各有关账户后，全部账户借贷方的发生额合计、期末借贷方余额合计数必然相等。所以，试算平衡的理论依据是借贷平衡原理，也可以用数学公理"等量加等量，其和相等"来验证。

应当注意，有些差错对于借贷双方相等并不发生影响，这些差错的发生情况可以列举如下。

① 一笔经济业务遗漏编制记账凭证，或者一笔经济业务借贷双方都遗漏记账。

② 一笔经济业务重复编制记账凭证，或者一笔经济业务借贷双方都重复记账。

③ 一笔经济业务借贷双方在记账时，发生相同数额的错误。

④ 一笔经济业务应借、应贷账户，在编制记账凭证时，互相颠倒，或者在根据记账凭证记账时，互相颠倒。

⑤ 一笔经济业务的借贷双方或一方，误登账户。

由于在会计工作中，有时会发生以上这些试算表所不能发现的错误，因此，对于一切会计记录必须经常进行核对，认真做好对账工作，以保证会计核算的正确性。

试算表一般在月度终了结账前或结账后编制一次，如果单位的经济业务较多，为方便查错，也可以每旬进行试算一次。

试算的目的是检查记账有无错误，但试算表的作用不仅仅是为了试算、查错，而且还可用来作为账目整理、结账和编制会计报表的工作底稿。

5.6 年终结账的步骤

年终清理完毕，在账目核对相符的基础上，即可进行年终结账。年终结账工作一般分为三个步骤，即年终转账、结清旧账和记入新账。

1. 年终转账

年终转账的程序如下。

① 计算出各账户的借方和贷方的 12 月份合计数和全年累计数，结出 12 月末的余额。

② 编制结账前的"资产负债表"，并试算平衡。

③ 按年终转账办法填制 12 月 31 日的记账凭证，并记入有关账户。

2. 结清旧账

结清旧账的做法如下。

① 将转账后无余额的账户结出全年累计数，然后在下面划双红线，表示本账户全部结清。

② 对年终有余额的账户，在"全年累计数"下行的"摘要"栏内注明"结转下年"字样，再在下面划双红线，表示年终余额转入新账，结束旧账。

3. 记入新账

根据本年度各账户余额，编制年终决算的资产负债表和有关明细表，按表列出各账户的年终余额数，不编制记账凭单，直接记入新年度相应的各有关账户，并在"摘要"栏注明"上年结转"字样，以区别新年度发生数。

5.7 账户余额的结转

年末终了结账时不为零的账户余额，直接记入新账余额栏内即可，不需要编制记账凭证，也不必将余额再记入本年账户的借方或贷方(收方或付方)，使本年有余额的账户的余额变为零。因为，既然年末是有余额的账户，余额就应当如实地在账户中加以反映，这样更显得清晰、明了。否则，就混淆了有余额的账户和无余额的账户的区别。

对于新的会计年度建账问题，一般来说，总账、日记账和多数明细账应每年更换一次。但有些财产物资明细账和债权债务明细账，由于材料品种、规格和往来单位较多，更换新账簿，重抄一遍工作量较大，因此可以跨年度使用，不必每年更换一次。各种备查账簿也可以连续使用。

实际工作中，结转账户余额的做法如下。

① 将本账户年末余额，以相反的方向记入最后一笔账下的发生额内。例如，某账户年末为借方余额，在结账时，将此项余额填列在贷方发生额栏内(余额如为贷方，则做相反记录)，在摘要栏填明"结转下年"字样，在"借或贷" 栏内填"平"字并在余额栏的"元"位上填列"0"符号，表示账目已经结平。

② 在"本年累计"发生额的次行，将年初余额按其同方向记入发生额栏内，并在

摘要栏内填明"上年结转"字样。

在次行登记年末余额,如为借方余额,填入贷方发生额栏内,反之记入借方,并在摘要栏填明"结转下年"字样。同时,在该行的下端加记借、贷各方的总计数,并在该行摘要栏内填列"总计"两字,在"借或贷"栏内填"平"字,在余额栏的"元"位上填列"0"符号,以示账目已结平。

5.8 实行电算化后如何结账

每月月底都需要进行结账处理,计算机结账不仅要结转各账户的本期发生额和期末余额,还要进行一系列电算化处理,检查会计凭证是否全部登记入账并审核签章、试算平衡、辅助账处理等。与手工结账相比,电算化结账工作更加规范,结账全部是由计算机自动完成。结账工作需要注意的事项如下。

① 专人负责。由于某月结完账后将不能再输入和修改该月的凭证,所以使用会计软件时,结账工作应由专人负责管理,以防止其他人员误操作。

② 结账前应检查该月的所有凭证是否均已记账、结账日期是否正确、其他相关模块的数据是否传递完毕,以及其他结账条件是否完备。

若结账条件不满足,则退出本模块,检查本月份输入的会计凭证是否全部登记入账,只有在本期输入的会计凭证全部登记入账后才允许结本月份的账。与记账不同的是,一个月可以记账数次,而只能结一次账。

③ 结账必须逐月进行,上月未结账也不允许结入本月的账。

若结账成功,则做月结标志,之后不能再输入该月的凭证和记该月的账;若结账不成功,则恢复到结账前的状态,同时给出提示信息,要求用户做相应的调整。

④ 年底结账,则系统自动产生下年度的空白数据文件(即数据结构文件,包括凭证临时文件、凭证库文件、科目余额发生额文件),并结转年度余额,同时自动对"固定资产"等会计文件做跨年度连续使用的处理。

⑤ 跨年度时因年终会计工作的需要,会计软件允许在上年度未结账的情况下输入本年度1月份的凭证。

单位可以根据具体情况,将结账环境设置为:在上年未结账的情况下不允许输入本月的凭证。

⑥ 结账前应做一次数据备份,如果结账不正确可以恢复重做。

第 6 章

【 报　　账 】

6.1 何谓报账

报账是指企业定期报送财务报告,是会计工作的一项重要内容,也是会计工作的专门方法之一。根据会计制度规定,企业应当编制和对外提供真实、完整的财务会计报告。

6.2 报账工作的程序

报账工作分为编制财务报告和报送财务报告两个环节。报账工作的程序如图 6-1 所示。

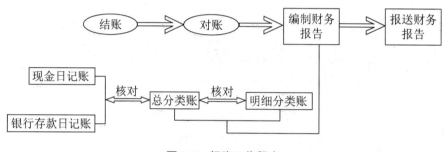

图 6-1 报账工作程序

6.3 财务会计报告的编制

1. 资产负债表的编制

1) 资产负债表的含义

资产负债表就是反映企业资产、负债和所有者权益状况的报表。比如,资产总额是多少、流动资产有多少、固定资产有多少,在这些资产里面,有多少是借来的,又有多少是投资进来的。

财务状况至少包括三层意思:一是关于资产、负债和所有者权益构成情况及其合理性;二是关于流动性,通常指资产的流动性,也就是资产变成现金的能力;三是关于财务弹性,即企业应付意外情况的能力,如意外灾害、意外机会等。

资产负债表是一个时点报表。有人将其比喻为一张企业财务流动的快照。时点报表有以下三层不同的含义。

① 不同时期的时点报表相加起来是没有意义的,不能把一年 12 个月的资产负债表各项目全部相加,来计算企业一年的总资产和总负债。时点报表所反映的数据是企业资产、负债等的存量。

② 时点报表中的每一个数字都是某个时刻的数字,很可能由于企业经营活动的变化而发生变化,今天的银行存款是 2 000 万元,明天可能就是 2 100 万元或 1 900 万元,这时时刻刻变化着的数字,只反映这个时刻的情况,过了这个时刻就是另一种情况,所以,资产负债表上的日期不仅有年月,还有日,它只反映到这一天为止的资产、负债情况。如果要了解上年的资产负债情况,就应当是上年年底(12 月 31 日)资产负债表上的数字。

③ 既然是某一时刻的数字,它同时也意味着这些资产和负债是代表企业目前所拥有的、未来可以使用的资产和目前所承担的、未来要偿还的负债。

2) 资产负债表的编制原理

资产负债表的编制原理是"资产=负债+所有者权益"会计恒等式。它既是一张平衡报表,反映资产总计(左方)与负债及所有者权益总计(右方)相等;又是一张静态报表,反映企业在某一时点的财务状况,如月末或年末。通过在资产负债表上设立"年初数"和"期末数"栏,也能反映出企业财务状况的变动情况。

3) 一般企业资产负债表格式

资产负债表格式如表 6-1 所示。

表 6-1 资产负债表

会企 01 表

编制单位:　　　　　　　　　　　　　__年__月__日　　　　　　　　　　单位:元

资　产	期末余额	年初余额	负债和所有者权益(或股东权益)	期末余额	年初余额
流动资产:			流动负债:		
货币资金			短期借款		
交易性金融资产			交易性金融负债		
衍生金融资产			衍生金融负债		
应收票据及应收账款			应付票据及应付账款		
预付款项			预收款项		
其他应收款			合同负债		

续表

资　产	期末余额	年初余额	负债和所有者权益(或股东权益)	期末余额	年初余额
存货			应付职工薪酬		
合同资产			应交税费		
持有待售资产			其他应付款		
一年内到期的非流动资产			持有待售负债		
其他流动资产			一年内到期的非流动负债		
流动资产合计			其他流动负债		
非流动资产：			流动负债合计		
债权投资			非流动负债：		
其他债权投资			长期借款		
长期应收款			应付债券		
长期股权投资			其中：优先股		
其他权益工具投资			永续债		
其他非流动金融资产			长期应付款		
投资性房地产			预计负债		
固定资产			递延收益		
在建工程			递延所得税负债		
生产性生物资产			其他非流动负债		
油气资产			非流动负债合计		
无形资产			负债合计		
开发支出			所有者权益(或股东权益)：		
商誉			实收资本(或股本)		
长期待摊费用			其他权益工具		
递延所得税资产			其中：优先股		
其他非流动资产			永续债		
非流动资产合计			资本公积		
			减：库存股		
			其他综合收益		
			盈余公积		
			未分配利润		
			所有者权益(或股东权益)合计		
资产总计			负债和所有者权益(或股东权益)总计		

4) 资产负债表列示说明

资产负债表反映企业一定日期全部资产、负债和所有者权益的情况。

资产负债表中"年初余额"栏各项的数字，应按上年年末资产负债表中"期末余额"栏中的数字填列。"期末余额"栏内各项数字根据会计期末各总账账户及所属明细账户余额填列。若本年度资产负债表中规定的各项目的名称和内容与上年度不一致，应对上年年末资产负债表各项的名称和数字按照本年度的规定进行调整后，填入表中的"年初余额"栏。

① "货币资金"项目，反映企业库存现金、银行结算户存款、外埠存款、银行汇票存款、银行本票存款、信用卡存款、信用证保证金存款等的合计数。本项目应根据"现金""银行存款""其他货币资金"科目的期末余额合计数填列。

② "交易性金融资产"项目，反映资产负债表日企业分类为以公允价值计量且其变动计入当期损益的金融资产，以及企业持有的指定为以公允价值计量且其变动计入当期损益的金融资产的期末账面价值。该项目应根据"交易性金融资产"科目的相关明细科目的期末余额分析填列。自资产负债表日起超过一年到期且预期持有超过一年的以公允价值计量且其变动计入当期损益的非流动金融资产的期末账面价值，在"其他非流动金融资产"项目反映。

③ "衍生金融资产"项目，反映企业期末持有的衍生工具、套期工具、被套期项目中属于衍生金融资产的金额。应根据"衍生工具""套期工具""被套期项目"等科目的期末借方余额分析计算填列。

④ "应收票据"及"应收账款"项目，"应收票据"反映资产负债表日以摊余成本计量的、企业因销售商品、提供服务等收到的商业汇票，包括银行承兑汇票和商业承兑汇票。该项目应根据"应收票据"科目的期末余额，减去"坏账准备"科目中相关坏账准备期末余额后的金额分析填列。

"应收账款"项目，反映资产负债表日以摊余成本计量的、企业因销售商品、提供服务等经营活动应收取的款项。该项目应根据"应收账款"科目的期末余额，减去"坏账准备"科目中相关坏账准备期末余额后的金额分析填列。

⑤ "预付款项"项目，反映企业预付给供应单位的款项。本项目应根据"预付款项"科目所属各明细科目的期末借方余额合计填列。若"预付款项"科目所属有关明细科目期末有贷方余额的，应在本表"应付账款"项目内填列。若"应付账款"科目所属明细科目有借方余额的，也应包括在本项目内。

⑥ "其他应收款"项目,应根据"应收利息""应收股利"和"其他应收款"科目的期末余额合计数,减去"坏账准备"科目中相关坏账准备期末余额后的金额填列。其中的"应收利息"仅反映相关金融工具已到期可收取但于资产负债表日尚未收到的利息。基于实际利率法计提的金融工具的利息应包含在相应金融工具的账面余额中。

⑦ "存货"项目,反映企业期末在库、在途和在加工中的各项存货的可变现净值,包括各种材料、商品、在产品、半成品、包装物、低值易耗品、分期收款发出商品、委托代销商品、受托代销商品等。本项目应根据"物资采购""原材料""低值易耗品""自制半成品""库存商品""包装物""分期收款发出商品""委托加工物资""委托代销商品""受托代销商品""生产成本"等科目的期末余额合计减去"代销商品款""存货跌价准备"科目期末余额后的金额填列。材料采用计划成本核算,以及库存商品采用计划成本或售价核算的企业,还应按加或减材料成本差异、商品进销差价后的金额填列。

⑧ "合同资产"项目,企业应按照《企业会计准则第 14 号——收入》(财会〔2017〕22 号)的相关规定根据本企业履行履约义务与客户付款之间的关系在资产负债表中列示合同资产。"合同资产"项目,应根据"合同资产"科目的相关明细科目的期末余额分析填列,同一合同下的合同资产和合同负债应当以净额列示,其中净额为借方余额的,应当根据其流动性在"合同资产"或"其他非流动资产"项目中填列,已计提减值准备的,还应减去"合同资产减值准备"科目中相关的期末余额后的金额填列。

⑨ "持有待售资产"项目,反映资产负债表日划分为持有待售类别的非流动资产及划分为持有待售类别的处置组中的流动资产和非流动资产的期末账面价值。该项目应根据"持有待售资产"科目的期末余额,减去"持有待售资产减值准备"科目的期末余额后的金额填列。

⑩ "一年内到期的非流动资产"项目,反映企业将于一年内到期的非流动资产。本项目应根据有关科目的期末余额分析计算填列。

⑪ "其他流动资产"项目,反映企业除以上流动资产项目外的其他流动资产,本项目应根据有关科目的期末余额填列。若其他流动资产价值较大的,应在会计报表附注中披露其内容和金额。

⑫ "债权投资"项目,反映资产负债表日企业以摊余成本计量的长期债权投资的期末账面价值。该项目应根据"债权投资"科目的相关明细科目期末余额,减去"债权投资减值准备"科目中相关减值准备的期末余额后的金额分析填列。自资产负债表

日起一年内到期的长期债权投资的期末账面价值，在"一年内到期的非流动资产"项目反映。企业购入的以摊余成本计量的一年内到期的债权投资的期末账面价值，在"其他流动资产"项目反映。

⑬"其他债权投资"项目，反映资产负债表日企业分类为以公允价值计量且其变动计入其他综合收益的长期债权投资的期末账面价值。该项目应根据"其他债权投资"科目的相关明细科目的期末余额分析填列。自资产负债表日起一年内到期的长期债权投资的期末账面价值，在"一年内到期的非流动资产"项目反映。企业购入的以公允价值计量且其变动计入其他综合收益的一年内到期的债权投资的期末账面价值，在"其他流动资产"项目反映。

⑭"长期应收款"项目，反映企业持有的长期应收款的可收回金额。本项目应根据"长期应收款"科目的期末余额，减去"坏账准备"科目所属相关明细科目期末余额，再减去"未确认融资收益"科目期末余额后的金额分析计算填列。

⑮"长期股权投资"项目，反映企业不准备在一年内(含一年)变现的各种股权性质的投资的可收回金额。本项目应根据"长期股权投资"科目的期末余额，减去"长期投资减值准备"科目中有关股权投资减值准备期末余额后的金额填列。

⑯"其他权益工具投资"项目，反映资产负债表日企业指定为以公允价值计量且其变动计入其他综合收益的非交易性权益工具投资的期末账面价值。该项目应根据"其他权益工具投资"科目的期末余额填列。

⑰"其他非流动金融资产"项目，反映资产负债表日企业指定为以公允价值计量且其变动计入当期损益的其他权益工具投资的期末账面价值。

⑱"投资性房地产"项目，反映企业持有的投资性房地产。本项目应根据"投资性房地产"科目的期末余额，减去"投资性房地产累计折旧""投资性房地产减值准备"所属有关明细科目期末余额后的金额分析计算填列。

⑲"固定资产"项目，反映资产负债表日企业固定资产的期末账面价值和企业尚未清理完毕的固定资产清理净损益。该项目应根据"固定资产"科目的期末余额，减去"累计折旧"和"固定资产减值准备"科目的期末余额后的金额，以及"固定资产清理"科目的期末余额填列。

⑳"在建工程"项目，反映资产负债表日企业尚未达到预定可使用状态的在建工程的期末账面价值和企业为在建工程准备的各种物资的期末账面价值。该项目应根据"在建工程"科目的期末余额，减去"在建工程减值准备"科目的期末余额后的金额，

以及"工程物资"科目的期末余额,减去"工程物资减值准备"科目的期末余额后的金额填列。

㉑ "生产性生物资产"项目,反映企业(农业)生产性生物资产的账面价值。本项目应根据"生产性生物资产"科目的期末余额,减去"生产性生物资产累计折旧"科目的期末余额后的净额填列。

㉒ "油气资产"项目,反映企业(石油天然气开采)持有的矿区权益和油气井及相关设施的净值。本项目应根据"油气资产"科目的期末余额,减去"累计折耗"科目的期末余额后的净额填列。

㉓ "无形资产"项目,反映企业各项无形资产的期末可收回金额。本项目应根据"无形资产"科目的期末余额,减去"累计摊销""无形资产减值准备"科目期末余额后的金额填列。

㉔ "开发支出"项目,反映企业开发无形资产过程中能够资本化形成无形资产成本的支出部分。本项目应当根据"研发支出"科目中所属的"资本化支出"明细科目期末余额填列。

㉕ "商誉"项目,反映企业合并中形成的商誉净值。商誉发生减值的,可以单独设置"商誉减值准备"科目,比照"无形资产减值准备"科目进行处理。本项目应根据"商誉"的期末余额,减去"商誉减值准备"科目期末余额后的净额填列。

㉖ "长期待摊费用"项目,反映企业已经发生但应由本期和以后各期负担的分摊期限在一年以上的各项费用。长期待摊费用中在一年内(含一年)摊销的部分,在资产负债表"一年内到期的非流动资产"项目填列。本项目应根据"长期待摊费用"科目的期末余额减去将于一年内(含一年)摊销的数额后的金额填列。

㉗ "递延所得税资产"项目,反映企业确认的递延所得税资产。本项目应根据"递延所得税资产"科目期末余额分析填列。

㉘ "其他非流动资产"项目,反映企业除以上资产以外的其他长期资产。本项目应根据有关科目的期末余额填列。如其他长期资产价值较大的,应在会计报表附注中披露其内容和金额。

㉙ "短期借款"项目,反映企业借入尚未归还的一年期以下(含一年)的借款。本项目应根据"短期借款"科目的期末余额填列。

㉚ "交易性金融负债"项目,反映资产负债表日企业承担的交易性金融负债,以及企业持有的指定为以公允价值计量且其变动计入当期损益的金融负债的期末账面价

值。该项目应根据"交易性金融负债"科目的相关明细科目的期末余额填列。

㉛ "衍生金融负债"项目，反映衍生工具、套期项目、被套期项目中属于衍生金融负债的金额，应根据"衍生工具""套期项目""被套期项目"等科目的期末贷方余额分析计算填列。

㉜ "应付票据及应付账款"项目，"应付票据"反映资产负债表日以摊余成本计量的、企业因购买材料、商品和接受服务等开出、承兑的商业汇票，包括银行承兑汇票和商业承兑汇票。该项目应根据"应付票据"科目的期末余额填列。

"应付账款"项目，反映资产负债表日以摊余成本计量的、企业因购买材料、商品和接受服务等经营活动应支付的款项。该项目应根据"应付账款"和"预付账款"科目所属的相关明细科目的期末贷方余额合计数填列。

㉝ "预收款项"项目，反映企业预收购买单位的账款。本项目应根据"预收款项"科目所属各有关明细科目的期末贷方余额合计填列。若"预收款项"科目所属有关明细科目有借方余额的，应在本表"应收账款"项目内填列；若"应收账款"科目所属明细科目有贷方余额的，也应包括在本项目内。

㉞ "合同负债"项目，企业应按照《企业会计准则第 14 号——收入》(财会〔2017〕22 号)的相关规定根据本企业履行履约义务与客户付款之间的关系在资产负债表中列示合同负债。"合同负债"项目，应根据"合同负债"科目的相关明细科目的期末余额分析填列，同一合同下的合同资产和合同负债应当以净额列示，其中净额为贷方余额的，应当根据其流动性在"合同负债"或"其他非流动负债"项目中填列。

㉟ "应付职工薪酬"项目，反映企业应付未付的职工薪酬。本项目应根据"应付职工薪酬"科目期末贷方余额填列。若"应付职工薪酬"科目期末为借方余额；以"–"填列。

㊱ "应交税费"项目，反映企业期末未缴、多缴或未抵扣的各种税费。本项目应根据"应交税费"科目的期末贷方余额填列；若"应交税费"科目期末为借方余额，以"–"填列。

㊲ "其他应付款"项目，应根据"应付利息""应付股利"和"其他应付款"科目的期末余额合计数填列。其中的"应付利息"仅反映相关金融工具已到期应支付但于资产负债表日尚未支付的利息。基于实际利率法计提的金融工具的利息应包含在相应金融工具的账面余额中。

㊳ "持有待售负债"项目，反映资产负债表日处置组中与划分为持有待售类别的

资产直接相关的负债的期末账面价值。该项目应根据"持有待售负债"科目的期末余额填列。

㊴ "一年内到期的非流动负债"项目,反映企业承担的将于一年内到期的非流动负债。本项目应根据有关非流动负债科目的期末余额分析计算填列。

㊵ "其他流动负债"项目,反映企业除以上流动负债以外的其他流动负债。本项目应根据有关科目的期末余额填列,若"待转资产价值"科目的期末余额可在本项目内反映。若其他流动负债价值较大的,应在会计报表附注中披露其内容及金额。

㊶ "长期借款"项目,反映企业借入尚未归还的一年期以上(不含一年)的借款本息。本项目应根据"长期借款"科目的期末余额填列。

㊷ "应付债券"项目,反映企业发行的尚未偿还的各种长期债券的本息。本项目应根据"应付债券"科目的期末余额填列。

㊸ "长期应付款"项目,反映企业除长期借款和应付债券以外的其他各种长期应付款。本项目应根据"长期应付款"科目的期末余额,减去"未确认融资费用"科目期末余额后的金额填列。

㊹ "预计负债"项目,反映公司确认的对外提供担保、未决诉讼、重组义务、亏损性合同等预计负债。本项目应根据"预计负债"科目的期末余额填列。

㊺ "递延收益"项目,摊销期限只剩一年或不足一年的,或预计在一年内(含一年)进行摊销的部分,不得归类为流动负债,仍在该项目中填列,不转入"一年内到期的非流动负债"项目。

㊻ "递延所得税负债"项目,反映企业确认的递延所得税负债。本项目应根据"递延所得税负债"科目期末余额分析填列。

㊼ "其他非流动负债"项目,反映企业除以上非流动负债以外的其他非流动负债。本项目应根据有关科目的期末余额填列。若其他非流动负债价值较大的,应在会计报表附注中披露其内容和金额。

㊽ "实收资本(或股本)"项目,反映企业各投资者实际投入的资本(或股本)总额。本项目应根据"实收资本(或股本)"科目的期末余额填列。

㊾ "其他权益工具"项目,反映资产负债表日企业发行在外的除普通股以外分类为权益工具的金融工具的期末账面价值。对于资产负债表日企业发行的金融工具,分类为金融负债的,应在"应付债券"项目填列,对于优先股和永续债,还应在"应付债券"项目下的"优先股"项目和"永续债"项目分别填列;分类为权益工具的,应

在“其他权益工具”项目填列，对于优先股和永续债，还应在“其他权益工具”项目下的“优先股”项目和“永续债”项目分别填列。

(50) “资本公积”项目，反映企业资本公积的期末余额。本项目应根据“资本公积”科目的期末余额填列。

(51) “其他综合收益”项目，反映企业根据企业会计准则规定未在损益中确认的各项利得和损失扣除所得税影响后的净额。应根据“其他综合收益”科目的期末余额填列。

(52) “盈余公积”项目，反映企业盈余公积的期末余额。本项目应根据“盈余公积”科目的期末余额填列。

(53) “未分配利润”项目，反映企业尚未分配的利润。本项目应根据“本年利润”科目和“利润分配”科目的余额计算填列。未弥补的亏损，在本项目内以“-”填列。

2. 利润表的编制

1) 利润表的含义

利润表也叫损益表，反映企业的经营成果，如收入、成本、各种费用等，既反映了企业净利润的形成过程，也体现了利润的计算过程。

利润表是一张时期报表，它有两层含义。

① 不同时期报表是可以叠加的。例如，可以把上年和当年的利润表加起来，算出两年的利润总和。

② 时期报表中的每一个数字都是累计数，代表过去一定时期已经发生的业务量的总和。所以，时期报表中的数字是一个历史汇总数，代表过去的业绩。

2) 利润表的作用

企业定期编制利润表，对内向企业管理部门报告，对外向有关部门和人员报告。因此，编制利润表对企业及相关部门和人员来说，具有重要的作用，具体反映在以下三个方面。

(1) 利用利润表提供的财务信息，可以了解和分析企业的经营成果和获利能力。利润表通过对收入和成本费用情况的反映，可以提供企业一定期间的收益情况、成本费用情况，以及资金的投入与产出的比例关系，从而可以使报表的使用者了解企业的经营业绩和财务成果，了解企业获利能力的大小。另外，还可以从动态角度帮助了解企业的偿债能力。企业的偿债能力虽然取决于企业的营运资金，但归根结底，也取决于企业获利能力的高低。因此，利润表提供的经营成果信息，对投资者来说，可预测、评价企业的获利能力，据此做出是否投资、是否增加投资、增加多少投资、投资于哪个方向或是否收回投资的决策。对企业的债权人来说，可预测、评价企业的偿债能力，据此做出应否维持、增加或收缩对企业的信贷的决策。

(2) 利用利润表提供的财务信息，可以为经营管理者进行未来经营决策提供依据。通过比较、分析利润表中各项构成因素，并与以前各期相比较，可以反映出企业各项收入、费用和利润的消长升降趋势及其变化幅度，找出原因所在，发现经营管理中存在的问题。同时，还可以分析企业利润的形成结构，对利润进行结构分析，为企业的经营决策、投资决策和筹资决策提供依据。

(3) 利用利润表所提供的财务信息，可以预测企业未来经营的盈利能力和发展趋势。利润表比较完整地提供了企业在一定时期的营业利润、投资净收益和营业外收支等有关损益的情况，是企业进行财务分析的主要资料来源，如净资产收益率、成本费用利润率、主营业务利润率中的许多数据都与利润表有关。通过分析前后期企业营业利润、投资收益和营业外收支的增减变动情况，可以预测企业未来的发展趋势。对企业利润总额的增减变化分析，可以判断企业利润变化的趋势，预测企业未来的盈利能力。

此外，通过利润表中的利润项目与现金流量表中的现金净流量数额的比较，能更进一步了解企业获利与收现的真实性。

3) 利润表的编制原理

利润表编制的原理是"收入-费用=利润"的会计平衡公式和收入与费用的配比原则。

在生产经营中企业不断地发生各种费用支出，同时取得各种收入，收入减去费用，剩余的部分就是企业的盈利。取得的收入和发生的相关费用的对比情况就是企业的经营成果。如果企业经营不当，发生的生产经营费用超过取得的收入，就发生了亏损；反之，企业就能取得一定的利润。会计部门应定期(一般按月份)核算企业的经营成果，并将核算结果编制成报表，这就形成了利润表。

4) 一般企业利润表的格式

利润表的格式如表 6-2 所示。

表 6-2 利润表

会企 02 表
单位：元

编制单位：　　　　　　　　　　　____年__月

项　目	本期金额	上期金额
一、营业收入		
减：营业成本		
税金及附加		
销售费用		
管理费用		
研发费用		
财务费用		
其中：利息费用		
利息收入		
资产减值损失		
信用减值损失		
加：其他收益		
投资收益(损失以"-"号填列)		
其中：对联营企业和合营企业的投资收益		
净敞口套期收益(损失以"-"号填列)		
公允价值变动收益(损失以"-"号填列)		
资产处置收益(损失以"-"号填列)		
二、营业利润(亏损以"-"号填列)		
加：营业外收入		
减：营业外支出		
三、利润总额(亏损总额以"-"号填列)		
减：所得税费用		
四、净利润(净亏损以"-"号填列)		
(一)持续经营净利润(净亏损以"-"号填列)		
(二)终止经营净利润(净亏损以"-"号填列)		
五、其他综合收益的税后净额		
(一)不能重分类进损益的其他综合收益		

续表

项　目	本期金额	上期金额
1．重新计量设定受益计划变动额		
2．权益法下不能转损益的其他综合收益		
3．其他权益工具投资公允价值变动		
4．企业自身信用风险公允价值变动		
……		
(二)将重分类进损益的其他综合收益		
1．权益法下可转损益的其他综合收益		
2．其他债权投资公允价值变动		
3．金融资产重分类计入其他综合收益的金额		
4．其他债权投资信用减值准备		
5．现金流量套期储备		
6．外币财务报表折算差额		
……		
六、综合收益总额		
七、每股收益		
(一)基本每股收益		
(二)稀释每股收益		

利润表中的各个项目，都是根据有关会计科目记录的本期实际发生数和累计发生数分别填列的。

① "营业收入"项目，反映企业经营活动所取得的收入总额。本项目应根据"主营业务收入""其他业务收入"等科目的发生额分析填列。

② "营业成本"项目，反映企业经营活动发生的实际成本。本项目应根据"主营业务成本""其他业务成本"等科目的发生额分析填列。

③ "税金及附加"项目，反映企业经营活动应负担的消费税、城市维护建设税、资源税、土地增值税和教育费附加等。本项目应根据"税金及附加"科目的发生额分析填列。

④ "销售费用"项目，反映企业在销售商品和商品流通企业在购入商品等过程中发生的费用。本项目应根据"营业费用"科目的发生额分析填列。

⑤ "管理费用"项目，反映企业发生的管理费用。本项目应根据"管理费用"科

目的发生额分析填列。

⑥ "研发费用"项目，反映企业进行研究与开发过程中发生的费用化支出，以及计入管理费用的自行开发无形资产的摊销。该项目应根据"管理费用"科目下的"研究费用"明细科目的发生额，以及"管理费用"科目下的"无形资产摊销"明细科目的发生额分析填列。

⑦ "财务费用"项目下的"利息费用"项目，反映企业为筹集生产经营所需资金等而发生的应予费用化的利息支出。该项目应根据"财务费用"科目的相关明细科目的发生额分析填列。该项目作为"财务费用"项目的其中项，以正数填列。

⑧ "财务费用"项目下的"利息收入"项目，反映企业按照相关会计准则确认的应冲减财务费用的利息收入。该项目应根据"财务费用"科目的相关明细科目的发生额分析填列。该项目作为"财务费用"项目的其中项，以正数填列。

⑨ "资产减值损失"项目，反映企业确认的资产减值损失。本项目应根据"资产减值损失"科目的发生额分析填列。

⑩ "信用减值损失"项目，反映企业按照《企业会计准则第22号——金融工具确认和计量》(财会〔2017〕7号)的要求计提的各项金融工具信用减值准备所确认的信用损失。该项目应根据"信用减值损失"科目的发生额分析填列。

⑪ "其他收益"项目，反映计入其他收益的政府补助，以及其他与日常活动相关且计入其他收益的项目。该项目应根据"其他收益"科目的发生额分析填列。企业作为个人所得税的扣缴义务人，根据《中华人民共和国个人所得税法》收到的扣缴税款手续费，应作为其他与日常活动相关的收益在该项目中填列。

⑫ "投资收益"项目，反映企业以各种方式对外投资所取得的收益。本项目应根据"投资收益"科目的发生额分析填列；若为投资损失，以"-"填列。

⑬ "净敞口套期收益"项目，反映净敞口套期下被套期项目累计公允价值变动转入当期损益的金额或现金流量套期储备转入当期损益的金额。该项目应根据"净敞口套期损益"科目的发生额分析填列；若为套期损失，以"-"填列。

⑭ "公允价值变动收益"项目，反映企业确认的交易性金融资产或交易性金融负债的公允价值变动额。本项目应根据"公允价值变动收益"科目的发生额分析填列。

⑮ "资产处置收益"项目，反映企业出售划分为持有待售的非流动资产(金融工具、长期股权投资和投资性房地产除外)或处置组(子公司和业务除外)时确认的处置利得或损失，以及处置未划分为持有待售的固定资产、在建工程、生产性生物资产及无

形资产而产生的处置利得或损失。债务重组中因处置非流动资产(金融工具、长期股权投资和投资性房地产除外)产生的利得或损失和非货币性资产交换中换出非流动资产(金融工具、长期股权投资和投资性房地产除外)产生的利得或损失也包括在本项目内。该项目应根据"资产处置损益"科目的发生额分析填列；若为处置损失，以"-"填列。

⑯ "营业外收入"项目，反映企业发生的除营业利润以外的收益，主要包括与企业日常活动无关的政府补助、盘盈利得、捐赠利得(企业接受股东或股东的子公司直接或间接的捐赠，经济实质属于股东对企业的资本性投入的除外)等。该项目应根据"营业外收入"科目的发生额分析填列。

⑰ "营业外支出"项目，反映企业发生的除营业利润以外的支出，主要包括公益性捐赠支出、非常损失、盘亏损失、非流动资产毁损报废损失等。该项目应根据"营业外支出"科目的发生额分析填列。"非流动资产毁损报废损失"通常包括因自然灾害发生毁损、已丧失使用功能等原因而报废清理产生的损失。企业在不同交易中形成的非流动资产毁损报废利得和损失不得相互抵销，应分别在"营业外收入"项目和"营业外支出"项目进行填列。

⑱ "利润总额"项目，反映企业实现的利润总额。若为亏损总额，以"-"填列。

⑲ "所得税费用"项目，反映企业按规定从本期损益中减去的所得税。本项目应根据"所得税"科目的发生额分析填列。

⑳ "净利润"项目，反映企业实现的净利润。如为净亏损，以"-"号填列。

报表中的"本月数"应根据各有关会计科目的本期发生额直接填列；"本年累计数"栏反映各项目自年初起到本报告期止的累计发生额，应根据上月"利润表"的累计数加上本月"利润表"的本月数之和填列。年度"利润表"的"本月数"栏改为"上年数"栏时，应根据上年"利润表"的数字填列。如果上年"利润表"和本年"利润表"的项目名称和内容不相一致，应将上年的报表项目名称和数字按本年度的规定进行调整，然后填入"上年数"栏。

㉑ "(一)持续经营净利润"和"(二)终止经营净利润"项目，分别反映净利润中与持续经营相关的净利润和与终止经营相关的净利润；若为净亏损，以"-"填列。该两个项目应按照《企业会计准则第42号——持有待售的非流动资产、处置组和终止经营》的相关规定分别列报。

㉒ "其他综合收益的税后净额"项目，反映企业根据企业会计准则规定未在损益中确认的各项利得和损失扣除所得税影响后的净额。

㉓ "其他权益工具投资公允价值变动"项目，反映企业指定为以公允价值计量且

其变动计入其他综合收益的非交易性权益工具投资发生的公允价值变动。该项目应根据"其他综合收益"科目的相关明细科目的发生额分析填列。

㉔ "企业自身信用风险公允价值变动"项目，反映企业指定为以公允价值计量且其变动计入当期损益的金融负债，由企业自身信用风险变动引起的公允价值变动而计入其他综合收益的金额。该项目应根据"其他综合收益"科目的相关明细科目的发生额分析填列。

㉕ "其他债权投资公允价值变动"项目，反映企业分类为以公允价值计量且其变动计入其他综合收益的债权投资发生的公允价值变动。企业将一项以公允价值计量且其变动计入其他综合收益的金融资产重分类为以摊余成本计量的金融资产，或重分类为以公允价值计量且其变动计入当期损益的金融资产时，之前计入其他综合收益的累计利得或损失从其他综合收益中转出的金额作为该项目的减项。该项目应根据"其他综合收益"科目下的相关明细科目的发生额分析填列。

㉖ "金融资产重分类计入其他综合收益的金额"项目，反映企业将一项以摊余成本计量的金融资产重分类为以公允价值计量且其变动计入其他综合收益的金融资产时，计入其他综合收益的原账面价值与公允价值之间的差额。该项目应根据"其他综合收益"科目下的相关明细科目的发生额分析填列。

㉗ "其他债权投资信用减值准备"项目，反映企业按照《企业会计准则第22号——金融工具确认和计量》(财会〔2017〕7号)第十八条分类为以公允价值计量且其变动计入其他综合收益的金融资产的损失准备。该项目应根据"其他综合收益"科目下的"信用减值准备"明细科目的发生额分析填列。

㉘ "现金流量套期储备"项目，反映企业套期工具产生的利得或损失中属于套期有效的部分。该项目应根据"其他综合收益"科目下的"套期储备"明细科目的发生额分析填列。

3. 现金流量表的编制

1) 现金流量表的含义

现金流量表是以现金为基础编制的财务状况变动表，反映企业一定期间内现金的流入和流出，表明企业获得现金和现金等价物(除特别说明外，以下所称的现金均包括现金等价物)的能力。

2) 现金流量表的编制基础

现金流量表是以现金为基础编制的，这里的现金是指企业库存现金、可以随时用于支付的存款,以及现金等价物,具体包括以下几项。

(1) 库存现金。库存现金是指企业持有可随时用于支付的现金金额,即与会计核算中"现金"科目所包括的内容一致。

(2) 银行存款。银行存款是指企业存在金融企业随时可以用于支付的存款,即与会计核算中"银行存款"科目所包括的内容基本一致,区别在于:存在金融企业的款项中不能随时用于支付的存款,如不能随时支取的定期存款,不作为现金流量表中的现金,但提前通知金融企业便可支取的定期存款,则包括在现金流量表中的现金范围内。

(3) 其他货币资金。其他货币资金是指企业存在金融企业有特定用途的资金,如外埠存款、银行汇票存款、银行本票存款、信用证保证金存款、信用卡存款等。

④ 现金等价物。现金等价物是指企业持有的期限短、流动性高、易于转换为已知金额的现金,价值变动风险很小的短期投资。现金等价物通常指购买在 3 个月或更短时间内即到期或即可转换为现金的投资。不同企业现金等价物的范围也可能不同,如经营活动主要以短期、流动性强的投资为主的企业,可能会将所有项目都视为投资,而不是现金等价物;非经营投资的企业,可能将其视为现金等价物。企业应当根据经营特点等具体情况,确定现金等价物的范围,并在会计报表附注中披露确定现金等价物的会计政策,并一贯性地保持这种划分标准。这种政策的改变应视为会计政策的变更。

3) 现金流量表的格式

现金流量表的格式如表 6-3 所示。

表 6-3 现金流量表

会企 03 表

编制单位:　　　　　　　　　　　　　____年___月　　　　　　　　　　　单位:元

项　目	本期金额	上期金额
一、经营活动产生的现金流量		
销售商品、提供劳务收到的现金		
收到的税费返还		
收到其他与经营活动有关的现金		
经营活动现金流入小计		

续表

项　目	本期金额	上期金额
购买商品、接受劳务支付的现金		
支付给职工以及为职工支付的现金		
支付的各项税费		
支付其他与经营活动有关的现金		
经营活动现金流出小计		
经营活动产生的现金流量净额		
二、投资活动产生的现金流量		
收回投资收到的现金		
取得投资收益收到的现金		
处置固定资产、无形资产和其他长期资产收回的现金净额		
处置子公司及其他营业单位收到的现金净额		
收到其他与投资活动有关的现金		
投资活动现金流入小计		
购建固定资产、无形资产和其他长期资产支付的现金		
投资支付的现金		
取得子公司及其他营业单位支付的现金净额		
支付其他与投资活动有关的现金		
投资活动现金流出小计		
投资活动产生的现金流量净额		
三、筹资活动产生的现金流量		
吸收投资收到的现金		
取得借款收到的现金		
收到其他与筹资活动有关的现金		
筹资活动现金流入小计		
偿还债务支付的现金		
分配股利、利润或偿付利息支付的现金		
支付其他与筹资活动有关的现金		
筹资活动现金流出小计		
筹资活动产生的现金流量净额		
四、汇率变动对现金及现金等价物的影响		

续表

项 目	本期金额	上期金额
五、现金及现金等价物净增加额		
加：期初现金及现金等价物余额		
六、期末现金及现金等价物余额		

4) 现金流量表列示说明

① 经营活动产生的现金流量。

(a) "销售商品、提供劳务收到的现金"项目，反映企业本期销售商品、提供劳务收到的现金，以及前期销售商品、提供劳务本期收到的现金(包括应向购买者收取的增值税销项税额)和本期预收的款项，减去本期销售本期退回商品和前期销售本期退回商品支付的现金。企业销售材料和代购代销业务收到的现金，也在本项目反映。

(b) "收到的税费返还"项目，反映企业收到返还的所得税、增值税、消费税、关税和教育费附加等各种税费返还款。按实际收到的金额填列。

(c) "收到其他与经营活动有关的现金"项目，反映企业除上述各项目外，收到的其他与经营活动有关的现金流入。它包括企业收到的罚款收入、属于流动资产的现金赔款收入、经营租赁的租金和押金收入、银行存款的利息收入等。

(d) "购买商品、接受劳务支付的现金"项目，反映企业本期购买商品、接受劳务实际支付的现金(包括增值税进项税额)，以及本期支付前期购买商品、接受劳务的未付款项和本期预付款项，减去本期发生的购货退回收到的现金。企业购买材料和代购代销业务支付的现金，也在本项目反映。

(e) "支付给职工以及为职工支付的现金"项目，反映企业实际支付给职工以及为职工支付的现金。它包括本期实际支付给职工的工资、奖金、各种津贴和补贴等；以及为职工支付的养老、失业等社会保险基金、补充养老保险、企业为职工支付的商业保险金、住房公积金、支付给职工的住房困难补助，以及企业支付给职工或为职工支付的福利费用等。

该项目不包括支付给离退休人员的各种费用；上述职工不包括"在建工程人员"。

(f) "支付的各项税费"项目，反映企业实际支付的各种税金和支付的教育费附加、矿产资源补偿费等。它不包括支付的计入固定资产价值的耕地占用税，也不包括本期退回的增值税、所得税等。

(g) "支付其他与经营活动有关的现金"项目，反映企业除上述各项目外，支付的其他与经营活动有关的现金流出。如罚款支出、支付的差旅费、经营租赁的租金、业务招待费现金支出、支付的保险费、支付给离退休人员的各种费用等。

② 投资活动产生的现金流量。

(a) "收回投资收到的现金"项目，反映企业出售、转让或到期收回除现金等价物以外的对其他企业长期股权投资而收到的现金，但处置子公司及其他营业单位收到的现金净额除外。

(b) "取得投资收益收到的现金"项目，反映企业除现金等价物以外的对其他企业的长期股权投资等分回的现金股利和利息等。

(c) "处置固定资产、无形资产和其他长期资产收回的现金净额"项目，反映企业出售、报废固定资产、无形资产和其他长期资产所取得的现金(包括因资产毁损而收到的保险赔偿收入)，减去为处置这些资产而支付的有关费用后的净额。

(d) "处置子公司及其他营业单位收到的现金净额"项目，反映企业处置子公司及其他营业单位所取得的现金，减去相关处置费用以及子公司及其他营业单位持有的现金和现金等价物后的净额。

(e) "收到其他与投资活动有关的现金""支付其他与投资活动有关的现金"项目，反映企业除上述项目外收到或支付的其他与投资活动有关的现金，金额较大的应当单独列示。

(f) "购建固定资产、无形资产和其他长期资产支付的现金"项目，反映企业购买、建造固定资产、取得无形资产和其他长期资产所支付的现金(含不允许抵扣的增值税款等)，以及用现金支付的应由在建工程和无形资产负担的职工薪酬。

(g) "投资支付的现金"项目，反映企业取得除现金等价物以外的对其他企业的长期股权投资所支付的现金以及支付的佣金、手续费等附加费用，但取得子公司及其他营业单位支付的现金净额除外。

(h) "取得子公司及其他营业单位支付的现金净额"项目，反映企业购买子公司及其他营业单位购买出价中以现金支付的部分，减去子公司及其他营业单位持有的现金和现金等价物后的净额。

(i) "支付其他与投资活动有关的现金"，反映企业除上述各项目外，支付的其他与投资活动有关的现金。如购买股票和债券时，实际支付的买价中所包含的已宣告发放但尚未领取的现金股利或已到付息期但尚未领取的利息等。

③ 筹资活动产生的现金流量。

(a) "吸收投资收到的现金"项目，反映企业以发行股票、债券等方式筹集资金实际收到的款项，减去直接支付的佣金、手续费、宣传费、咨询费、印刷费等发行费用后的净额。

(b)"取得借款收到的现金"项目,反映企业举借各种短期、长期借款而收到的现金。

(c)"偿还债务支付的现金"项目,反映企业为偿还债务本金而支付的现金。

(d)"分配股利、利润或偿付利息支付的现金"项目,反映企业实际支付的现金股利、支付给其他投资单位的利润或用现金支付的借款利息、债券利息。

(e)"收到其他与筹资活动有关的现金""支付其他与筹资活动有关的现金"项目,反映企业除上述(a)至(d)项目外收到或支付的其他与筹资活动有关的现金,金额较大的应当单独列示。

4. 所有者权益变动表的编制

1) 所有者权益变动表的含义

所有者权益变动表是反映构成所有者权益的各组成部分当期的增减变动情况。综合收益和与所有者(或股东)的资本交易导致的所有者权益的变动,应当分别列示。

与所有者的资本交易,是指企业与所有者以其所有者身份进行的、导致企业所有者权益变动的交易。

通过所有者权益变动表,既可以为报表使用者提供所有者权益总量增减变动的信息,也能为其提供所有者权益增减变动的结构性信息,特别是能够让报表使用者理解所有者权益增减变动的根源。

2) 所有者权益变动表的编制基础

所有者权益变动表至少应当单独列示反映下列信息的项目。

(1) 综合收益总额,在合并所有者权益变动表中还应单独列示归属于母公司所有者的综合收益总额和归属于少数股东的综合收益总额。

(2) 会计政策变更和前期差错更正的累积影响金额。

(3) 所有者投入资本和向所有者分配利润等。

(4) 按照规定提取的盈余公积。

(5) 所有者权益各组成部分的期初和期末余额及其调节情况。

3) 所有者权益变动表的格式

所有者权益变动表的格式如表 6-4 所示。

表 6-4 所有者权益变动表

编制单位：　　　　　　　　　　　　　　　　　　年度　　　　　　　　　　　　　　　　　　　　　　　　　　　　　会企 04 表　单位：元

项　目	本年金额									上年金额								
	实收资本（或股本）	其他权益工具			资本公积	减：库存股	其他综合收益	盈余公积	未分配利润	所有者权益合计	实收资本（或股本）	其他权益工具			资本公积	减：库存股	其他综合收益	盈余公积	未分配利润	所有者权益合计
		优先股	永续债	其他								优先股	永续债	其他						
一、上末余额																			
加：会计政策变更																			
前期差错更正																			
其他																			
二、本年初余额																			
三、本年增减变动金额（减少以"-"填列）																			
（一）综合收益总额																			
（二）所有者投入和减少资本																			
1. 所有者投入的普通股																			
2. 其他权益工具持有者投入资本																			
3. 股份支付计入所有者权益的金额																			
4. 其他																			
（三）利润分配																			
1. 提取盈余公积																			
2. 对所有者（或股东）的分配																			
3. 其他																			
（四）所有者权益内部结转																			
1. 资本公积转增资本（或股本）																			
2. 盈余公积转增资本（或股本）																			
3. 盈余公积弥补亏损																			
4. 设定受益计划变动额结转留存收益																			
5. 其他综合收益结转留存收益																			
6. 其他																			
四、本年末余额																			

4) 所有者权益变动表列示说明

(1) "上年末余额"项目，反映企业上年资产负债表中实收资本(或股本)、其他权益工具、资本公积、库存股、其他综合收益、盈余公积、未分配利润的年末余额。

(2) "会计政策变更""前期差错更正"项目，分别反映企业采用追溯调整法处理的会计政策变更的累积影响金额和采用追溯重述法处理的会计差错更正的累积影响金额。

(3) "本年增减变动金额"项目。

① "综合收益总额"项目，反映净利润和其他综合收益扣除所得税影响后的净额相加后的合计金额。

② "所有者投入和减少资本"项目，反映企业当年所有者投入的资本和减少的资本。

(a) "所有者投入的普通股"项目，反映企业接受投资者投入形成的实收资本(或股本)和资本溢价或股本溢价。

其他权益工具持有者投入资本反映企业接受其他权益工具持有者投入形成的实收资本(或股本)和资本公积，应根据"实收资本""资本公积"等科目发生额分析填列。

(b) "其他权益工具持有者投入资本"项目，反映企业接受其他权益工具持有者投入形成的实收资本(或股本)和资本公积，应根据"实收资本""资本公积"等科目发生额分析填列。

(c) "股份支付计入所有者权益的金额"项目，反映企业处于等待期中的权益结算的股份支付当年计入资本公积的金额。

③ "利润分配"项目，反映企业当年的利润分配金额。

(a) "提取盈余公积"项目，反映企业按照规定提取的盈余公积。

(b) "对所有者(或股东)的分配"项目，反映对所有者(或股东)分配的利润(或股利)金额。

④ "所有者权益内部结转"项目，反映企业构成所有者权益的组成部分之间当年的增减变动情况。

(a) "资本公积转增资本(或股本)"项目，反映企业当年以资本公积转增资本或股本的金额。

(b) "盈余公积转增资本(或股本)"项目，反映企业当年以盈余公积转增资本或股本的金额。

(c)"盈余公积弥补亏损"项目,反映企业当年以盈余公积弥补亏损的金额。

(d)"设定受益计划变动额结转留存收益"项目和"其他综合收益结转留存收益"项目,应根据"其他综合收益""盈余公积""利润分配"等科目的发生额分析填列。

(e)"其他综合收益结转留存收益"项目,主要反映:企业指定为以公允价值计量且其变动计入其他综合收益的非交易性权益工具投资终止确认时,之前计入其他综合收益的累计利得或损失从其他综合收益中转入留存收益的金额;企业指定为以公允价值计量且其变动计入当期损益的金融负债终止确认时,之前由企业自身信用风险变动引起而计入其他综合收益的累计利得或损失从其他综合收益中转入留存收益的金额等。该项目应根据"其他综合收益"科目的相关明细科目的发生额分析填列。

5. 报表附注的编写

1) 设置会计报表附注的必要性

会计报表附注是为帮助理解企业会计报表的内容而对有关项目等所做的解释。它和会计报表、附表以及财务状况说明书一起构成了企业会计报表体系。会计报表附注并无固定格式,是以文字形式对会计报表进行注释。采用这种形式有三点必要性。

① 对于一种经济业务,可能存在不同的会计原则和处理方法,也就是说有不同的会计政策,如果不交代报表中的这些项目是采用什么原则和方法确定的,就会给会计报表的使用者理解会计报表带来一定困难,这就需要在会计报表附注中加以说明。

② 由于会计法规发生变化,或者为了更加公允地反映企业的实际情况,企业有可能改变会计报表中的某些项目的会计政策,由于不同期间的会计报表中同一个项目采用了不同的会计政策,使不同期间的会计报表失去了可比性,为了帮助会计报表使用者掌握会计政策的变化,也需要在会计报表附注中加以说明。

③ 会计报表采用表格形式,由于形式的限制,只能非常概括地反映各主要项目,至于各项目内部的情况以及项目背后的情况往往难以在表内反映。比如,资产负债表中的应收账款只是一个年末余额,至于各项应收账款的账龄情况就无从得知,而这方面信息对于会计报表的使用者了解企业资产质量是相当必要的,所以往往需要在会计报表附注中提供应收账款账龄方面的信息。

2) 会计报表附注的内容

(1) 不符合会计核算前提的说明。

一般认为,会计假设是会计核算的前提条件,基于会计核算而编制的会计报表一般也是以基本会计假设为前提的。

由于公司所处的社会经济环境极其复杂，会计人员有必要对会计核算所处的变化不定的经济环境作出判断。只有规定了会计核算的前提条件，会计核算才得以正常进行下去，才能据以选择会计处理方法。

会计核算的基本前提，即基本会计假设，包括会计主体假设、持续经营假设、会计分期假设和货币计量假设四项。

编制会计报表一般都以基本会计假设为前提，会计报表使用者不会有任何误解，所以在一般情况下不需要加以说明。但如果编制的会计报表未遵循基本会计假设，则必须予以说明，并解释这样做的理由。

(2) 会计政策说明。

会计政策的说明包括以下几项。

综合性会计政策：合并政策、外币核算、全面估价政策(历史成本、一般购买力、重置价值)、资产负债表日以后发生的事项、租赁、分期付款购买和有关利息、税务、长期合同、特许权。

资产：应收账款、存货(库存和在产品)和有关销货成本、应计折旧资产和折旧、生长中农作物、开发用地及有关的开发费用、投资研究和开发费、专利权和商标权、商誉。

负债：预付保单、承诺事项和或有事项、退休金费用和退休办法、解职费及多余人员津贴。

损益：确认收入的方法、维护费、维修费和改良费，处理财产的损益。

(3) 会计政策和会计估计变更说明。

公司采用的会计政策应当前后一致，不应随意变动，以保持连续性，便于报表的使用者前后各期相互比较。若公司认为采用新政策能使公司会计报表中对事项或交易的编报更为恰当，则可以对以往采用的会计政策作出某些变更。

按照国际会计准则，如果会计政策对本期或已列报的以前各期有重大影响，或可能对以后期间有重大影响，则公司应披露如下内容：变更的原因；已在本期净损益中确认的调整金额；已列报的资料各期所包括的调整金额以及有关前期已包括在会计报表中的调整金额。如果列报的资料不具有可操作性，这个事实应予披露。

(4) 或有事项的说明。

在公司持续经营期间，经营中会产生一些或有事项。所谓或有是指公司的收益或损失并不确定，或有或无，只能在未来发生或不发生某个或某几个事件时，才能得到证实。比如公司现在正有一个未决诉讼，如果败诉，可能将赔款 100 万元，这就是或有事项。

常见的或有事项有以下几类。

- 应收账款有可能无法收回。
- 公司对售后商品提供担保及售后服务。
- 已贴现票据可能发生追索。
- 为其他企业债务提供担保。
- 待决诉讼。
- 公司因损坏另一方的财产而可能进行赔偿。
- 由于污染了环境而可能发生治污费或可能支付罚金。
- 在发生税收争议时，有可能补交税款或获得税款返还。

公司在会计报表附注中对或有事项加以披露时，应当说明以下三个方面的内容。

① 或有事项的性质。

② 影响或有事项未来结果的不确定因素。

③ 或有损失和或有收益的金额。如果无法估计或有损失和或有收益的金额，则应当说明不能作出估计的原因。

(5) 资产负债表日后事项的说明。

资产负债表日后事项，是指自年度资产负债表日后至会计报表批准报出日之间发生的事项。资产负债表日后事项可分为两类：一是对资产负债表日存在的情况提供进一步证据的事项，可称为调整事项；二是资产负债表日后才发生的事项，可称为非调整事项。只有非调整事项才应在会计报表附注中加以说明。

资产负债表日后事项中的调整事项必须是：在资产负债表日或以前已经存在，资产负债表日后得以证实的事项；对按资产负债表日存在状况编制的会计报表产生影响的事项。对于调整事项，不仅要调整会计报表上的有关数据，而且需作出有关的账务处理。

资产负债表日后新发生的事项，其事项不涉及资产负债表日存在状况，这类事项作为非调整事项。资产负债表日后的非调整事项必须是：资产负债表日并不存在，完全是其后新发生的事项；对理解和分析会计报表有重大影响的事项。对于非调整事项，由于其对资产负债表日存在状况无关，故不应调整资产负债表日编制的会计报表，应在会计报表附注中说明事项的内容和对财务状况、经营成果的影响；如无法估计其影响，应当说明无法估计的理由。

(6) 关联方关系及其交易的说明。

关联方，国际会计准则中将其定义为"在财务或经营决策中，如果一方有能力控制另一方或对另一方施加重大影响，则认为他们是关联方"。

按规定，当关联方之间存在控制和被控制时，无论关联方之间有无交易，均应在会计报表附注中披露企业经济性质、类型、名称、法定代表人、注册地、注册资本及其变化、企业的主营业务、所持股份或权益及其变化。

当存在共同控制、重大影响时，在没有发生交易的情况下，可以不披露关联方关系；在发生交易时，应当披露关联方关系的性质。

(7) 重要资产转让及其出售的说明(略)。

(8) 企业合并、分立的说明(略)。

(9) 会计报表重要项目的说明。

① 应收款项(不包括应收票据，下同)及计提坏账准备的方法。

本年度实际冲销的应收款项及其理由，其中，实际冲销的关联交易产生的应收款项应单独披露。

说明坏账的确认标准，以及坏账准备的计提方法和计提比例，并重点说明以下事项。

- 本年度全额计提坏账准备，或计提坏账准备的比例较大的(计提比例一般超过40%及以上的，下同)，应单独说明计提的比例及其理由。
- 以前年度已全额计提坏账准备，或计提坏账准备的比例较大的，但在本年度又全额或部分收回的，或通过重组等其他方式收回的，应说明其原因、原估计计提比例的理由，以及原估计计提比例的合理性。
- 对某些金额较大的应收款项不计提坏账准备，或计提坏账准备比例较低(一般为5%或低于5%)的理由。

② 存货核算方法。说明存货分类、取得、发出、计价以及低值易耗品和包装物的摊销方法，计提存货跌价准备的方法以及存货可变现净值的确定依据。

③ 投资的核算方法。说明当期发生的投资净损益，其中重大的投资净损益项目应单独说明；说明短期投资、长期股权投资和长期债权投资的期末余额，其中长期股权投资中属于对子公司、合营企业、联营企业投资的部分，应单独说明；说明当年提取的投资损失准备、投资的计价方法以及短期投资的期末市价；说明投资总额占净资产

的比例；采用权益法核算时，还应说明投资企业与被投资单位会计政策的重大差异；说明投资变现及投资收益汇回的重大限制；股权投资差额的摊销方法、债券投资溢价和折价的摊销方法以及长期投资减值准备的计提方法。

6.4 财务会计报告的报送

1. 财务会计报告的报送时间

会计相关法规规定，各单位应当按照国家规定的期限对外报送财务报告。

① 月度财务会计报告应于月份终了后 6 天内对外提供，在此期间如遇节假日则顺延(下同)。

② 季度财务会计报告应于季度终了后 15 天内对外提供。

③ 半年度财务会计报告应于半年度终了后 2 个月内对外提供。

④ 年度财务会计报告应于年度终了后 4 个月内对外提供。

2. 财务会计报告的报送要求

《会计法》和《会计基础工作规范》对财务会计报告的报送做了如下要求。

1) 编制依据应当一致

向不同的会计资料使用者提供的财务会计报告，其编制依据应当一致。按照国家统一会计制度的规定，财务会计报告应当报送国家财政部门、税务部门等有关部门或投资人。《会计法》要求向不同的会计资料使用者提供的财务会计报告的编制依据应当一致，实际上是对单位财务会计报告应当真实反映其生产经营成果和财务状况的要求，防止单位对不同的会计资料使用者采取不同的计算口径、计算方法、计算依据编制，提供内容不同的财务会计报告，以达到偷税、隐瞒收支或其他违法、违纪目的。

2) 报送的财务会计报告必须经过审计

有关法律、行政法规规定会计报表、会计报表附注和财务情况说明书须经注册会计师审计的，注册会计师及其所在的会计师事务所出具的审计报告应当随同财务会计报告一并提供。由注册会计师对会计报表、会计报表附注和财务情况说明书进行审计，是中介机构对单位财务会计报告的评价和审核，其出具的审计报告有助于财务会计报告的使用者了解、掌握单位真实的生产经营情况和财务状况。因此，如果法律、行政法规规定会计报表、会计报表附注和财务情况说明书须经注册会计师审计的，有关单位应当先送会计师事务所审计，然后再将审计报告连同财务会计报告一并提供给财务会计报告的使用者。

3) 财务会计报告的报送格式

对外报送的财务报告，应当依次编定页码，加具封面，装订成册，加盖公章。封面上应当注明：单位名称，单位地址，财务报告所属年度、季度、月度，送出日期，并由单位领导人、总会计师、会计机构负责人、会计主管人员签名或者盖章。

单位负责人是单位对外提供的财务会计报告的责任主体。要求单位负责人在财务会计报告上签字，是督促其认真对财务会计报告内容负责的一种措施。

4) 报送财务会计报告发生错误的更正

《会计基础工作规范》第七十二条规定："如果发现对外报送的财务报告有错误，应当及时办理更正手续。除更正本单位留存的财务报告外，并应同时通知接受财务报告的单位更正。错误较多的，应当重新编报。"

3. 财务会计报告的报送对象

会计法规对财务会计报告报送对象都做了或多或少的规定，其中《企业财务会计报告条例》的规定最为详尽。

① 企业应当依照企业章程的规定，向投资者提供财务会计报告。

② 国务院派出监事会的国有重点大型企业、国有重点金融机构和省、自治区、直辖市人民政府派出监事会的国有企业，应当依法定期向监事会提供财务会计报告。

③ 有关部门或者机构依照法律、行政法规或者国务院的规定，要求企业提供部分或者全部财务会计报告及其有关数据的，应当向企业出示依据，并不得要求企业改变财务会计报告有关数据的计算口径。

④ 非依照法律、行政法规或者国务院的规定，任何组织或者个人不得要求企业提供部分或者全部财务会计报告及其有关数据。

⑤ 违反本条例规定，要求企业提供部分或者全部财务会计报告及其有关数据的，企业有权拒绝。

⑥ 国有企业、国有控股的或者占主导地位的企业，应当至少每年一次向本企业的职工代表大会公布财务会计报告，并重点说明下列事项。

- 反映与职工利益密切相关的信息，包括：管理费用的构成情况，企业管理人员工资、福利和职工工资、福利费用的发放、使用和结余情况，公益金的提取及使用情况，利润分配的情况以及其他与职工利益相关的信息。

- 内部审计发现的问题及纠正情况。

- 注册会计师审计的情况。
- 国家审计机关发现的问题及纠正情况。
- 重大的投资、融资和资产处置决策及其原因的说明。
- 需要说明的其他重要事项。

⑦ 企业依照本条例规定向有关各方提供的财务会计报告，其编制基础、编制依据、编制原则和方法应当一致，不得提供编制基础、编制依据、编制原则和方法不同的财务会计报告。

⑧ 财务会计报告须经注册会计师审计的，企业应当将注册会计师及其会计师事务所出具的审计报告随同财务会计报告一并对外提供。

⑨ 接受企业财务会计报告的组织或者个人，在企业财务会计报告未正式对外披露前，应当对其内容保密。

第 7 章

[查　账]

7.1　何谓查账

查账狭义地说仅指检查会计资料。广义的查账，不仅包括检查会计资料如会计账簿、会计凭证、会计报表及其他财会信息，还包括对统计核算资料、业务核算资料和其他经济信息资料进行分析审查。

查账是否等同于审计？我们知道，审计是独立检查会计资料及其所反映的经济活动，并对会计报表的合法性、公允性、一贯性发表审计意见。从定义中可以看出，查账是审计的部分内容，没有查账这一基础而又重要的工作环节，就无权对会计报表发表审计意见，查账也就构成了审计工作的主体内容，无怪乎大多数人将查账与审计等同起来。

查账是以国家政策、法律、法规、规定及企业的制度规范为依据，运用一定技术方法、经验和技巧，对企事业单位经济信息资料，主要是会计账目进行审查、验证、分析、查对，以发现其管理漏洞和违法舞弊行为的一种经济监督活动。

查账，既要研究"账"，即会计资料的问题，同时也要研究"查"，即检查方法和技巧问题。

7.2　查账的形式

查账的组织形式根据检查的范围、内容、目的等的不同，采取的形式也不同，常见的查账形式有自我检查和专业检查两种。

1. 自我检查

自我检查是发动查账客体自我教育的查账形式，具有检查面广、时间集中、省时高效的优点，一般适宜于解决比较明确而带普遍性或行业特点突出的一些问题，但难以解决那些比较突出而又隐蔽性强的问题。常用的方法有以下两种。

① 单位自查。被查单位在学习相关政策法规的基础上，按照统一的部署和要求，对自身的经济活动进行自我检查的形式。

② 单位互查。在统一组织和指导下，按系统、行业或地域划分，组织检查客体相关人员进行交互检查的形式。

2. 专业检查

专业检查是由专门的机构或部门组织对被查单位的会计资料进行检查。常见的形式有以下三种。

① 专门检查。由专门检查机构(如审计机关、税务稽查机关、财政检察机关、会计师事务所、税务师事务所等)组织的检查，以及专案检查组织进行的检查等。

② 财税大检查。财税大检查是由中央或省、市统一部署，统一组织的，自上而下的全面检查活动。大检查中，可以发动企业、单位限期自查，开展互查，但主要的还是从财政、税务、审计、企业管理部门等方面抽调人力，在区域内有计划、有步骤、有重点地进行检查。

③ 复查或验收检查。即在下级机关组织检查的基础上，由上一级机关组织力量，对重点单位或具代表性的企业单位进行的抽查，借以评价其总体检查质量和管理状况，并指导其工作。

7.3 查账的基本步骤

查账工作有一定的工作规律可循，查账人员必须按照其内在的联系，将各项检查工作分布于一定的空间和时间，划分为几个相互衔接的步骤，并通过各个步骤工作的递进和发展，最终实现查账工作目标。因此查账人员必须明确查账的具体步骤，以便有效地组织和管理查账工作。查账工作的步骤总的来说可划分为三个阶段：准备阶段、实施或检查阶段和终结或报告阶段。这三个阶段由浅入深、由低到高，循序渐进地完成查账工作的全过程，具体如图 7-1 所示。

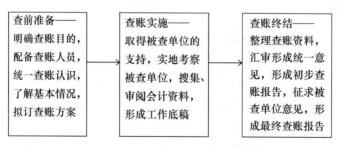

图 7-1 查账步骤

1. 查前准备阶段

查前准备阶段是指从确定查账项目起到进入被查单位实施查账前的时间，是查账全过程的第一步。一般查前准备阶段占整个查账过程时间的 15%左右，但是各个查账项目的不同对应不同的查账时间。通常越是复杂的查账项目，准备的工作量越大，时间也越长。准备阶段的工作在整个查账过程中占有非常重要的作用，其工作质量的好坏与否直接影响和决定以后查账实施的质量和进度。查前准备的工作内容一般包括以下几项。

① 明确查账对象、查账目的和查账要求。不论什么样的查账项目，查账人员都必须明确面临的工作形势、查账的工作性质，以及查账委托人的要求和查账目标，明确达到该目标所涉及的工作深度和广度，进而做好查账工作的心理准备。可以说这是查账工作的早期投入，这方面的投入必定会对查账工作起到积极的推动作用。

② 配备查账人员，组成查账小组。查账小组一般由数人组成，组员的配备要综合考虑其年龄结构、能力结构、工作特长和性别结构等因素。小组人员应当能够综合解决诸多专业问题，形成整体合力。

③ 查账人员统一认识，明确有关要求。查账人员必须针对具体查账目的开展对有关政策、法律、法规、法令、制度和规定的学习，通过学习统一查账人员的认识，掌握好查账的基本依据，明确具体查账项目的相关要求。

④ 搜集资料，了解被查单位情况。正所谓"知己知彼，百战不殆"，查账人员无论是检查以前已经查过的单位，还是检查以前没有查过的单位，都必须对被查单位有深入的了解。查账人员应当根据此次查账的目标和查账要求搜集相关的会计资料、统计资料、计划资料和其他有关的经济资料，对被查单位的人事情况和工作情况也应当进行了解，掌握被查单位内部组织、职能分工以及企业的生产、购买、销售各个环节的情况，找出被查单位的薄弱环节和漏洞，确定查账的重点。

⑤ 拟订查账方案。在确定查账重点的基础上，根据查账任务和要求，对实施查账的步骤、分工、协作、重点内容、时间安排等作出具体方案。科学合理的查账方案可以使查账人员提高查账效率，围绕重点内容开展工作，避免重复劳动或无效劳动。

2. 查账实施阶段

查账实施阶段是查账过程中最重要的部分，这一阶段占整个查账工作时间的 60%以上。查账人员通过一系列查账方法和技巧的运用，揭露被查单位经济活动和会计资料中存在的问题，查证落实问题，最终圆满完成查账任务。实施阶段的工作包括以下几个方面。

① 通过与被查单位领导和有关人员商谈，说明查账的目标，听取对方意见，取得各方面人员的理解和支持，同时进一步掌握情况，从中发现问题，寻找查账线索。

② 深入被查单位现场进行实地考察。通过实地考察被查单位的车间、仓库、工地、码头等工作现场，进一步掌握第一手资料，加深对单位的了解，综合分析，做到心中有数。

③ 搜集、审阅、核对被查单位的会计资料和其他经济活动资料。被查单位的会计记录，包括总账、明细账、序时账和备查账簿等，系统记录了单位的经济活动情况。通过搜集、查阅这些会计资料，可以洞察单位的经营情况、印证业绩并发现问题。同时，核对会计报表的各项指标与有关账簿记录，查验是否做到统一、真实、准确。

④ 对比分析，形成查账工作底稿。查账人员系统分析搜集来的各种证据，将发现的问题详细记载在工作底稿上，并附上查账人员的初步分析结论。查账工作底稿不仅是查账工作记录，也是查账工作总结。在结束查账实施阶段工作之前，查账小组负责人应对查账工作底稿进行验收，看查账工作所收集的证据材料是否揭示了被查事项的基本情况，是否达到了预期的查账目标，是否符合委托人的要求。如果回答是肯定的，则可以结束审查，进入下一阶段。

3. 查账终结阶段

终结阶段是查账的最后步骤，是对整个查账工作的总结，对查账过程中发现的有悖真实性、合法性和效益性规则的经济活动进行定性、定量的分析和判断，并最终形成查账结果——查账报告，最后根据委托人的要求提出处理或处罚意见。一般终结阶段的工作时间占整个查账过程的15%左右，其具体工作内容包括以下几项。

① 综合整理资料，分析存在的问题。由查账小组负责人或小组成员根据掌握的资料和实施阶段搜集的证据，对搜集来的资料进行分类整理，分析其中存在的问题，并提出处理意见。

② 查账人员集体会审，形成查账结果初步报告。整理完查账资料后，查账人员应将所有问题的性质、现状及处理意见集中起来进行集体研究，在查账小组内部达成共识。此时可邀请单位主管领导、部门负责人、政策咨询人员参加，以确保处理意见的准确合理。

③ 征求被查单位对初步报告的意见。查账小组内部意见统一后，应征求被查单位对查账工作和处理结果的意见，对提出的有异议的问题，应与被查单位仔细核对，逐

项落实定案。同时，应允许被查单位保留意见并作出相应记录。

④ 最后定稿，向委托人递交。查账小组和被查单位统一意见后，应写出查账报告并向委托人和有关领导与部门递交。查账报告应包含的主要内容有：被查单位的基本情况，查账的目的、要求与范围，查账的情况和方法，查出的问题和性质，最终的处理意见，对被查单位经济活动的评价和建议等。

7.4 查账的方法

查账方法是查账人员在查账过程中，用来作用于查账对象，发挥查账功能，收集查账证据，实现查账目的，完成查账任务的技术和手段的总称。查账方法是为查账目的和任务服务的，是客观公正、实事求是原则的应用，也是决定查账成功与否的重要因素。

不懂查账方法或查账方法的技巧，查账方法运用不熟或选择不当，会直接削弱查账的有效性，降低查账效率，影响查账结果。因此，查账方法和查账技巧在整个查账过程中起着相当重要的作用。

1. 查账的原则

查账的方法有很多，不同的查账目的和要求所需要的查账方法各不相同。每一种方法都有其特定的目的和适应范围，在选用查账方法时，应遵循以下原则。

① 适应性原则。查账方法是用来开展查账活动的，只有适应查账工作的要求，使查账活动成为现实的方法，才是可行和需要的。具体来说，查账方法必须适应查账的特定目的和任务，适应查账方式和查账工作的地点，适应被查单位的具体条件和实际需要，还要适应查账主体的性质，等等。

② 科学性原则。查账方法必须先进、合理、完整、系统。只有科学的查账方法才能保证查账结果的正确、真实，提高查账效率。

③ 广泛性原则。查账工作涉及工、农、商、交、卫等各部门，涉及社会再生产的各环节。查账工作范围的广泛性决定了建立和选用的查账方法也必须具有广泛性。

2. 查账的基本方法

1) 顺查法和逆查法

顺查法是按照一笔交易在会计记录中的顺流程序，以确定交易处理是否具有完整的过程。查账人员从原始凭证的审核开始，进而以原始凭证为依据，核对记账凭证，再根据原始凭证和记账凭证核对日记账、总分类账、明细分类账，最后以账簿来核对会计报表的一种查账方法。

顺查法从会计凭证入手，顺着记账的顺序依次核对，比较容易弄清问题、查明原因，而且顺查法由于对每一会计资料都要进行检查，不会有所遗漏，可以保证查账的完整性。但是由于顺查法必须对每张凭证、每本账簿进行逐一审查，查账时必然费时费力，难以抓住重点，只能适用于业务量较少的小型企业。一般在内部控制制度不健全、账实不符的单位，通过采用这种方法能将问题一一检查出来。

【例 7-1】 在检查过程中，发现某张现金付款原始凭证上收款人签字不全，而这张凭证反映的金额又比较大，若会计记录是借记"其他应收款"科目，贷记"库存现金"科目，查账人员应运用顺查法检查"其他应收款"有关明细账，直至会计报表上的记录，在核对、审阅、调查的基础上，查清楚这笔业务的来龙去脉，以确定是否有错误或存在弊端。

逆查法是按照一笔交易在会计记录中逆流程序(由最后的处理步骤至原始单据止)查核，以确定已入账交易是否正确的过程。它是按照与记账程序相反的顺序，从审查会计报表开始，以会计报表核对账簿，然后根据账簿核对并审查记账凭证、原始凭证的一种查账方法，即：报表分析；有针对地查对相关账户；核对记账凭证；审查原始凭证。

逆查法从报表开始，从大处着手，由表及里、由点及面，一步一步追溯到会计凭证，检查会计报表中各项指标及其所反映的经济活动的正确性与合法性。采用这种方法，对原始凭证和记账凭证通常不全部加以检查，只有对某笔账目和经济业务认为有进一步了解的必要时，才查看其原始凭证与相关记录，以探明究竟。

2) 详查法和抽查法

详查法也叫细查法或精查法，即对被查单位一定时期内所有的凭证、账册、报表等会计资料进行全面、细致、彻底的检查。

通过详查法，查账人员可以最大限度地查清错弊，保证查账的质量。但是其工作量大，费时费力费成本，只适用于规模小、业务少、会计资料少的单位。

抽查法即从一定时期内的全部会计资料、凭证中抽取一部分样本进行审查，用以推断总体有无错弊，也称审计抽样。如果经过抽查没有发现问题，则对企业其他部分不再进行审查；如果在抽查中发现问题，则应适当扩大抽查范围；如果问题较多或者发现严重问题,应当改为详查法,彻底查清全部问题。

抽查法效率高,费用低,可收到事半功倍的效果。但如果所选样本不具有代表性,抽查结果不能代表总体特征,则容易作出错误的结论。抽查法只适用于内部控制和会计基础工作比较好、组织机构和管理工作比较健全的企业。同时,对经营规模大、凭证多的企业,如实行详查法确有困难,也可以采用抽查法。

3. 查账的技术方法

1) 审阅法与复核法

审阅法是指查账人员对被查单位的会计资料和其他资料进行详细阅读和审阅。运用审阅法可以查证或者发现被查单位会计资料(发票、单价、凭证、账簿、报表等)有无涂改、计算错误、收支不合理或不合法的会计错误与弊端。审阅对象的内容如下。

① 对凭证的审阅:包括对原始凭证的审阅和对记账凭证的审阅。对原始凭证的审阅:审阅原始凭证的抬头、日期、数量、单价和金额是否正确,真实;有无自己涂改盖章证明;报销手续是否齐全;所载经济事项是否合理合法等。对记账凭证的审阅:首先要看摘要的内容是否和原始凭证相符,会计科目和会计分录是否正确;其次看金额的计算是否准确;然后看记账凭证的填制要求是否得到满足。

② 对账簿的审阅:主要是审阅明细分类账和日记账。对摘要金额以及对应科目进行审查,看是否按规定的方法结账,对应账户是否正确,错误是否按照规定的方式进行更改,转页的数字是否一致等。

③ 对会计报表的审阅:审阅报表上的数字、项目是否填列齐全,账表数字是否相符,各有关报表上的数字是否相对应,各月数字有无异常变化。

【例 7-2】 一张记账凭证,应有填制单位的名称、凭证的名称、填制的日期、凭证编号、所附原始凭证数量、有关经济业务的摘要或说明、应借应贷会计科目名称及金额和会计主管人员、审核人员、记账人员、填制人员的签名等要素。审阅时,要看各要素是否都已填列齐全、字迹是否清楚。若有明显违反会计原理或有关制度的情况,则背后可能有隐藏问题的存在。

【例 7-3】 开红字销售发票冲销已销货款,从表面上看,销售退回合情合理,但经过预谋的冲销,可以达到套取现金、截留收入或贪污的目的。

【例 7-4】 主营业务收入项目在利润表中比上月有所增加,但利润总额却比上月少,不符合增加收入的正常情况。这时通过追查产品销售明细账及有关记账凭证和原始凭证,可以明确是否存在故意少记主营业务收入、多记主营业务成本和营业费用,甚至多记管理费用、营业外支出等虚假情节。

复核法是指查账人员对被查资料进行重复性的验算和验总(验证合计数)。

① 对凭证的复核：包括复核原始凭证和复核记账凭证。复核原始凭证要看原始凭证的数量与单价的乘积是否等于总金额；各物品的金额是否等于合计金额；小写金额是否等于大写金额等。复核记账凭证时应观察记账凭证借方金额合计数是否等于贷方合计数；记账凭证的数额是否与原始凭证的数额相符；记账凭证所记录的内容是否与原始凭证相符。

② 对账簿的复核：账簿中所记录的单项发生额之和是否等于发生额合计数；期初余额加减贷方发生额后，是否等于期末发生余额等。

③ 对会计报表的复核：会计报表中各项目数字之和，是否等于小计、合计或者总计数；表中百分比和其他指标的数值是否计算正确。

2) 核对法与核实法

核对法是指把会计记录和其他有关记录中相关的两个或两个以上的数据进行对照比较，以确定其是否正确的方法。它是查账工作常用的、基本的方法之一。

【例 7-5】 原始凭证上所反映的是某项工程领料业务，而记账凭证上却借记"生产成本"科目，贷记"原材料"科目，则属于挤占生产成本问题。

【例 7-6】 某收款凭证上的金额为 335 元，但所附的 5 张原始凭证(收据或发票)上的合计金额为 533 元。通过二者核对，这可能是笔误，将 533 元错写为 335 元，也可能是故意将收到的 533 元写为 335 元，贪污 198 元，发生会计舞弊。

核实法是指将会计资料与实际情况进行对照比较，用以确定账面记录与实物数量是否相符的查账方法。它主要有两种方式：结合盘存法对会计资料与实物进行对照比较；结合调查方法对会计资料与实际情况进行对照比较。

请读者注意：核实法与核对法不同，核实法是账实之间的对照比较，以确定实物的正确程度；而核对法是指会计资料之间的比较，以确定会计资料的正确程度。

3) 盘存法与调查法

盘存法是指根据账簿记录对库存现金和各项财产物资进行实物盘点，以确定企业资产是否完整。盘存法是查账的重要方法。由于盘存的对象是现金和实物，因此盘存的时机选择应当适宜。如对实物盘点，最好选择在库存材料储备量达到最低时或者接近年底时，现金的盘存最好不要在发放工资的时候。

调查法是指查账人员通过观察、查询、函证等方式对被查单位进行审查的方法。这种方法有利于查明问题、判明真相或发现新的查账线索，尤其对于贪污盗窃、严重

第 7 章　查账

违法乱纪等专案审查，具有重要的作用。调查法包括以下几种方式。

① 观察法。即查账人员在现场对被查单位的经济活动及其管理、内部控制制度的执行、仓库保管等情况实地察看，以发现其中存在的问题和薄弱环节的方法。

② 查询法。即查账人员通过询问的方式，取得必要的资料或证实某个问题的方法。查询通常有口头查询和书面查询两种方式。

③ 函证法。即查账人员为了弄清某个问题，通过发函向有关单位或有关人员进行查对，并向对方取得证明资料的调查方法。在实际工作中，对往来账款、外来凭证和购销业务不能确认或有疑问时，都可以采用函证法。

【例 7-7】 对质次价高的商品材料，当其质量情况和等级程度难以确定时，可以邀请商检部门通过检查化验确定商品质量，以确定商品、材料的实际价值等，这就是鉴定法的运用。

4）分析法

分析法是指通过对会计资料的对应比较、分析，发现线索或疑点，进一步开展检查的查账方法。按其分析对象的不同，分析法可分为账户分析法和指标分析法两种。

账户分析法是指根据会计原理和会计制度，对账户对应关系及其发生额和余额进行分析，以发现错弊和异常情况，为进一步查账提供线索的方法。账户分析法的特点是一般只就账面情况进行分析，不涉及会计凭证，只有在发现问题时，才会对会计凭证进行审查。如可通过对往来账户的账户名称、入账时间、账龄、发生额及余额等进行综合分析，可以揭示账户设置及其反映经济业务内容的真实性，判断其是否存在不合理的占用、不合法的隐匿等情况；通过对较为稳定的费用项目的各期发生额进行比较，可以发现波动较大的异常情况；通过对账户对应关系的分析，可以发现账户用错或从中作弊的情况。

【例 7-8】 在审查一笔销售业务时，发现该笔业务的会计分录如下。

借：银行存款
　　贷：原材料

销售材料应在"其他业务收入"账户中核算，而不是直接记入"原材料"账户，因此正确的会计处理应当为：

借：银行存款
　　贷：其他业务收入

同时结转：

借：其他业务支出
　　贷：原材料

指标分析法指查账人员运用一些指标数值进行对比分析，从中揭示差异、发现疑点。根据运用数值方式的不同，指标分析法可分为比较分析法(运用绝对数分析)、比率分析法和因数分析法(运用相对数分析)。

(1) 比较分析法。

比较分析法又叫对比分析法，即将主要经济指标在本期实际与预算之间、不同时期之间、不同单位之间进行对比分析，观察变化趋势，从而分析是否符合客观实际与变化规律，并从中发现疑点。

【例7-9】 某公司今年费用率达到30%，比上年增长10%，费用额大幅度增长，业务招待费用比上年增长接近两倍，而销售额并没有太明显的增长。经过查账人员进一步检查，发现该公司领导通过各种渠道弄到业务招待费票据进账，超过业务招待费用限额150 000元，这些费用自然进入领导个人腰包。

(2) 比率分析法。

比率分析法通过计算、比较经济指标的比率，确定相对差异以揭示矛盾的一种分析方法。在运用比率分析法时，不应把某一比率孤立起来看，因为企业经济活动方方面面相互联系、错综复杂，所以应把有关比率有机地联系起来，并结合其他分析方法，综合观察分析以求找准问题的所在。

【例7-10】 企业经营管理中存在很多比率指标供企业管理人员和查账人员使用，常见的有以下几种。

　　产品销售利润率=利润总额÷产品销售总收入×100%
　　成本利润率=利润总额÷产品销售成本总额×100%
　　资本金利润率=利润总额÷资本金总额×100%
　　营运资金周转次数=销售收入÷营运资金平均余额
　　应收账款周转次数=销售收入÷应收账款平均余额
　　流动比率=流动资产÷流动负债
　　负债比率=负债总额÷资产总额

(3) 因数分析法。

因数分析法又称连锁替代法，即在影响经济指标的各因素中，顺序把其中一个因素当作可变的，用变动的量来替换，而暂时把还没有当作可变因素的其他因素当作不变量，从而计算各个变动因素对指标总额的影响程度。

7.5 具体会计账户的审查

1. 资产类账户的审查

1) 货币资金的审查

货币资金是指企业资金在循环周转中停留在货币形态的资金。由于货币资金具有流通性强、使用灵活的特点，在有关货币资金的业务中极易发生营私舞弊、贪污盗窃和挥霍浪费等违纪问题。货币资金查账的任务主要是审查企业有关货币资金管理制度的执行情况，货币资金收支是否真实、合规、合法。货币资金审查的内容，主要包括库存现金的审查、银行存款的审查和其他货币资金的审查三部分，具体审查过程也是从这三个方面分别进行的。

(1) 库存现金业务的审查。

库存现金是指企业财会部门所掌握的用于零星开支的现金，包括库存的人民币和外币。

【例 7-11】 查账人员在对某公司进行 2019 年度财务收支专项审计时，发现"现金日记账"6 月 1～15 日每日余额均超过 50 000 元，而 16 日余额下降至 128.47 元。这一现象引起了查账人员的关注：被审计单位为什么长时间超库存现金限额(被审计单位的库存现金限额为 4 000 元)，而 6 月 16 日库存现金为什么又突然下降到 128.47 元？查账人员以此作为突破口，进行详细审查。

查账人员首先审阅了"现金日记账"中 6 月 1 日现金增加的几笔业务内容，共有三笔：一笔是收取某出差人员报销差旅费时退回的借款结余，计 382.64 元；另一笔是报销车票款 129.62 元；第三笔是提取现金，金额为 45 683.35 元，会计分录如下。

借：库存现金　　　　　　45 683.35
　　贷：银行存款　　　　　　45 683.35

然后，查账人员又审阅了 6 月 16 日"现金日记账"现金减少的几笔业务，共有四笔，其中三笔是报销职工药费，共计 268.24 元，另一笔会计分录如下。

借：银行存款　　　　　　46 035.78
　　贷：库存现金　　　　　　45 683.35
　　　　其他应付款　　　　　　352.43

接着查账人员审阅了记账凭证所附的原始凭证，是付款委托书一张，反映的是某单位给该公司的货款,金额为 46 035.78 元。经审阅,检查"应收账款"明细账记录,并未发现此明细账,也没有上述这笔应收账款的记录。本应做如下销售业务的账务处理。

  借:银行存款   46 035.78
    贷:主营业务收入   46 035.78

  很明显,被查单位所做的会计处理,截留了销售收入。这种账务处理将销售收入一部分截留在"其他应付款"账户中,其中大部分直接冲减了现金,但减少现金又没有附原始凭证,无法直接了解其去向。

  此时查账人员联想到 6 月 1 日提取的现金 45 683.35 元,与本笔冲减的现金相同。显然,这是两笔有联系的账。查账人员根据这一线索和掌握了解的情况,找到被审计单位经办人,经办人声称是替某单位套取现金,但问起为何先付现金而隔半个月才收到对方通过银行划转的款项,且又无支付现金的原始凭证时,对方无言以对。最终,经办人只好说明真相。

  原来,由于公司经营不善,已有 2 个月未发奖金。6 月 1 日提取现金付给本单位职工奖金,共 200 人。对这笔支出,该公司未及时入账,致使"现金日记账"上显示的现金金额大大超过库存现金限额(实际为账实不符),直至 11 月 2 日某客户付出货款,便采用了"两头不见面、收支不入账"的手法,来达到截留收入、私分货款、偷漏税款的目的。

  调账可分以下两种情况进行。
  未进行账务结算前调账,
  借:银行存款   46 035.78
    贷:主营业务收入   46 035.78
  已完成账务结算调账,
  借:银行存款   46 035.78
    贷:以前年度损益调整 46 035.78

  (2) 银行存款业务的审查。
  银行存款是指企业存入银行或其他金融机构账户上的货币资金。我国银行存款包括人民币存款和外币存款两种。为保证企业业务所需资金,正确合理使用银行存款,达到提高企业资金使用效率的目的,保证企业银行存款的安全性和完整性,必须加强企业银行存款的管理。

【例7-12】查账人员审查 A 企业 2019 年 4 月 6 日"银行存款日记账"，在搜集对账单时，发现缺少 4 月份的账单，于是到银行复印了一份，核对发现 4 月 6 日的一笔 8 000 元的银行收入未入账，查账人员怀疑有贪污行为。

查账人员首先采用审阅法、核对法、调整法，将审查日的银行存款日记账的账面余额与银行对账单进行调整，验证了银行账和企业银行存款日记账相符。然后又将企业银行存款日记账与对账单进行核对，详细审查了 4 月份银行存款日记账，发现企业在 4 月 7 日开出一张现金支票，提取现金 8 000 元，也未入账。

其后采用询问法，查账人员针对上述这一收一付金额相符，但均未入账的疑点，对企业会计人员王某进行询问，王某如实交代了犯罪事实。

A 企业购入原材料，金额 160 000 元，用汇票结算，收到货后，根据 B 公司出具的发货票做了账务处理。

借：原材料　　　　　　　　　　160 000
　　贷：银行存款　　　　　　　　　　160 000

但为了促销，B 公司按购价的 5%折扣通过银行汇入 A 企业开户行，退给 A 企业折扣款 8 000 元，会计王某收到该款后，认为有机可乘，欲侵吞此折扣款，于是将银行汇款单及相关单据毁掉，并于次日开出现金支票将此款支出，装入个人口袋。月末，将 4 月份银行对账单销毁，以逃避检查。

最终没收赃款，并对王某处以罚款 2 000 元，做如下账务处理。

借：银行存款　　　　　　　　　　10 000
　　贷：其他应收款　　　　　　　　　　8 000
　　　　营业外收入　　　　　　　　　　2 000

(3) 其他货币资金业务的审查。

其他货币资金是指企业的货币资金中具有单独存放地点和专门用途的款项，包括外埠存款、银行汇票存款，银行本票存款和在途货币资金等。其他货币资金从性质上讲，属于货币资金的一部分，但其存放地点和用途与库存现金和银行存款不同，其核算特点也不同。

【例7-13】查账人员在审查某公司"其他货币资金——银行汇票存款"时发现，8 月 6 日申请签发了银行汇票 100 000 元，在 8 日减少汇票存款 60 000 元，其余额一直挂账，查账人员怀疑账务处理有误。

查账人员首先采用查阅法、分析法、询证法，调阅 8 月 6 日凭证，其记录如下。

借：其他货币资金——银行汇票存款　　100 000
　　贷：银行存款　　　　　　　　　　　　　100 000

附银行汇票申请书回单。

8月8日凭证记录如下。

借：商品采购　　　　　　　　　　　　60 000
　　贷：其他货币资金——银行汇票存款　　　60 000

附单据为购货发票一张。

然后查账人员分析，既然汇票已办理结算，应退回多余款。询问会计人员，据他回忆，本单位收到银行转来的多余额通知单，已作为收入，其凭证如下。

借：银行存款　　　　　　　　　　　　40 000
　　贷：营业外收入　　　　　　　　　　　　40 000

经查账人员证实，该多余额通知就是银行退回的汇票多余额。

可见，被查单位由于工作失误，导致账务处理错误，会计人员接受查账人员指正。被查单位作出调账处理如下。

借：营业外收入　　　　　　　　　　　40 000
　　贷：其他货币资金——银行汇票存款　　　40 000

2) 存货业务的审查

存货是指企业所拥有的为销售或为生产过程中消耗而持有，或为销售而处于生产过程中的各种流动资产，如商品、产成品、半成品以及各类材料、燃料、包装物、低值易耗品等。由于存货所涵盖的内容特别广，它在不同企业的具体表现形态也不一样，如机器设备，在用于进行生产经营活动的企业，它是一项固定资产，然而在生产这种机器设备的企业中，它则是一项存货。所以，某项资产是否属于存货，除了看它能否在一年或一个经营周期内被销售或耗用而转换为新的资产外，还必须看企业的性质和企业持有该资产的用途，而不能一概而论。

(1) 存货取得的审查。

【例7-14】某企业在购入原材料时按照购货合同规定，付款条件为：2/20、1/30、n/40，在20天后30天内付款，该批材料总额为4 520 000元，应享受1%折扣不含税价40 000元(4 000 000元×1%)，企业所做会计分录如下。

购入材料时，

借：材料采购——A材料　　　　　　4 000 000
　　应交税费——增值税(进项税额)　　520 000

　　　　贷：应付账款　　　　　　　　　　　　　　4 520 000
　　20 天后 30 天内付款时，
　　　　借：应付账款　　　　　　　　　　　　　　4 520 000
　　　　贷：银行存款　　　　　　　　　　　　　　4 520 000
　　查账人员看出，该企业没有享受 1%折扣。查阅付款凭证时发现银行存款原始凭证为两张电汇单据，一张汇单金额为 4 480 000 元；另一张金额为 40 000 元，收款单位相同，但银行账号不同，查账人员怀疑所购折扣进行了账外循环，形成小金库。

　　查账人员通过查阅应付账款，验证该笔付款系冲减所购材料，调阅采购合同，查阅汇款单时发现企业将折扣 40 000 元转入对方单位下属公司，又以现金形式提回，作为企业小金库。

　　企业购货中享受由销货方提供的现金折扣应做财务费用，应做调账分录如下。
　　　　借：银行存款　　　　　　　　　　　　　　40 000
　　　　贷：财务费用　　　　　　　　　　　　　　40 000

(2) 存货发出的审查。

【例 7-15】 查账人员在查阅某工业企业 2019 年度损益表时，发现该企业 12 月份利润水平明显低于以前各期及上年同期，经了解，该企业产品销售情况与以前各期无明显变化，怀疑其成本结转存在问题，决定进一步调查。

　　查账人员询问会计主管人员，了解到该企业采用加权平均法计算产成品销售成本，但在查阅"产成品"明细账时，发现 12 月份采用的方法实际上是后进先出法，与以前各期采用的加权平均法不一致，再查阅"生产成本"明细账及"产成品"明细账借方记录，发现产成品单位生产成本呈上涨趋势，特别是在 12 月份生产成本明显增大，经过进一步调查、核实并询问当事人，确定该企业为了在 12 月份多转成本 200 000 元，采用了与以前各期不同的计价方法。

　　被查企业违反可比性会计原则的要求，随意变更计价方法，其结果造成当期销售成本虚增 200 000 元，同时利润虚减 200 000 元。

　　被查企业应在次年查清问题当期编制调账分录，假定该企业所得税税率为 25%，盈余公积提取率为 10%，应付投资者利润按净收益的 50%，调账分录如下。
　　　　借：产成品——××　　　　　　　　　　　200 000
　　　　贷：应交税费——应交所得税　　　　　　　50 000
　　　　　　以前年度损益调整　　　　　　　　　150 000
　　　　借：以前年度损益调整　　　　　　　　　　90 000

  贷：盈余公积   15 000
    应付利润——××   75 000
 借：应交税费——应交所得税   50 000
  贷：银行存款   50 000
 借：应付利润——××   75 000
  贷：银行存款   75 000

(3) 存货账户的审查。

【例 7-16】 某工业企业 2020 年 4 月 13 日购进某原材料 500 吨，每吨 450 元，总进价 225 000 元，在购进过程中支付运杂费 2 260 元，支付加工、整理及挑选费 4 130 元。该企业对上述购进业务做如下账务处理(该企业对材料采用实际成本核算方法)。

 借：材料采购——××   225 000
  贷：银行存款   225 000
 借：管理费用——其他   6 390
  贷：银行存款(或"库存现金")   6 390
 借：原材料——××   225 000
  贷：材料采购——××   225 000

上述问题表现在，购进该批材料所支付的运杂费和加工、整理及挑选费用应计入原材料成本中，不应列作管理费用。由于发生这种问题，一方面使该批材料的实际成本少计，另一方面也影响了本期(4月)及以后有关期内的经营成果的准确性。对于此问题，查账人员在审阅"管理费用"账户下"其他"明细账中的摘要说明或其他有关账户(如"银行存款日记账")内的记录内容时，或者在审阅、核对反映材料购进业务的会计凭证时，可能会发现线索或疑点。发现线索或疑点后，经进一步审查、核对有关会计资料和调查了解有关情况查证问题。

问题查证后，应根据查证时该问题所造成的后果作出不同的调账处理。查证时该批材料若尚未被领用或出售，则可做账务调整如下。

 借：材料采购——××   6 390
  贷：本年利润   5 537.7
    应交税费——应交增值税   852.3
 借：原材料——××   6 390
  贷：材料采购——××   6 390

若查证时该批材料已被领用,但尚未制成产成品,则应在上述调账的基础上再增加一笔记录即可。

借:生产成本——××产品　　　　　　6 390
　　贷:原材料——××　　　　　　　　　　　　6 390

3) 固定资产业务的审查

固定资产是指企业中单位价值较高、使用期限较长、长期使用后仍能保持原来实物形态的劳动资料,如房屋、建筑物、机械设备等。固定资产是企业从事生产经营不可缺少的物质条件。固定资产的查账也成为企业查账的一项重要活动。一般来说,固定资产的查账较流动资产简单,一是固定资产金额虽大,但交易相对较少,且不像流动资产那样周转频繁;二是固定资产不能直接转变成产品,对年度净收益影响相对较小;三是检查应收账款、有价证券或存货,要考虑其变现价值,而固定资产除特殊情况,如企业破产清算、合营等,则无须评估其变现价值。

(1) 固定资产增减业务的审查。

企业固定资产的增减变动,一方面是由于原有固定资产价值发生变动,即固定资产的增值或减值;另一方面是由于固定资产实物数量的增减变化。一般情况下,年度内固定资产发生变化的业务不多,在查账时有可能对其变动状况进行一笔一笔的审查,以确定固定资产变动的合法性、合理性、真实性。同时,对固定资产的实物数量采用抽样审查的方法,查清账簿上所记载的固定资产与实有固定资产是否相符,以便了解固定资产的保管状况。

【例 7-17】 查账人员对 B 企业进行固定资产审查时,在固定资产明细账中发现 2020 年 12 月 B 企业接受其他单位捐赠的设备一台,价值 40 000 元,预计使用 4 年,预计净残值为 0,调出 2020 年 12 月第 20#凭证如下。

借:固定资产　　　　　　　　　　　40 000
　　贷:资本公积——接受捐赠　　　　　　　40 000

2020 年 12 月 B 企业出售该设备,出售所得收入 6 000 元。调出凭证如下。

借:固定资产清理　　　　　　　　　10 000
　　累计折旧　　　　　　　　　　　30 000
　　贷:固定资产　　　　　　　　　　　　40 000
借:银行存款　　　　　　　　　　　 6 000
　　贷:固定资产清理　　　　　　　　　　　6 000

借：营业外支出　　　　　　　　　　4 000
　　贷：固定资产清理　　　　　　　　　　4 000

查账人员对以上接受捐赠的固定资产账务处理有异议，所得税税率25%。B企业2020年12月接受捐赠，增加资本公积，应扣除将来处置资产时应缴的所得税作为递延税款，即正确分录如下。

借：固定资产　　　　　　　　　　40 000
　　贷：递延税款　　　　　　　　　　　10 000
　　　　资本公积——接受捐赠非现金资产准备　30 000

2020年12月出售该设备时，除了做B企业前述三笔业务外，还应缴纳所得税。

借：递延税款　　　　　　　　　　10 000
　　贷：应交税费——应交所得税　　　　10 000

同时，

借：资本公积——接受捐赠非现金资产准备　26 800
　　贷：资本公积——其他资本公积　　　　26 800

由以上可看出该企业在接受捐赠固定资产业务时处理不正确，并且少交所得税10 000元。

查账人员针对上述情况作出以下处理意见。

对2020年12月第20#凭证作出调账分录。

借：资本公积——接受捐赠非现金资产准备　10 000
　　贷：递延税款　　　　　　　　　　　10 000

对2020年12月出售固定资产业务作出调账分录。

补交所得税，

借：递延税款　　　　　　　　　　10 000
　　贷：应交税费——应交所得税　　　　10 000

结转出售的接受捐赠非现金资产准备，

借：资本公积——接受捐赠非现金　　30 000
　　贷：资本公积——其他资本公积　　　30 000

(2) 固定资产折旧业务的审查。

固定资产折旧的提取，是为了补偿固定资产在使用过程中的损耗。对企业固定资产计提折旧进行查账，目的在于督促企业合理确定折旧的范围和方法，依法计提折旧，以确保企业固定资产的保值。

【例 7-18】 查账人员在对某工业企业进行审计时发现,该企业 1～6 月的成本增幅过快,查账人员进一步对成本支出项目进行了分析和比较,发现折旧费用呈递增势头。虽然该企业上半年也购置了一些固定资产,但经过剔除分析,该企业的折旧费用水平仍增长过快。因此,查账人员就对该企业在折旧方法的选用方面产生了疑惑。

查账人员首先审阅了 1～6 月有关固定资产折旧业务的记账凭证,并对"固定资产折旧计算表"进行了验算,发现该企业于 2 月对部分设备使用了加速折旧法中的年数总和法计算提取折旧额。按照国家规定,该企业不属于在国民经济中具有重要地位且技术进步快的企业,也未经地方财政部门批准。经进一步查证,该企业原车间设备自上年 11 月进行自动化改造,于 1 月末改造完毕,大大提高了生产效率。查账人员特聘请权威部门的专家对改造后的设备进行技术水平鉴定,结果是该设备虽然增加了自动化装置,但与同类企业比仍属正常技术改造范围,而且并未获得财政部门批准,所以该企业属违反规定选用折旧方法。对于上述采用加速折旧法的固定资产,经审查确认,如按平均年限法计提折旧,则前半年该企业选用加速折旧法多计提折旧约 600 000 元。

这类错弊较易审查。在实际工作中,企业一经选定折旧方法,一般情况下变动的可能性较小,而且变动后对折旧额的影响较明显,易引起注意。检查人员只要熟知有关规定,即可结合企业实际确定其选用的折旧方法是否适当、正确。

4) 对外投资业务的审查

投资是指企业在其本身经营的主要业务之外,出于理财和经营上的目的,根据国家法律、法规的规定,在境内外以货币资金、实物、无形资产,向其他单位投资或者购买其他单位股票、债券等有价证券而获取收益的经济活动。

企业的对外投资根据投资期限的长短,可以分为短期投资和长期投资。

(1) 短期投资业务的审查。

短期投资是指能够随时变现,持有时间不超过一年的有价证券,以及不超过一年的其他投资,主要包括债券投资、股票投资和其他投资三大类。在资产负债表中,通常将短期投资列入流动资产一类。

【例 7-19】 查账人员通过对某企业"短期投资——其他投资"账户和有关资料文件的审查发现,该企业将 250 000 元向某食品公司进行对外短期投资,双方签订的合同规定:被投资单位每季度向投资企业提供低于市场价格的鸡蛋、肉类等副食品,提供副食品的总价值为 250 000 元,每提供一次按其同等金额相应冲减"其他投资"。

其会计记账凭证和登记簿记录的具体内容如下。

2020年3月5日第10#记账凭证反映的会计分录。

借：短期投资——其他投资　　　250 000
　　贷：银行存款　　　　　　　　　　250 000

2~4季度登记簿上记录的具体情况如下。

2季度：2020年6月5日收到××食品公司副食品10 000元，冲减"其他投资"10 000元；3季度：2020年9月5日收到××食品公司副食品10 000元，冲减"其他投资"10 000元；4季度：2020年12月5日收到××食品公司副食品10 000元，冲减"其他投资"10 000元。

2020年累计冲减"其他投资"30 000元。

由上述资料，查账人员确认该企业以弄虚作假的手法，将国家财产转换成企业集体消费，造成了国有资产的流失。该企业应做如下处理：一是终止该项投资活动，收回投资；二是对被投资单位提供的副食品30 000元，该企业应向职工如数收回款项，计入企业账内，并转回被投资企业。

企业应进行如下调账处理。

收回投资时的会计分录。

借：银行存款　　　　　　　　　250 000
　　贷：短期投资——其他投资　　　　250 000

向职工如数收回30 000元款项的会计分录。

借：库存现金　　　　　　　　　30 000
　　贷：其他应付款——××食品公司　30 000

将上述款项转回××食品公司的会计分录。

借：其他应付款——××食品公司　30 000
　　贷：银行存款　　　　　　　　　　30 000

(2) 长期投资业务的审查。

长期投资是指不准备随时变现，持有时间在一年以上的有价证券，以及超过一年的其他投资，包括股票投资、债券投资和其他投资。在资产负债表中，长期投资列在流动资产和固定资产之间，属资产类，其中一年内到期的长期投资列在流动资产项下。

【例7-20】某企业与主管部门签订的协议中年承包利润300 000元，年末前尚未提取债券利息时，其实际利润只完成了281 000元。由于企业当年1月份平价购入某公司发行的5年期债券100 000元，年利率10%，企业为了完成当年利润，于是人为地将下一年利息也在本年计提,实际多提了 10 000 元利息,使本年完成了承包利润 301 000 元。分录如下。

  借:长期投资——应计利息 20 000
    贷:投资收益   20 000

对上述错弊的处理,应做如下调整分录。

  借:利润分配——未分配利润 10 000
    贷:长期投资——应计利息 10 000

2. 负债和所有者权益类账户的审查

1) 负债业务的审查

负债是指过去的交易事项形成的现实义务,履行该义务预期会导致经济利益流出企业。按其偿还期限划分,可分为流动负债和长期负债。

(1) 流动负债业务的审查。

流动负债是企业筹集短期资金的主要来源,是指企业将在 1 年内或超过 1 年的一个营业周期内偿还的债务,包括短期借款、应付票据、应付账款、预收账款、应付职工薪酬、应交税费、其他应付款以及视同流动负债的职工福利费等内容。流动负债在企业生产经营活动中占有相当重要的地位,因此,对于其入账的及时性和准确性必须加以控制。流动负债业务的审查主要包括以下三方面。

① 审查短期借款。短期借款是指企业向银行或其他金融机构等借入的期限在 1 年以下(含 1 年)的各种借款。

【例 7-21】查账人员在审查某公司会计报表时发现,银行存款余额 1 000 000 元,短期借款余额 1 010 000 元。查账人员认为存贷比例不合理,怀疑其有不及时归还借款的行为。

查账人员通过审查"短期借款"明细账,发现有两笔借款到期 2 个月,尚未归还,两笔借款共计 800 000 元。

通过进一步查证了解到,该公司占用到期资金,导致公司利息支出加大,违反银行管理制度。在询问知情人员时,了解到公司为了方便资金使用,有意拖欠借款。在查账人员的说服下,该公司同意归还超期借款。

因此应做归还超期借款分录如下。

  借:短期借款   800 000
    贷:银行存款   800 000

② 审查应付账款。应付账款是指企业在正常经营过程中，因赊购商品、劳务和服务等而发生的短期债务。它是随着企业赊购业务的发生而发生，因此在查证过程中应结合购货业务对应付账款进行查证。审查的资料不仅包括资产负债表、总账、明细账、记账凭证和原始凭证，而且包括与供应单位签订的有关合同、协议等。根据这些合同、协议判断原始凭证所记载的业务是否真实、合理、合法，再根据原始凭证判断其会计处理是否正确。

【例 7-22】 某企业当年经济效益较好，为了给今后留有余地，调节当年利润，年终以车间修理为名，虚列提供劳务单位，假编虚列劳务费用 200 000 元，作为应付款项处理，做会计分录如下。

借：制造费用——修理费　　　　　　　200 000
　　贷：应付账款——××工程公司　　　　　200 000

从而使当年 12 月的产品成本增加了 200 000 元。若 12 月份生产的产品全部完工入库，并已销售了 60%，则结转的已销产品成本中，自然也就包括了制造费用中虚列的 60%费用，结果虚减了利润 120 000 元，相应也偷漏了所得税 30 000 元，因此查账人员在查处后应做调整会计分录如下。

借：应付账款　　　　　　　　　　　　200 000
　　贷：产成品　　　　　　　　　　　　　80 000
　　　　利润分配——未分配利润　　　　　120 000

上年利润调增后，还应补缴所得税 30 000 元，补提盈余公积 9 000 元，分录如下。

借：利润分配——未分配利润　　　　　39 000
　　贷：应交税费——应交所得税　　　　　30 000
　　　　盈余公积　　　　　　　　　　　　9 000

③ 审查预收账款。预收账款是指企业按照经济合同规定向购货单位或个人预先收取的货款或定金。

【例 7-23】 查账人员根据"预收账款"明细账与销售合同核对，发现"预收账款——××公司"无销售合同。在摘要中也未注明发货日期的偿还期。查账人员怀疑其为非法收入。

于是查账人员调阅记账凭证，其记录如下。

借：银行存款　　　　　　　　　　　　10 000
　　贷：预收账款——××公司　　　　　　10 000

原始凭证附进账单和发货票。询问经办人员时，供认该笔收入为盘盈商品的销售收入。

因此认为被查单位收取的销售款不反映主营业务收入，截留了收入、漏缴了税金。被查单位对此供认不讳。

应将预收账款调整为销售收入，其分录如下。

借：预收账款——××公司　　　10 000

　　贷：主营业务收入　　　　　　10 000

(2) 长期负债业务的审查。

长期负债是指企业除了投资人投入的资本以外，向债权人筹集可供企业长期使用的资金，包括长期借款、应付债券和长期应付款等。与流动负债相比，它具有数额较大、偿还期限长的特点。长期负债业务的审查主要包括以下三个方面。

① 审查长期借款。长期借款是指企业由于扩大生产经营规模的要求，向银行或其他金融机构借入的、偿还期限在一年以上的各种借款，主要包括专用借款及基金借款。

【例 7-24】某股份有限公司于 2015 年 8 月 15 日向某银行举借长期借款 1 300 000 元。长期借款合同规定：长期借款以公司的商品为担保；该公司债务与所有者权益之比应经常保持低于 5∶3；分发股利须经银行同意；自 2016 年 8 月 15 日起分期归还借款。

针对该公司的长期借款，查账人员应审查下列内容。

- 审查该公司长期借款是否经公司董事会批准，有无会议记录。
- 查明长期借款合同中的所有限制条件。
- 验证长期借款利息费用和应计利息的计算是否正确，复核相关会计记录是否健全、完整。
- 计算债务和所有者权益之比，核实是否低于 5∶3 的比例。
- 查明有无一年内到期的长期借款，并检查在资产负债表中的列示是否恰当。
- 抽查商品明细记录中有无"充当担保"的记录。

② 审查应付债券。应付债券是指企业为筹集长期资金而依照法定程序发行的，约定在一定期限还本付息的有价证券。

【例 7-25】 查账人员在审查××公司发行债券时发现"应付债券——债券面值" 100 000 元，"应付债券——债券折价" 50 000 元，票面利率 12%。查账人员从账面分析，该单位发行债券严重损害公司利益，怀疑其中有违法行为。

查账人员调阅发行债券的批文和章程,其中规定发行价格100 000元,发行期3年,利率12%。然后审查其凭证,分录如下。

借:库存现金　　　　　　　　　　　50 000
　　应付债券——债券折价　　　　　50 000
　　贷:应付债券——债券面值　　　　　　100 000

其所附原始凭证全部为该单位内部职工购买债券的凭证。

由此可看出××公司发行的债券违反了章程规定,以折价方式变相为职工谋福利,增加企业利息费用,减少所得税支出。公司领导对此供认不讳。

因此,××公司应按章程规定发行债券,对于非法折价发行金额应限期收回。收回时的会计分录如下。

借:库存现金　　　　　　　　　　　50 000
　　贷:应付债券——债券折价　　　　　　50 000

③ 审查长期应付款。长期应付款是指企业长期借款和应付债券以外的其他各种长期应付款项,包括采用补偿贸易方式下应引进外国设备价款和应付融资租入固定资产的租赁费等。

【例7-26】 某公司2020年向××租赁公司融资租入不需安装的设备一台,租赁契约规定该设备租金共68 000元,租赁期5年,预计残值4 400元,企业只做了如下会计分录。

借:固定资产——融资租入固定资产　68 000
　　贷:长期应付款——应付融资租赁费　　68 000

当年没有计提折旧。显然,这一做法违反了现行财务制度规定。该设备预计使用期10年,每年应计提折旧6 360元。经查出后,应补提折旧,并作出相应处理,调账分录如下。

借:管理费用　　　　　　　　　　　6 360
　　贷:累计折旧　　　　　　　　　　　　6 360

2) 所有者权益业务的审查

所有者权益是指企业投资者对企业净资产的所有权,包括投资者投入的资本及其所形成的资本积累。在会计中,所有者权益分为实收资本、资本公积、盈余公积和未分配利润四个项目进行核算。通过对被审计单位所有者权益及其增减变动的真实性、合法性、正确性进行审查,可以揭露错弊,促进被审计单位遵纪守法;可以证实资本金的保值、增值程度，评价经营者经济责任履行情况，维护所有者、债权人、经营者等各方的利益；还可以证实被审计单位的经济实力，增强其吸引资金的能力，提高其在市场经济中的竞争力。由于所有者权益在核算上具有业务少、金额大的特点，因此，对所有者权益各项目一般应逐笔进行详查。

(1) 实收资本的审查。

实收资本是指投资者作为资本投入到企业中的各种资产的价值，是企业进行生产经营活动的基础。实收资本审计就是对企业设立以及增减投资时投入资本金的真实性、合法性、正确性进行的审查，确定投资者投入企业的资本金是否及时、足额，产权关系是否明晰，资本是否得到保全等，以保证国家各项法规的贯彻执行，从而维护投资者的利益。

【例7-27】查账人员在查阅某公司"实收资本"总账时，发现在贷方出现900 000元发生额，但摘要内容没有注明谁是投资者，对应科目为"银行存款"，时间为9月5日，查账时间为9月20日。查账人员对没有注明投资者感到疑惑，怀疑有转移收入的可能。

查账人员调阅了9月5日借记银行存款的会计凭证，得知付款单位为某建筑公司。被查企业恰好生产建筑材料，会计部门无有关此笔存款的更多资料。经与付款单位联系，知其购买该企业产品，价值900 000元，于9月4日汇出款项。返回查阅该企业销货合同，证实900 000元实为销售收入。

查账人员向会计人员摊牌，并出示有关证据，会计人员承认想隐瞒该笔收入，少交利税，并想使自有资金增多，故而将应做销售收入的900 000元增添了资本金。

由于在9月底前查出问题，并未影响到实际税收，只需调回到销售收入，减少资本金即可，可做如下调账。

借：实收资本　　　　　　900 000
　　贷：主营业务收入　　　　　900 000

(2) 资本公积的审查。

资本公积是由于非经营性因素形成的不能计入实收资本的所有者权益，主要包括投资者实际缴付的出资额超过其资本份额的差额、法定财产重估增值、资本汇率折算差额、接受捐赠的资产价值等。资本公积审计是对资本公积形成和使用的真实性、合法性、正确性进行的审查。资本公积是企业资本的储备形式，它与实收资本一样，参与企业生产经营周转并产生效益，只不过不归属到每个投资者的名下，不参加收益分配。因此，它与实收资本审计具有相同之处，其审计意义在于维护各投资者的利益，保证国家各项法规制度得到贯彻执行。

【例 7-28】 查账人员在审查某企业"资本公积"明细账时,发现贷方发生额 2 000 元,摘要内容为"偿付进口原材料外汇价差"。很明显,该公司会计人员对"资本公积"有错记问题。

为了核实,查账人员了解到该公司是一年前开业的,而且投入资本早已到位。经查阅,对应的对方科目为"应付账款",调阅了该笔业务的记账凭证,该记账凭证为 2019 年 10 月 5 日第 180#,反映的会计分录如下。

  借:应付账款   172 000
   贷:银行存款   170 000
     资本公积   2 000

10 月 5 日的汇率为 1∶6.50,欠应付原料款为 20 000 美元。查账人员还调回了 180#记账凭证中所反映应付账款的贷方发生额所对应的记账凭证,即 10 月 1 日第 140#,反映的分录如下。

  借:库存材料   172 000
   贷:应付账款   172 000

10 月 1 日的人民币汇率是 1∶6.60。查账人员还查阅了进货发票,发票表明进口了价值 20 000 美元的原材料。

由于外汇价差是在经营期间产生的,该价差应计入"汇兑损益"中,作为期间费用处理,不应作为资本公积;否则,会使当月利润降低 2 000 元,但由于本次查账时间是在年度结账前,不影响利润分配及所得税。

本例调账较简单,该公司专门设了"汇兑损益"总账科目,故可做如下调账。

  借:资本公积   2 000
   贷:汇兑损益   2 000

(3) 盈余公积的审查。

盈余公积是指企业按照规定从税后利润中提取的积累资金,包括法定盈余公积、任意盈余公积和公益金。国家有关法律对其来源、用途做了专门的规定。盈余公积审计就是对盈余公积形成、使用的真实性、合法性、正确性进行的审查,通过盈余公积审计,能够正确反映企业资本增值,维护所有者及企业职工的合法权益,为社会提供准确的财务信息。

【例 7-29】 查账人员在审查某企业"盈余公积"总账下"法定盈余公积"明细

账时,发现其中一笔借方记录显示的业务内容为"支付投资者利润"。查账人员怀疑其有盈余公积使用不当问题。

查账人员调阅了第 209#记账凭证,所显示的会计分录如下。

借:盈余公积　　　　　　　　　　1 000 000
　　贷:银行存款　　　　　　　　　　1 000 000

摘要内容为"付给投资者利润"。接着,查账人员查阅了该企业"本年利润"账户,发现该企业本年实现利润(税后)为 2 000 000 元,提取了 20%,即 400 000 元的盈余公积,剩余 1 600 000 元全部转为未分配利润。

盈余公积除非弥补亏损,否则不能直接分配给投资者。该企业当年盈利,且盈利大于分配给投资者的利润,因此,所分配利润不应从盈余公积中列支。

分配利润应冲减"未分配利润"账户的余额。据此,可做如下调账。

借:利润分配——未分配利润　　　1 000 000
　　贷:盈余公积——法定盈余公积　　　1 000 000

(4) 未分配利润的审查。

未分配利润是指企业未做分配的净利润,它等于企业实现的利润总额与已分配利润总额的差额,反映企业历年结存和本年已实现但尚未分配的留存收益。未分配利润审计就是对企业这部分留存收益的真实性、合法性、正确性进行的审查。显然,未分配利润的审查主要依赖于利润形成和利润分配的审查,只有利润形成和利润分配业务都没有问题,未分配利润才可能没有问题。

【例 7-30】 查账人员在审查某已开业一年的公司,该公司 2019 年 6 月开始营业,当年盈利 600 000 元,2020 年初"利润分配——未分配利润"余额为 50 000 元。2016 年 3 月 10 日查账时,发现 2019 年末"利润分配——未分配利润"出现借方余额 50 000 元。查账人员怀疑其有过度分配的问题,随即查阅了"损益表",发现 2019 年该公司税后利润为 500 000 元。又查阅了该公司"利润分配"总账及有关明细账,发现其利润分配情况是:提取法定盈余公积 80 000 元,提取公益金 70 000 元,分配给投资者利润为 450 000 元。调阅"利润分配——应付利润"明细账中所列记账凭证,显示的会计分录如下。

借:利润分配——应付利润　　　450 000
　　贷:银行存款　　　　　　　　　　450 000

经进一步查询,得知该公司为了提高影响,与 2017 年分配的利润持平,故而分配过多,使"未分配利润"出现借方余额。

3. 收入与成本费用类账户的审查

1) 收入账户的审查

收入是企业在经营过程中所取得的营业收入、销售商品、提供劳务及让渡资产使用权等日常活动中形成的经济利益的总流入，包括主营业务收入和其他业务收入。主营业务收入在工商企业主要是指产品、商品的销售收入及工业性劳务收入；其他业务收入是指企业除基本业务以外的其他业务活动所取得的收入。按会计准则的规定，不属于营业收入的范畴，但为了便于核算，本章收入的核算中也包括营业外收入。

(1) 主营业务收入的审查。

【例 7-31】 查账人员在查阅某工业企业 2019 年 8 月份"银行存款日记账"时，发现 2019 年 8 月 19 日摘要中注明预收某产品货款，但对方科目的名称是"主营业务收入"，金额计 500 000 元，决定进一步调查。

经查账人员查阅 2019 年 8 月 19 日第 20#记账凭证，记账凭证的内容如下。

借：银行存款　　　　　　500 000
　　贷：主营业务收入　　　　500 000

该凭证所附的原始凭证仅是一张信汇收账通知，无发票记账联，经过询问当事人并调阅了有关销售合同，确定该企业预收某单位产品预购款 500 000 元，但因对制度规定不熟悉，会计人员将其在收到预购款当日作为收入处理了。

该企业违反了会计制度中关于采用预收货款方式销售产品入账时间的规定，使当期销售收入虚列，影响了有关资料的真实性。

如果该问题在 8 月份即查清，被查单位应编制调账分录如下。

借：主营业务收入　　　　500 000
　　贷：预收账款　　　　　　500 000

(2) 其他业务收入的审查。

在其他业务收入的核算中，会计作假的主要表现是入账时间、入账金额不正确，漏记其他业务收入，虚增虚减其他业务收入，偷漏应交的营业税以及将正常的销售收入或营业外收入作为其他业务收入处理等。

【例 7-32】 查账人员在查阅某商品流通企业"其他业务收入"明细账时，发现 2020 年 7 月 5 日第 13#摘要中注明处理固定资产净收益金额为 50 000 元，认为不符合制度有关规定，决定做进一步调查。

经查阅 2020 年 7 月 5 日第 13#记账凭证，凭证的内容如下。

借：固定资产清理　　　　　　　　　　　　　　50 000
　　贷：其他业务收入　　　　　　　　　　　　　　50 000

经询问有关会计人员，确认该企业会计人员未熟练掌握会计制度的有关规定，将应列入营业外收入的固定资产清理净收益列入了其他业务收入，造成该期多纳营业税等。

如果上述问题在 2020 年 7 月份被查清，应编制调账分录如下。

借：其他业务收入　　　　　　　　　　　　　　50 000
　　贷：营业外收入　　　　　　　　　　　　　　　50 000

(3) 营业外收入的审查。

营业外收入是指企业发生的与生产经营没有直接关系的收入。它不属于营业性收入，不缴纳营业性税金，是利润总额的直接构成部分。营业外收入主要包括固定资产盘盈、处理固定资产净收益、罚款收入以及经确定无法支付而转作营业外收入的应付款项、教育费附加返还款等。加强对营业外收入的检查是监督企业非经营性财务收支的重要手段。

【例 7-33】　查账人员在查阅某工业企业 2020 年 10 月份"银行存款日记账"时，发现 10 月 15 日第 4#摘要中说明不清楚，决定进一步查证。

查账人员调阅了 10 月 15 日第 4#记账凭证，凭证内容如下。

借：银行存款　　　　　　　　　　　　　　　　12 000
　　贷：应付职工薪酬　　　　　　　　　　　　　12 000

该凭证账户对应关系可疑，经进一步询问并查阅了原始凭证，确认该企业将索赔收入记入了"应付职工薪酬"账户，并已在 10 月 25 日作为津贴分给了职工，分录如下。

借：库存现金　　　　　　　　　　　　　　　　12 000
　　贷：银行存款　　　　　　　　　　　　　　　12 000
借：应付职工薪酬　　　　　　　　　　　　　　12 000
　　贷：库存现金　　　　　　　　　　　　　　　12 000

显然，被查企业违反会计制度的规定，将应列入营业外收入的索赔收入作为应付工资核算，造成当期利润减少，少纳税款。

如果上述问题在 10 月份被查清，应编制调账分录如下。

借：其他应收款　　　　　　　　　　　　　　　8 400
　　贷：营业外收入　　　　　　　　　　　　　　　8 400

如果上述问题在年终结账前被发现，除编制上述分录外，还应计算应交的所得税并提取盈余公积等，假定所得税税率为25%，按净利润的10%提取盈余公积，50%应付投资者利润，则

借：所得税　　　　　　　　　　　　　3 000
　　贷：应交税费——应交所得税　　　　　　3 000
借：本年利润　　　　　　　　　　　　3 000
　　贷：所得税　　　　　　　　　　　　　　3 000
借：营业外收入　　　　　　　　　　　8 400
　　贷：本年利润　　　　　　　　　　　　　8 400
借：利润分配——提取盈余公积　　　　900[(12 000-3 000)×10%]
　　　　　　——应付投资者利润　　　4 500[(12 000-3 000)×50%]
　　贷：盈余公积　　　　　　　　　　　　　900
　　　　应付利润　　　　　　　　　　　　4 500
借：应交税费——应交所得税　　　　　3 000
　　贷：银行存款　　　　　　　　　　　　　3 000
借：应付利润　　　　　　　　　　　　4 500
　　贷：银行存款　　　　　　　　　　　　　4 500

如果上述问题在年终决算后被发现，应编制调账分录如下。

借：其他应收款　　　　　　　　　　　8 400
　　贷：应交税费——应交所得税　　　　　　3 000
　　　　以前年度损益调整　　　　　　　　5 400
借：以前年度损益调整　　　　　　　　5 400
　　贷：盈余公积　　　　　　　　　　　　　900
　　　　应付利润　　　　　　　　　　　　4 500
借：应交税费——应交所得税　　　　　3 000
　　贷：银行存款　　　　　　　　　　　　　3 000
借：应付利润　　　　　　　　　　　　4 500
　　贷：银行存款　　　　　　　　　　　　　4 500

2) 成本费用账户的审查

费用是企业在生产经营过程中发生的各种耗费。即企业为了进行正常的生产经营而发生的材料物资的费用，固定资产的磨损，燃料、动力等能源的消耗，从事生产的

工人及管理人员的劳动报酬支出等各种货币资金支付的开支。它可分为直接费用、间接费用和期间费用。成本费用的核算是企业会计核算的重要内容，它是否真实、正确、合法，将直接影响到材料消耗的多少，劳动生产率的高低，存货周期率的大小，经营成果的好坏。因此，通过费用成本的查账，能够有效地发现成本、费用核算管理中的差错和弊端，有助于保证成本费用核算的真实、正确，杜绝成本费用支出中违反法纪的行为，减少和消除损失浪费，改善成本管理，提高管理水平。

(1) 产品生产成本的审查。

企业的在产品是指处在生产过程中尚未完工的产品，包括正在加工中的产品和已经完成了一个或几个生产步骤，但还需继续加工的半成品两部分。产成品成本是按照完工产成品与在产品约当产量的比例将生产成本进行分配求得的，因此在产品的数量会直接影响到产成品的成本。

产成品是由企业制造完工入库待售的产品。产成品成本的审计是对企业生产一定种类和数量的完工产品应负担的生产费用，按成本项目进行的审计，其实只是对产成品成本计算的审查。

【例 7-34】 查账人员在审查月末在产品盘点表时，各月的盘点中都有一项在产品毁损。毁损在产品的金额等于毁损在产品的数量乘以在产品的定额成本。对毁损金额应进行账务处理。毁损在产品是否有残料？如果有，又是如何处理的？这一系列问题引起了查账人员的怀疑。

查账人员到生产车间进行查询，在产品毁损有残料，收集起来，一个月卖一次废品。对于卖废品的收入是如何处理的，向企业出纳人员进行查询。出纳人员讲，这些收入不列入账内，作为"小金库"单独保管。

查账人员把问题提给财务负责人，负责人讲，企业的业务招待费按规定(计提)不够用，超过部分列入费用要交所得税，这样提费用就更困难。毁损在产品的残料在企业是没有任何用了，处置后取得的收入，不入账，单独保管，用来补充业务招待费的不足部分。这种做法是加大了产品成本，少计利润，少纳所得税，并且违反了现金管理制度。

把出纳人员保管小金库的钱全部入账。假设有 1 000 元，其会计分录如下。

借：库存现金　　　　　　　　　　1 000
　　贷：利润分配——未分配利润　　　　 1 000

增加的利润按 25%上交所得税，按 10%计提盈余公积金。其会计分录如下。

借：利润分配——未分配利润　　　350

　　贷：应交税费——应交所得税　　250

　　　　盈余公积　　　　　　　　100

【例 7-35】 某企业生产甲产品，每月完工产品和在产品的数量比例一般为 4∶1。1～11 月采用的是"在产品成本按完工产品成本计算"分配方法，每月的生产费用按完工产品和在产品的数量比例进行分配。由于生产经营状况良好，实现的利润数额已超过全年利润指标。为控制利润的增长幅度，该企业于 12 月份采取了调整费用分配办法的舞弊措施，即将正在采用的"在产品成本按完工产品成本计算"的分配方法，改为"不计算在产品成本"的分配方法，使 12 月份的完工产品多分配生产费用 400 000 元，增加了产品成本，减少了当年盈余。

经济效益不景气的企业，为了确保利润目标的实现，则千方百计压低产品成本，采用的舞弊手段之一也是变更生产费用的分配方法。例如，某企业主要产品的原材料费用在产品成本中所占的比重较大，一直采用在产品成本按其所耗用的原材料费用计算的分配方法，其他费用全部由完工产品负担。但因当年利润目标难以完成，便在 12 月份改为采用"在产品成本按完工产品成本计算"的分配方法，同时还采用一次多投料少产出的办法，使完工产品成本压到最低限度。该企业 12 月初在产品材料成本 200 000 元，本月投料 2 500 000 元，本月发生其他费用 300 000 元，生产量为 3 000 件，月末完工 1 000 件，在产品 2 000 件。如按照原分配方法计算，在产品负担 1 800 000 元，完工产品负担 1 200 000 元。但按改变后的分配方法计算，在产品负担 2 000 000 元，完工产品负担 1 000 000 元。由于分配方法的改变，可使 12 月份的完工产品少负担生产费用 200 000 元。

查账人员在实施检查前，首先应向企业询问生产费用的分配是采用什么计算方法。得知企业采用的分配方法后，再审阅基本生产费用在完工产品和在产品之间进行分配所采用的计算方法是否前后一致。如发现有前后采用两种计算方法分配生产费用的情况，应当查清企业改变分配方法后对完工产品成本与在产品成本的影响数额，以及对当期损益的影响数额。

(2) 直接生产费用的审查。

【例 7-36】 某企业生产 A 种产品，查账人员审查 A 产品直接材料成本项目时，从成本材料中得知，该厂计划生产 A 产品 800 件，消耗定额每件 15 千克，计划价格每千克 5 元，实际生产 A 产品 900 件，单耗每件 16 千克，单价每千克 4.5 元。

① 首先计算产量、单耗、单价对材料成本的影响。

原材料成本计划数为：800×15×5=60 000(元)

产量变动影响成本上升为：(900-800)×15×5=7 500(元)

单耗变动影响成本上升为：900×(16-15)×5=4 500(元)

单价变动影响成本下降为：900×16×(4.5-5)=-7 200(元)

由以上分析可知，产量增加、单耗上升，使材料成本超支12 000(7 500+4 500)元，单价下降使材料成本节约 7 200 元，综合作用的结果是使材料成本上升 4 800 元。其中，产量增加和单价下降对材料成本的影响是正常的，单耗上升则属于非正常因素。

② 进一步审查材料成本的重点是查找单耗上升的原因。可采用排除法对以下几个方面进行审查，确定具体原因。在生产中的损失浪费造成单耗上升；计量不准造成单耗上升；材料质量低劣造成单耗上升；未办理退料造成单耗上升；废料利用后未冲账造成单耗上升；人为调节材料成本，采用假材料等造成单耗上升。

(3) 期间费用的审查。

期间费用的审查，主要包括以下几点。

① 营业费用的审查。营业费用包括产品销售过程中所发生的包装、运输、装卸、保险、广告、展览等费用。当企业设置独立销售机构(如销售本企业产品而专设的门市部等)时，营业费用还包括独立销售机构的经费(如职工工资、职工福利费、差旅费、办公费、折旧费、修理费、物料消耗、低值易耗品摊销等)。对营业费用的查账，首先应审查产品销售的内容是否符合规定，然后审查其期末结转是否正确，是否全额转至"本年利润"账户，有无多结转或少结转，以调节当期利润的情况。

② 管理费用的审查。管理费用是指企业行政管理部门为组织和管理生产经营活动而发生的各项费用，包括管理人员工资及福利费、办公费、差旅费、折旧费、修理费、工会经费、职工教育经费、劳动保险费、待业保险费、咨询费、诉讼费、审计费、技术开发费、无形资产与开办费摊销、业务招待费、坏账损失、印花税等税金、存货盘亏毁损和报废(减盘盈)及其他管理费用。

③ 财务费用的审查。财务费用是指企业为筹集生产所需资金而发生的费用，包括企业生产经营期间发生的利息支出(减利息收入)、汇兑净损失、调剂外汇手续费、金融机构手续费以及筹资发生的其他财务费用等。

【例7-37】 查账人员对某公司 2020 年财务报表进行查证时发现以下事项。

① 该公司某职工反映公司领导只抓利润忽视安全,该公司 2020 年木材车间失火损失巨大。经查工厂为修复厂房及核销火灾损失共计 105 000 元。该工厂将此项支出列入"管理费用——其他管理费用"。

② 该公司技术科 2020 年租入试验设备 4 台,按合同规定每月支付租金 50 000 元,并按设备原价 6 000 000 元逐月计提折旧,折旧率为 5%,共计 300 000 元,两项共计 350 000 元,已计入管理费用。

③ 由于 2020 年出纳员岗位轮换,全年银行存款利息收入 25 000 元一直未做处理。

④ 职工宿舍全年生活用水用电共计 87 000 元,社会摊派款 30 000 元,企业自行组织职工外出休养所开支车船费、住宿费等共计 5 660 元,均已列入管理费用。

查账人员通过分析认为该公司存在以下问题。

① 公司木材车间失火,按会计制度规定其损失应作为营业外支出(非常损失),该公司将此项损失挤占管理费用,虚增管理费用 105 000 元,对此应提请该公司予以更正(此项支出应列入营业外支出,故不影响利润总额)。

② 经营性租赁租入的固定资产不应计提折旧,该公司多提折旧 300 000 元,虚增管理费用、虚减利润,构成漏交所得税和特种应交基金,对此应提请该公司予以调整。

③ 未处理的存款利息 25 000 元属应冲未冲财务费用,导致期间费用虚增 25 000 元。

④ 职工宿舍水电费应由职工个人承担,社会摊派款应从税后利润中列支或向摊派单位索回,职工休养支出应由职工福利费列支,这三项共虚增管理费用 122 660 元。

以上情况致使期间管理费用虚增 552 660 元,其中应由"营业外支出"负担 105 000 元,因此,多计期间费用使利润虚减 447 660 元,应提请企业调整后,补交所得税及滞纳金。

4. 会计报表的综合审查

1) 资产负债表的审查

资产负债表是反映公司在某一特定日期财务状况的报表,是反映公司资金状况的静态报表。通过对资产负债表进行审查,可以证实公司真正拥有的资产和承担的任务,证实投入公司资本的保值和增值情况,证实公司的偿债能力和获利能力,以及所拥有的经济实力和发展能力。对资产负债表的审查包括资产负债表综合审查和资产负债表分类审查。

(1) 资产负债表常见错弊。

资产负债表通常存在如下一些错弊。

① 依据不明，账簿记录与资产负债表反映的数据不相符。

② 对资产负债表进行人为平衡，破坏了报表内部的联系和正常的钩稽关系，从而使会计信息失真。

③ 项目分类不正确。如未按规定将资产负债表分为资产、负债、所有者权益三大项和具体的小项，归入各项目的数据不真实。

④ 报表格式不规范。主要是指资产负债表格式不合规，项目不完整，未按规定填表，少记、漏记或错记有关项目的数据。

⑤ 其他人为造假，提供不真实的会计信息。

(2) 资产负债表综合审查。

① 要从资产负债表本身的结构、编制技术等方面进行审查。具体来说，就是要审查以下几项：

- 资产负债表的结构、形式是否符合《企业会计制度》的要求，报表内的各项目、指标是否填列齐全，有无漏填、错行、错格等问题。
- 按照财务会计的平衡原理，资产负债表中资产合计数是否等于负债和权益合计数，表内有关资料、数据的汇总是否正确。
- 资产负债表中所反映项目的数据，与有关账簿中的数据是否一致，即账表是否一致。

② 资产负债表综合审查，需要核对与其他会计信息的一致性。具体为：根据会计报表与账簿、账簿与账簿、账簿与实物、账簿与凭证一致性的原理，审查和核对总分类账簿的期末余额、各种明细分类账簿的期末余额；审查各种凭证是否齐全正确；审查实物保管是否完整无缺。总之，要审查账表、账账、账证和账实是否相符。

③ 资产负债表综合审查，还需要核对资产负债表与其他各种报表的钩稽关系。由于资产负债表和其他各种报表是各项经济指标有机的组合排列。各项经济指标之间存在着密切的内在联系，相互衔接，互相补充，因此，为了证实资产负债表内反映的数据是否真实正确，有必要对报表之间的钩稽关系进行认真的审查。在此基础上，要根据报表所提供的资料，计算、分析各项经济指标。

【例 7-38】 内部审计人员李某在检查公司的资产负债表时，发现长期借款账户中的一笔借款，利息费用似乎有两次和其他几次的金额不同，各高出 1 000 元。李某认为有两种可能：一是财务人员的一时过失；二是财务人员故意多记长期借款利息，并贪污钱款。

于是李某开始调查取证,他检查了有关的借款合同和还款证明,发现借款合同上要求公司等额偿还借款利息,不存在浮动利率的情况。而还款证明上则记录公司偿还的利息金额与账面上相差1 000元,两次共差2 000元,显然这2 000元没有存进银行。

李某询问会计人员,会计人员坚持说没有记错。内部审计人员将事情报告给公司经理,经理亲自过问,并且将审计人员提供的账簿和凭证进行核对,经理也认定这2 000元去向不明。

在各方的压力下,该名财务人员终于承认,自己私自将长期借款的利息金额改大以从中牟利。

在审查资产负债表时,特别要注意那些通过复杂计算得出的项目,如果财务人员愿意,他可以更改任何一个账户,特别是不容易直接看出的账户的数字,为自己牟利,在前面的介绍中我们已经遇到过很多这样的例子。因此,无论是公司管理者亲自查账,还是内部审计人员查账,注意账户在计算上是否存在问题是很重要的,但是有一点必须明确,并不是每一次数据的错误都是由会计人员的主观过失造成的,有的可能属于会计差错。为了避免这方面出现问题,只能做好两方面的准备,缺一不可:一是选择一个值得信任的会计;二是加强监管。

2) 利润表的审查

利润表是会计错弊发生频率最高的会计报表之一,如子公司或分公司常常乱挤成本,截留收入,隐瞒利润,用一个粉饰的利润表来骗取母公司的资金,所以,公司管理者应重点对其进行审查。

(1) 利润表常见错弊。

① 依据不明,账簿记录与报表反映的数据不相符。

② 表中项目所列内容不真实。如费用归类不恰当、收入确认不正确、各种收入划分不清。

③ 表中项目的数字填列不正确。例如,销售成本多计或少计,从而导致利润指标不真实并影响所得税的正确性。

④ 报表格式不合规。主要是指利润表格式不合规,项目不完整,未按规定填表,少记、漏记或错记有关项目的数据。

(2) 利润表的综合审查。

利润表的综合审查主要审查利润表中各项目的计算是否正确。由于利润表中大多数项目的数字是根据账簿中的数字填列的,所以可以用核对的方法进行复查。

第 7 章　查账

"主营业务收入"项目，可与"主营业务收入"账户当期贷方发生额减去当期借方发生额中的销售退回和销售折让后的净额核对。

"主营业务成本"项目，可与"主营业务成本"科目的借方发生额核对。审查月份报表时与当月借方发生额核对，审查年度报表时与全年借方发生额核对。

"税金及附加"项目，应与"主营业务税金及附加"科目的借方发生额核对。

"其他业务利润"项目，可与"其他业务收入"和"其他业务支出"科目的差额相核对。

"销售费用"项目，可与有关项目的当月借方发生额、全年借方发生额相核对。

"管理费用"项目，可与"管理费用"科目的发生额相核对。

"财务费用"项目，可与"财务费用"科目的发生额相核对。

"投资收益"项目，可与"投资收益"科目期末转入"本年利润"的数额相核对。

"补贴收入"项目，可与"补贴收入"科目期末转入"本年利润"的数额相核对。

"营业外收入"项目，可与"营业外收入"科目期末转入"本年利润"的数额相核对。

"营业外支出"项目，可与"营业外支出"科目期末转入"本年利润"的数额相核对。

报表中的"本年累计数"栏的各项数字，可与上月该表的"本年累计数"加上本月该表的"本月数"后的数额相核对。

【例 7-39】　查账人员小唐在审查××公司 2020 年 10 月的利润表和现金流量表时，发现本月的"主营业务收入"增加了许多，但"销售商品或提供劳务收到的现金"这一栏却没有增加多少，进一步审查，在"银行存款日记账"中，发现 10 月 14 日第 36#付款凭证摘要为"退货款"120 000 元，结算方式为委付。该笔货款收款时间为 10 月 10 日，记入第 15#收款凭证。在 4 天时间里发生退货，查账人员怀疑有假退款行为。查账人员首先调出第 15#收款凭证，其分录如下。

借：银行存款　　　　　　　　120 000
　　贷：应收账款　　　　　　　　　　120 000

所附原始凭证为银行转来的"收账通知"，付款单位为湖南某厂。调阅第 24#付款凭证，其分录如下。

借：主营业务收入　　　　　　120 000
　　贷：银行存款　　　　　　　　　　120 000

所附原始凭证两张，一是此公司业务部门开出的退货发票(即红字发票)，二是此公司财会部门开出的转账支票，收款人为湖南某厂代理处。查账人员分析，此公司从湖南收款，为何把退款转到本市代理处，决定追查支票去处。银行证实，该款项转到甲公司账号上，经调查，甲公司根本不存在。同时与湖南某厂电话联系，湖南某厂表明根本没有发生退货业务。

查账人员小唐断定此公司利用银行的漏洞或其他原因，开设了黑户，隐瞒收入，存入"小金库"或私分，同时逃避税收。查账人员拿出了全部证据后，公司财务经理供认甲公司账户是该公司王某利用同银行工作人员的关系开设的，为发放奖金和支付回扣做储备。甲公司账户余额20万元全部为××公司所有。

此公司开设黑户的全部收入属于公司的主营业务收入，应全部收回并撤销所谓的甲公司账户。收回余款20万元时，应做分录如下。

借：银行存款　　　　　　　200 000
　　贷：主营业务收入　　　　　200 000

3) 现金流量表的审查

现金流量表是以现金为基础编制的财务状况变动表，用以反映公司在一定时期内现金的流入和流出，表明公司获得现金和现金等价物的能力。现金流量表的审查也分为综合审查和具体项目的审查两个方面。

(1) 现金流量表常见错弊。

现金流量表能否充分发挥作用，关键在于现金流量表是否真实。检查中经常发现的现金流量表错弊有以下几种。

① 报表格式不合规。如项目不完整，未按规定的格式填制现金流量表，少记、漏记或错记有关项目的数据。

② 不按照有关账簿资料填制现金流量表项目，随意凑数字。

③ 计算错误或人为地调节现金流量，隐瞒或虚夸现金流量。

④ 表中项目所列内容不真实。如现金流归类不恰当，各种现金收入和支出划分不清。

(2) 现金流量表的综合审查。

现金流量表的综合审查主要是复核各种活动的现金流量是否正确。

① 复核经营活动产生的现金流量净额。

● 检查现金流入内容是否完整，计算是否正确。经营活动现金流入包括来自销售商品或提供劳务实际收到的现金。从顾客处收到的现金，既有本期现销部分得到的现金，又有以前年度赊销本期收回的现金，而本期销货净额中又有赊销部分，因此，应对本期销货净额及期初、期末应收票据、应收账款的变动加以调整而求得。

- 检查现金流出的正确性。现金流出的内容主要有购买存货和各种费用支出。用于本期购货支出的现金，既有本期现购支出的现金，又有以前年度赊购、本期支出的现金；同时本期购货成本中还应包含赊购部分，因此，购货支出的现金要根据本期购货成本、本期应付票据变动额、应付账款变动额加以调整求得。

小提示：利润表中列示的费用表明了本期的销货成本和其他支出，但与费用的现金支出有很大的差异，因为利润表中列示的某些费用并不需动用现金，如折旧费，但在应计基础上，确实增加了费用总额。这种不需现金流出的费用还有无形资产和债券折价摊销。

- 费用的确认和实际的现金支出也可由于短期时间差造成差异。当消耗商品或者劳务时，费用已经确认入账，然而这些费用现金的支出则可能在以前期间、当期或以后期间。预先支付的为预付费用，本期实际支出会超出确认的费用额；以后支付现金，本期实际支出就低于确认的费用额。因此，费用的现金支出须由应计基础转为现金基础。

- 经营活动产生的现金流量净额也可用另外一种方法，即"间接法"计算，以间接法计算经营活动产生的现金流量净额，是从净收益出发，调节成现金流量净额。净收益和经营活动产生的现金流量净额之间的差额是受三方面因素影响形成的：一是折旧费、摊销费使净收益减少，但不影响现金流量。二是销货净额、销货成本及其他费用均按应计基础确认，与现金支出存在时间差。三是非营业活动的收益和损失会影响净收益，但不影响经营活动产生的现金流量净额。

因此，若以净收益为起点计算经营活动产生的现金流量净额，要对以上三方面差异进行调整。

② 复核投资活动产生的现金流量净额。

可以通过审查下列几项业务活动检查投资活动产生的现金流量净额计算是否正确：

- 购买。购买证券为现金流出，销售证券则为现金流入。通过分析"有价证券"账户的借贷方记录，可判断现金流量净额。
- 提供和收回贷款。提供贷款为现金流出，收回贷款为现金流入。审查这项业务可从"长期投资"账户的借贷方发生额进行分析。
- 购买固定资产支付的现金。
- 销售固定资产收回的现金。
- 公司受灾收到设备赔偿款为现金流入。

③ 复核筹资活动产生的现金流量净额。

筹资活动产生的现金流量净额，可通过分析本年度有关负债和股东权益账户借贷方的变化来确定。例如，长期投资、长期负债和实收资本账户贷方的变化通常为现金流入，而借方变化则表示现金流出。

【例7-40】 某公司查账人员小红在审查本企业2020年2月份的现金流量表时，发现表中"购买商品、接受劳务支付的现金"项目金额比自己想象得多，进一步审查，在"现金日记账"中发现2019年2月4日第14#现金付款凭证摘要为"付某公司打印机款"，金额为4 000元，在"银行存款日记账"中发现"付某公司打印机款"，金额为9 000元。小红怀疑这里可能存在舞弊行为，财会人员有贪污的可能性。

根据上述疑点，小红进行了以下追踪查证工作。

采用审阅法，先调阅2月4日第14#凭证和对应的银行存款凭证，发现某公司打印机款总金额达9 000元。

采用核对法，查验公司新购打印机为普通型打印机，经市场调查，发现市场同类型打印机最高价仅6 000元。

采用分析法和询证法，先与售货单位取得联系，发现售货单位对应凭证存根为收某公司购货款5 000元，与购货单位对应凭证不符，差额为4 000元。在事实面前，公司财会人员承认和购货单位人员合谋贪污了4 000元。其作弊手法是：购货单位与销货单位经办人与财务人员合谋，填制收入原始凭证时，先在白纸下垫复写纸，两纸盖在发票联上填写发票联(同时发票联下再垫复写纸和白纸)，使存根和记账联为空白，然后撕下发票联，再用复写纸垫在存根联和记账联之间复写一次，造成发票联金额大于记账联金额和存根联的金额，其差额部分则被贪污。

第8章

调账

8.1 何谓调账

调账,即账项调整,就是把影响两个或两个以上会计期间的经济业务在会计期末对账簿记录的有关账项作出必要调整,以确定权责发生制基础上的本期营业收入和费用。

根据权责发生制原则,凡是当期已实现的收入和已发生的费用,不论款项是否已经收付,都应作为当期的收入和费用;即便款项在当期已经收付,但不属于当期的收入和费用就不能作为当期实现的收入和发生的费用。账项调整的目的是按照应收应付这一标准,合理地反映相互连接的各会计期间应得的收入和应负担的费用,使各期的收入和费用能在相互适应的基础上进行配比,从而比较正确地计算各期的损益。值得注意的是,期末进行账项调整,虽然是为了在损益表中能正确地反映本期的经营成果,但在收入和费用的调整过程中,必然会影响到资产负债表有关项目的增减变动。因此,账项调整有助于正确地反映企业期末财务状况。

8.2 期末账项调整的内容和方法

期末账项调整的内容一般有应计收入、应计费用、收入分摊和成本分摊四项内容。

1. 应计收入的调整

应计收入是指那些本期已发生而未收到款项的收入,主要是指已向外发出销售商品或提供劳务而尚未收到款项的收入,如应收销货款、应收劳务收入、应收银行存款利息等。应计收入虽然在本期尚未收到款项,但已产生收取收入的权利,应构成本期收入,为此期末应将其调整入账,记入本期的收入账户内。一方面记入收入账户的贷方,另一方面记入应计收入账户的借方表示债权的增加,来反映应收未收的款项。应计收入的账户有"应收账款""其他应收款"等。

【例8-1】 某企业在2019年12月31日持有应收票据一张,面额为24 000元,出票日为当年12月11日,期限60天,票面利率为9%。

这张票据在下年度到期时,除了可以收回票面金额24 000元外,还可以收入60天的利息360(24 000×9%×60/360)元。但这项利息中,12月11~31日这20天的120(24 000×9%×20/360)元是属于该企业本年度12月份应获得的收入,应作为本期的

第 8 章 调账

收益,为了正确反映该企业的本期净收益,就需在月末将这部分应该获得的利息,编成调整分录入账。应收利息增加,属于资产的增加,应借记"其他应收款"账户;贷记有关收入账户,但在企业没有单独设置利息收入账户的情况下,根据会计制度规定,可贷记"财务费用"账户,以冲销本期的财务费用。因此,应编制如下会计分录。

  借:其他应收款   120
    贷:财务费用   120

可见,如果一个企业应该获得的某一项应计收入尚未入账,就需在期末编制调整分录:借记某一资产账户,贷记某一收入账户。

上述应收票据下年度到期通过银行收到款项时,应编制如下会计分录。

  借:银行存款   24 360
    贷:应收票据   24 000
      其他应收款   120
      财务费用   240

2. 应计费用的调整

应计费用也称应付费用,是指本期已发生(耗用)但尚未支付款项的各种费用,如应付租金、应付利息及应付工资等。应计费用的调整一方面应确认费用,另一方面要增加负债,费用确认后于结账时转入"本年利润"账户,负债则于下期支付时再予以冲销。

【例 8-2】 某企业根据银行借款额每月估计借款利息 5 000 元登记入账,银行规定每半年付息一次,6 月 30 日和 12 月 31 日结息。6 月 30 日企业收到银行通知单,上半年利息实际为 30 000 元。

企业前 5 个月每月月末计提利息的分录如下。

  借:财务费用   5 000
    贷:其他应付款   5 000

6 月末会计处理如下。

(1) 借:财务费用——利息支出   5 000
    贷:应付利息   5 000
  借:应付利息   30 000
    贷:银行存款   30 000

或

(2) 借：应付利息　　　　　　　　25 000(预提部分)
　　　财务费用——利息支出　　　 5 000(未预提部分)
　　 贷：银行存款　　　　　　　　30 000

3. 收入分摊的调整

在实际工作中，企业会发生一些预收收入，也就是收款在先，而销售商品或提供劳务在后。在这种情况下，企业所收到的款项还不是已经发生的收入，而只是企业的一种预收性质的收入，这种收入在收到时属于一种负债，无须用现金和银行存款来偿还，而要用商品或劳务来抵偿。对这些预先收到的收入，可先通过预收性质的账户来记录，如"预收账款"账户，到期末再按本期已提供的销售商品或劳务部分，分摊计算应归属本期的收入，记入有关收入账户，并调整预收账款的负债数额。

【例 8-3】 某工业企业于 2020 年 1 月 2 日接受了一项修理服务业务，为某单位修理设备 10 台，双方商定每台修理费为 2 000 元，共计 20 000 元，由对方一次预付。本月实际完成 4 台设备的修理工作。

预收修理收入这项经济业务，一方面使企业的银行存款增加了 20 000 元，另一方面使企业的预收收入增加了 20 000 元。银行存款的增加，应借记"银行存款"账户；预收收入的增加属于企业负债的增加，应贷记"预收账款"账户。因此，在收到这笔预收款项时，应编制如下会计分录。

借：银行存款　　　　　　　　20 000
　 贷：预收账款　　　　　　　　20 000

由于本月只完成了 4 台设备的修理工作，就应该相应确认 4 台设备的修理收入 8 000(2 000×4)元。月末的这笔调整业务，一方面使企业的收入增加了 8 000 元；另一方面使企业的预收收入，即负债减少了 8 000 元。因此，这项业务涉及"其他业务收入"与"预收账款"这两个账户。收入增加，应贷记"其他业务收入"账户；预收收入减少，是负债的减少，应借记"预收账款"账户。月末这项业务应编制调整分录如下。

借：预收账款　　　　　　　　8 000
　 贷：其他业务收入　　　　　　8 000

可见，如果一个企业的预收收入已经有一部分在本期实现，但尚未作为收入确认入账，则应于期末编制一笔调整分录：借记某个负债账户(如"预收账款"账户)，贷记某个收入账户。

4. 成本分摊的调整

在日常经营过程中，有时企业在一个会计期间发生的支出或费用，能为以后若干个会计期间带来效益，为了正确计算各个会计期间的经营成果，就不能将本期发生的支出和费用全部作为本期的支出和费用，而应当按其受益期限分期在各个会计期间进行分配。这就要求在支出款项时，先记入一个足以清楚地表明这项支出性质的账户，等到效益已经产生时，再按期分摊，转入有关的费用账户，贯彻收入与费用相配比的原则。需要在会计期末进行分摊调整的费用主要有待摊费用、折旧费用等。企业已经支出，但应由本期和以后各期分别负担的各项费用，通常称为"待摊费用"。为了反映企业发生各项费用的预付和摊销情况，根据摊销期限的不同，可设置"待摊费用"账户。

【例8-4】某企业于2020年1月1日以银行存款预付全年的财产保险费6 000元。这项支出的效益可以从本年的1月1日起一直延续到12月31日，所以在支付时应作为待摊费用入账。待摊费用从性质上讲，是企业的一种资产。预付财产保险费意味着企业资产的增加，应借记"待摊费用"账户。到1月末，由于该项保险的效益已经消失了1/12，所以该项待摊费用中的1 000元应由本月负担，分摊转入有关的费用账户，即1月末应编制一笔调整分录。具体如下。

1月1日支付全年保险费时，所编会计分录如下。

借：长期待摊费用——保险费　　　　　　6 000
　　贷：银行存款　　　　　　　　　　　　　　6 000

1月31日，应编制调整会计分录如下。

借：管理费用　　　　　　　　　　　　　500
　　贷：长期待摊费用——保险费　　　　　　　500

此外，对于该项待摊费用，在2～12月的各月月末也应分别编制与上述调整分录(1月31日所编的分录)相同的分录。

固定资产折旧，在本质上也属于成本费用分摊的调整。由于固定资产能够为多个会计期间产生效益，因而其成本应按期分摊。企业按月计提固定资产折旧时，借记"制造费用""管理费用"等有关费用账户，贷记"累计折旧"账户的会计分录也属于一笔调整分录。

8.3 会计政策变更怎样调账

1. 会计政策的概念

会计政策是指企业在会计确认、计量和报告中所采用的原则、基础和会计处理方法。

2. 会计政策变更

企业采用的会计政策,在每一会计期间和前后各期应当保持一致,不得随便变更。但是,满足下列条件之一的,可以变更会计政策。

① 法律、行政法规或者国家统一的会计制度等要求变更的情况下,企业应当分别按以下情况进行处理。

- 国家发布相关的会计处理办法,则按照国家发布的相关会计处理规定进行处理。
- 国家没有发布相关的会计处理办法,则采用追溯调整法进行会计处理。

② 会计政策变更能够提供更可靠、更相关的会计信息的情况下,企业应当采用追溯调整法进行会计处理,将会计政策变更累积影响数调整列报前期最早期初留存收益,其他相关项目的期初余额和列报前期披露的其他比较数据也应当一并调整。

③ 确定会计政策变更对列报前期影响数不切实可行的,应当从可追溯调整的最早期间期初开始应用变更后的会计政策。

④ 在当期期初确定会计政策变更对以前各期累积影响数不切实可行的,应当采用未来适用法处理。例如,企业因账簿、凭证超过法定保存期限而销毁,或因不可抗力而毁坏、遗失,如火灾、水灾等,或因人为因素,如盗窃、故意毁坏等,可能使当期期初确定会计政策变更对以前各期累积影响数无法计算,即不切实可行,在这种情况下,会计政策变更应当采用未来适用法进行处理。

3. 会计政策变更的处理方法

1) 追溯调整法

追溯调整法是指对某项交易或事项变更会计政策时,如同该交易或事项初次发生时就开始采用新的会计政策,并以此对相关项目进行调整。即应当计算会计政策变更的累积影响数,并相应调整变更年度的期初留存收益以及会计报表的相关项目。

追溯调整法的运用，第一，累计影响数；第二，进行相关的账务处理(调账)，对留存收益(包括法定盈余公积、法定公益金、任意盈余公积、未分配利润，外商投资企业，还包括储备基金、企业发展基金)进行调账；第三，调整相关的会计报表，在提供比较会计报表时，要对受影响的各该期间会计报表的相关项目进行调整；第四，在表外进行披露，即在财务报告附注中进行说明。

其中，累计影响数根据企业会计制度的规定，从三种角度给出了三种不同的定义。

① 变更后的会计政策对以前各项追溯计算的变更年度期初留存收益应有的金额与现有的金额之间的差额。

② 它是假设与会计政策相关的交易或事项在初次发生时即采用新的会计政策，而得出的变更年度期初收益应有的金额与现有额之间的差额。

③ 它是变更会计政策所导致的对净损益的累积影响，以及由此导致的对利润分配及未分配利润的累积影响金额，不包括分配的利润或股利。

2) 未来适用法

未来适用法是指对某项交易或事项变更会计政策时，新的会计政策适用于变更当期及未来期间发生的交易或事项。即不计算会计政策变更的累积影响数，也不必调整变更当年年初的留存收益，只在变更当年采用新的会计政策。根据披露要求，企业应计算确定会计政策变更对当期净利润的影响数。

3) 红字更正法

红字更正法又叫红笔订正、赤字冲账法。它是指记账凭证的会计分录或金额发生错误、且已入账，更正时，用红字填制内容相同的记账凭证，冲销原有错误记录，并用蓝字填制正确的记账凭证，据以入账的一种更正错账的方法。

4) 补充登记法

补充登记法适用于记账后发现记账凭证中应借、应贷的会计科目正确，但所填的金额小于正确金额的情况。采用补充登记法时，将少填的金额用蓝字填制一张记账凭证，并在"摘要"栏内注明"补充第×号凭证少计数"，并据以登记入账。这样便将少记的金额补充登记入账簿。

5) 不能按错误额直接调整的调账方法

税务检查中审查出的纳税错误数额，有的直接表现为实现的利润，不需进行计算分摊，直接调整利润账户；有的需经过计算分摊，将错误的数额分别摊入相应的有关账户内，才能确定应调整的利润数额。后一种情况主要是在材料采购成本、原材料成本的结转、生产成本的核算中发生的错误，如果尚未完成一个生产周期，其错误额会依次转入原材料、在产品、产成品、销售成本及利润中，导致虚增利润，使纳税人多缴当期的所得税。因此，应将错误额根据具体情况在期末原材料、在产品、产成品和本期销售产品成本之间进行合理分摊。

例如，某企业某月多计材料采购成本20 000元，生产领用一批，所领材料部分加工完成产成品一批，完工产品销售一部分，其10 000元的错误额此时已进入原材料、在产品、产成品、销售成本之中。因此应按比例计算确定各部分相应的错误额，相应调整各有关账户，而不能将10 000元的错误额全部调增当期利润。

原则上讲，分摊时应按产品成本核算过程逐步剔除挤占因素，但具体操作起来困难很大、计算麻烦、效率很低、不易推广。因此，在实际工作中一般较多地采用"按比例分摊法"。其计算步骤如下。

第一步，计算分摊率

分摊率=查出的错误额÷(期末材料结存成本+期末在产品结存成本+

期末产成品结存成本+本期销售产品成本)

说明：上式是一个基本计算公式，具体运用时，应根据错误发生的环节，相应选用某几个项目进行计算分摊，不涉及的项目则不参加分摊。一般来说，应在出错环节或由出错以后的各环节进行分摊。例如，在材料账户借方查出的问题，即多记或少记材料成本，要在上边公式中分母的四个项目之间分摊。在材料账户贷方查出的问题，即多转或少转成本的错误，应在公式中分母的后三个项目之间分摊。在"基本生产成本"账户借方查出的错误额，也须在上述三个项目之间分摊，在"生产成本"账户贷方、"产成品"账户借方查出的数额，只需要在期末产成品、本期销售产品成本之间分摊。

第二步，计算分摊额

① 期末材料应分摊的数额=期末材料结存成本×分摊率

② 期末在产品成本应分摊的数额=期末在产品结存成本×分摊率

③ 期末产成品应分摊的数额=期末产成品结存成本×分摊率

④ 本期销售产品应分摊的数额=本期销售产品成本×分摊率

第三步，调整有关账户

将计算出的各环节应分摊的成本数额，分别调整有关账户，使企业的错误账务处理改正过来。需要说明的是，在期末结账后，当期销售产品应分摊的错误数额，应直接调整利润数。

4. 会计政策变更处理方法的选择

① 企业根据法律、行政法规或者国家统一的会计制度等要求变更会计政策的,应当按国家相关会计规定执行。

② 会计政策变更能够提供更可靠、更相关的会计信息的,应当追溯调整法处理。

③ 无法确定会计政策变更对以前各期累积影响数的,应当采用未来适用法处理。

5. 会计政策变更调账举例

【例 8-5】 甲公司按照会计制度规定,从 2020 年 1 月 1 日起将存货计价方法由原来的先进先出法改为加权平均法。2020 年 1 月 1 日的存货价值为 500 000 元,2020 年 12 月 31 日的存货价值为 440 000 元,当年销售收入为 5 000 000 元,该公司当年购入存货的实际成本合计为 3 600 000 元。如果在 2020 年保持会计政策不变,一直采用先进先出法对存货进行核算,则 2020 年 12 月 31 日的存货价值为 900 000 元。假定 2020 年度的其他费用为 240 000 元,所得税税率为 25%。采用加权平均法对 2020 年年初存货价值不能合理进行调整,因而,甲公司对该项会计政策变更采用未来适用法进行处理。

计算会计政策变更对当期净利润的影响数,根据未来适用法的含义,甲公司只对变更日后存货的计价改按加权平均法计算即可,不需要调整采用先进先出法计算的 2020 年年初存货价值。

根据上述有关数据,甲公司 2020 年改变会计政策后的销售成本计算如下。

销售成本=期初存货+购入存货实际成本-期末存货

=500 000+3 600 000-440 000

=3 660 000(元)

假定 2020 年甲公司仍按先进先出法对存货进行计价,则其销售成本计算如下。

销售成本=期初存货+购入存货实际成本-期末存货

=500 000+3 600 000-900 000

=3 200 000(元)

两种方法计算的销售成本的差额为 460 000(3 660 000-3 200 000)元,甲公司由于存货计价的会计政策变更使当期利润减少了 460 000 元。扣除所得税的影响,使当期净利润减少了 345 000(460 000-460 000×25%)元。本年利润的计算如表 8-1 所示。

表 8-1 本年利润计算表

单位：元

项 目	先进先出法	加权平均法	
主营业务收入	5 000 000	5 000 000	
减：主营业务成本	3 200 000	3 660 000	
主营业务利润	1 800 000	1 340 000	
减：其他费用	240 000	240 000	
利润总额	1 560 000	1 100 000	
减：所得税	390 000	275 000	
净利润	1 170 000	825 000	

从表 8-1 中可以看出，两种方法计算的净利润的差额为 345 000(1 170 000-825 000)元，会计政策变更使当期净利润减少了 345 000 元。

附注说明：本公司 2020 年度按照会计制度规定，对存货的计价由先进先出法改为加权平均法。该项会计政策变更无法确定其累积影响数，但其使本年度净利润减少了 345 000 元。

8.4 会计估计变更怎样调账

1. 会计估计变更的会计处理方法

对会计估计变更的处理国际上通行采用的是未来适用法，即对某项交易或事项变更会计估计时，新的会计估计适用于变更日后出现的交易或事项。我国相关会计法规规定，对会计估计变更也应采用未来适用法，其处理方法如下。

① 如果会计估计的变更仅影响变更当期，有关估计变更的影响数应记入变更当期与前期相同的相关项目中。

例如，企业原来按照应收账款的 2%提取坏账准备，但现在企业不能收回的应收账款的比例已达 5%，因此，企业改按应收账款余额 5%的比例提取坏账准备，此项会计估计的变更只影响变更当期，应当将会计估计变更的影响数记入变更当期项目。

② 如果会计估计的变更既影响变更当期又影响未来期间，会计估计变更的影响数应记入变更当期和未来期间与前期相同的相关项目中。

例如，应计提折旧的固定资产的预计使用年限或预计净残值的估计若发生变更，则会影响变更当期及以后使用年限内各期间的折旧费用，因而，此项会计估计变更的影响数，应在变更当期及以后各期分别确认。

为了保证不同期间财务报表的可比性，会计估计变更的影响数如果以前记入企业日常经营活动的损益中，则以后也应记入相应的损益类项目中；如果以前记入在特殊项目中，则以后也应记入相应的特殊项目中。

2. 会计估计变更如何在财务报表附注中披露

根据我国相关会计法规的规定，企业应在报表附注中披露如下会计估计变更事项。

① 会计估计变更的内容和理由，包括会计估计变更的内容、变更日期以及对会计估计进行变更的原因。

② 会计估计变更的影响数，包括会计估计变更对当期损益的影响数，以及对其他有关项目的影响数。

③ 会计估计变更的影响数不能确定的理由。

3. 如何区分会计政策变更与会计估计变更

企业应正确区分会计政策变更和会计估计变更，并按不同的方法进行会计处理。但在实务中，有时很难将会计政策变更与会计估计变更区分开。例如，某企业改变计提坏账准备的计提方法，由应收账款余额百分比法改为应收账款账龄分析法，同时计提比例也发生变化。这项会计变更既涉及会计政策变更，也涉及会计估计变更。根据我国会计准则的规定，在这种情况下均视为会计估计变更，按会计估计变更的会计处理方法进行处理。

4. 会计估计变更调账举例

【例8-6】甲公司于2017年1月1日起计提折旧的一台管理用设备，原始价值为43 000元，估计使用年限为8年，预计净残值为3 000元，按直线法计提折旧。到2018年年初，由于科学技术的进步等原因，需要对原估计的使用年限和净残值作出修订，修订后该设备的使用年限为6年，净残值为1 000元。采用未来适用法进行处理。

按原估计，每年折旧额为5 000[(43 000−3 000)÷8]元，已计提折旧3年，共计15 000元，固定资产账面净值为28 000元。则第4年即2020年相关科目的期初余额如表8-2所示。

表 8-2　相关科目期初余额

单位：元

项　目	期初余额
固定资产	43 000
减：累计折旧	15 000
固定资产净值	28 000

甲公司改变估计使用年限和净残值后，2020年起每年计提的折旧费用为9 000[(28 000-1 000)/(6-3)]元，2020年不需要对以前年度已提折旧进行调整，只需按重新预计的使用年限和净残值计算确定当年的折旧费用即可。以后每年也可按新修订的估计计算当年的折旧费用，编制会计分录如下。

借：管理费用　　　　9 000
　　贷：累计折旧　　　　9 000

附注说明：甲公司一台管理用设备，原始价值为43 000元，估计使用年限为8年，预计净残值3 000元，按直线法计提折旧。由于科学技术的发展，该设备已不能按原估计使用年限计提折旧，本公司于2020年年初起变更该设备的使用年限为6年，预计净残值1 000元，以便真实反映该设备的耐用年限和净残值。该项会计估计变更影响本年度净利润减少3 000[(9 000-5 000)×(1-25%)]元。

8.5　会计差错更正怎样调账

1. 会计差错更正的会计处理方法

① 企业对于发现属于当期发生的会计差错，应当调整当期相关项目。

② 本期发现前期会计差错的会计处理。

为简化非重大会计差错，不调整资产负债表年初数、利润表和利润分配表上年数。

● 与资产负债表日后事项无关。当企业发现与以前期间相关的非重大会计差错，应调整发现当期的相关项目。当企业发现与以前期间相关的重大会计差错，如果影响损益，应将其对损益的影响数调整发现当期的期初留存收益，会计报表其他相关项目的期初数也应一并调整；如不影响损益，应调整会计报表相关项目的期初数。

在编制比较会计报表时，对于比较会计报表期间的重大会计差错，应调整该期间的净损益和其他相关项目，视同该差错在产生的当期已经更正；对于比较会计报表期间以前的重大会计差错，应调整比较会计报表最早期间的期初留存收益(利润分配表中的年初未分配利润)，会计报表其他相关项目的数字也应一并调整。

- 与资产负债表日后事项有关。年度资产负债表日至财务会计报告批准报出日之间发现的报告年度的会计差错及以前年度的非重大会计差错，应当按照资产负债表日后事项中的调整事项进行处理，即应调整报告年度利润表和利润分配表的本期数(利润表本年累计数、利润分配表本年实际数)和资产负债表的期末数。

  年度资产负债表日至财务会计报告批准报出日之间发现的报告年度以前年度的重大会计差错，应当调整以前年度的相关项目。即调整报告年度利润表和利润分配表的上年数(如果涉及)、报告年度资产负债表的年初数和期末数相关项目以及报告年度利润分配表本期数中的年初未分配利润和期末未分配利润。值得说明的是，本期发现的前期重大会计差错是否调整应交所得税、递延所得税和所得税费用是我们较为关注的问题。其处理原则是：首先，当会计制度和税法对涉及的损益类调整事项处理的口径相同时，则应考虑应交所得税和所得税费用的调整。当会计制度和税法对涉及的损益类调整事项处理的口径不同时，则不应考虑应交所得税的调整；其次，若所得税采用的纳税影响会计核算，同时调整事项涉及时间性差异的调整，则应考虑递延所得税和所得税费用的调整。

- 企业滥用会计政策和会计估计变更，应当作为重大会计差错进行会计处理。

2. 会计差错更正的披露

企业除了对会计差错进行会计处理外，还应在会计报表附注中披露以下内容。
① 重大会计差错的内容，包括重大会计差错的事项、原因和更正方法。
② 重大会计差错的更正金额，包括重大会计差错对净损益的影响金额及对其他项目的影响金额。

3. 会计差错更正调账举例

【例8-7】 甲公司于2020年8月发现有一项固定资产在本年度漏提折旧3 000元。此差错为本期发现的属于本期的会计误差，所以应调整本期相关项目，于发现时编制如下会计分录予以补提。

借：管理费用　　　　　　　　　3 000
　　贷：累计折旧　　　　　　　　　3 000

【例 8-8】 甲公司在 2020 年发现 2018 年漏记了管理人员工资 2 000 元。

此差错为本期发现的属于以前年度的非重大会计差错，则 2020 年应编制如下更正分录。

借：管理费用　　　　　　　　　2 000
　　贷：应付职工薪酬　　　　　　　2 000

8.6　或有事项怎样调账

1. 或有事项的确认

或有事项的确认是指或有事项产生的义务的确认。

1) 或有事项确认为负债的条件

如果与或有事项相关的义务同时符合以下三个条件，企业应将其确认为负债。

① 该义务是企业承担的现时义务。

② 该义务的履行很可能导致经济利益流出企业。

③ 该义务的金额能够可靠地计量，即或有事项产生的现时义务的金额能够合理地估计。

上述三个条件说明如下。

① 或有事项相关的义务能确认为负债的必须是现时义务，而非潜在义务。例如，A 公司因为违法经营，被 B 公司起诉，虽然法院尚未判决，但对 A 公司来讲，一项现时义务已经产生。

② 导致企业经济利益流出的可能性应是"很可能"。

③ 要将与或有事项相关的现时义务确认为一项负债，相关现时义务的金额应能够可靠地估计，否则就不能确认为负债。

如果与或有事项有关的义务不同时符合以上三个条件，则企业不应将其确认为一项负债。如果与或有事项有关的义务不同时符合以上三个条件，则将其称为或有负债，因此，或有负债不确认。

2) 或有事项确认为资产的条件

在将与或有事项有关的义务确认为负债的同时，企业有时也拥有反诉或向第三方索赔的权利。对于补偿金额，只能在基本确定能够收到时作为资产单独确认，而不能在确认与或有事项有关的义务为负债时作为扣除项目，减少负债的确认金额。在确认资产的同时，相应地确认一项收益。

或有事项确认为资产必须同时符合以下两个条件。

① 相关义务已确认为负债。

② 从他方或第三方补偿基本确定。

2. 或有事项的计量

或有事项的计量是指因或有事项确认的负债入账金额的确定，主要涉及最佳估计数的确定和预期可获得补偿金额两个问题。

1) 最佳估计数的确定

如果存在一个金额范围，则最佳估计数应是该范围的上、下限金额的平均数。如果不存在一个金额范围，则应按如下原则确定最佳估计数：或有事项涉及单个项目时，按最可能发生的金额确定；或有事项涉及多个项目时，按各种可能发生的金额及其发生概率计算确定。其中涉及单个项目的或有事项主要有某些未决诉讼、未决仲裁以及债务担保等；涉及多个项目的或有事项主要有对售出商品提供的担保。

2) 预期可获得补偿金额的确定

预期可获得补偿是指清偿因或有事项而确认的负债所需支出全部或部分预期由第三方或其他方给予的补偿。例如，发生交通事故等情况时，可以从保险公司获得合理的补偿；在某些索赔诉讼中，企业可以通过反诉的方式对索赔人或第三方另行提出赔偿要求；在债务担保业务中，企业履行担保义务的同时，通常可以向被担保企业提出额外追偿要求。补偿金额只有在基本确定能收到时，才在资产负债表中单列项目反映。需要注意的是，确认的补偿金额不应超过所确认负债的账面价值；不能只确认因或有事项确认的负债金额与可获得补偿金额之间的差额，而应分别予以确认。

3. 或有事项的披露

对于或有事项，除了按规定予以确认外，还应当区分不同情况加以披露。

① 对于因或有事项而确认的负债，企业应在资产负债表中单列项目反映，并在会计报表附注中做相应披露；与所确认负债有关的费用或支出应在扣除确认的补偿金额后，在利润表中与其他费用或支出项目合并反映。

② 对于以下或有负债，企业应在会计报表附注中分类披露其形成的原因、预计产生的财务影响(如无法对此作出估计，应说明理由)等内容。

- 已贴现商业承兑汇票形成的或有负债。
- 未决诉讼、仲裁形成的或有负债。
- 为其他单位提供债务担保形成的或有负债。
- 其他或有负债(不包括极小可能导致经济利益流出企业的或有负债)。

③ 对于或有资产，即过去交易或事项形成的，其存在须通过不完全由企业控制的未来不确定事项的发生或不发生予以证实的潜在资产，企业一般不应在会计报表附注中披露，但或有资产很可能导致未来经济利益流入企业时，应在会计报表附注中披露；披露的内容包括其形成的原因、预计产生的财务影响(如无法对此作出估计，应说明理由)等。

在涉及未决诉讼的情况下，如按上述②的要求披露全部或部分信息，预期会对企业造成重大不利影响，则企业无须披露这些信息，但应披露该未决诉讼的形成原因。

因或有事项确认的负债的会计调整方式为：企业对于因或有事项而确认的负债应在资产负债表中单列项目反映，并在会计报表附注中做相应披露；而与所确认负债有关的费用或支出应在扣除确认的补偿金额后，在利润表中反映。

4. 或有事项调整举例

【例 8-9】远大企业于 2020 年 12 月 31 日以每台 2 800 元的价格销售一批全无氟绿色环保型电冰箱，共 60 台，并提供为期一年的售后保修服务。根据该企业以往的经验，每个客户在一年内要求修理的可能性占 50%以上，每台电冰箱的保修费约 100 元。该公司在 2020 年编制会计报表时决定确认这笔保修费用。

根据资料，远大企业应做如下账务处理。

借：销售费用——担保修理费用　　　　6 000
　　贷：预计负债　　　　　　　　　　　　6 000

【例 8-10】某公司 2019 年 8 月 1 日销售给天地公司一批货物，雨航公司交给蓝图公司一张记有价款 600 000 元(含销项税)的无息商业汇票，该汇票有效期 6 个月，到期日为 2020 年 2 月 1 日，由于蓝图公司流动资金周转困难，于 2019 年 11 月 1 日到银行进行贴现，贴现率为 10%。蓝图公司在编制 2019 年年末资产负债表之前，获知天地公司因经营不善而拖欠了大量债务。在对相关情况进行调查分析后，蓝图公司断定天地公司不能兑付其签发的商业汇票的可能性达 50%以上。

根据所给资料，由于天地公司不能兑付商业汇票的可能性达 50%以上，蓝图公司在票据到期日有很大可能会负担连带责任。这是一项或有事项，蓝图公司应在编制会计报表时确认该笔或有损失。或有损失金额 600 000 元，应做如下账务处理。

借：管理费用——票据贴现损失　　　　600 000
　　贷：预计负债　　　　　　　　　　　　　600 000

【例 8-11】 甲公司欠乙公司货款 2 000 000 元。按合同规定，甲公司应于 2020 年 10 月 10 日前付清货款，但甲公司未按期付款，为此乙公司向法院提起诉讼。2020 年 12 月 10 日，一审判决甲公司应向乙公司全额支付货款，并支付货款延付期间的利息 60 000 元；此外，还应承担诉讼费 20 000 元，三项合计 2 080 000 元。甲公司不服，认为乙公司所提供的货物不符合双方原来约定条款的要求，并因此向乙公司提出索赔要求，金额为 400 000 元。截至 2020 年 12 月 31 日，该诉讼尚在审理当中。

本例中，虽然一审已经判决，但甲公司不服，因此不能认为诉讼事件已结束。一审判决结果表明，甲公司因诉讼承担了现时义务，该现时义务的履行很可能导致经济利益流出企业，并且该义务的金额能够可靠地计量。根据企业会计制度的规定，甲公司应在一审判决日确认一项负债。

2020 年 12 月 10 日，甲公司应该做如下账务处理。

借：管理费用——诉讼费　　　　　　20 000
　　营业外支出——罚息支出　　　　60 000
　　贷：预计负债——未决诉讼　　　　　　80 000

8.7　资产负债表日后事项怎样调整

1. 调整事项的处理方法

资产负债表日后发生的调整事项，应当如同资产负债表所属期间发生的事项一样，作出相关的账务处理，并对资产负债表日已编制的财务报告做相应的调整。由于资产负债表日后事项发生在次年，上年度的有关项目已经结转，尤其是损益类科目在结转后已无余额。因此，资产负债表日后发生的调整事项，应当分别按照以下情况进行账务处理。

① 涉及损益的事项，通过"以前年度损益调整"账户核算。调整增加以前年度收益或调整减少以前年度亏损的事项，以及调整减少的所得税，记入"以前年度损益调

整"的贷方；凡是调整减少以前年度收益或调整增加以前年度亏损的事项，以及调整增加的所得税，记入"以前年度损益调整"账户的借方。"以前年度损益调整"账户的贷方或借方余额，转入"利润分配——未分配利润"账户。

② 涉及利润分配调整的事项，如增提或减提盈余公积、公益金等事项直接在"利润分配——未分配利润"账户中核算。

③ 不涉及损益及利润分配的事项，调整相关账户。

④ 经过上述账务处理后，还应同时调整会计报表相关项目的数字，包括：

- 调整资产负债表日编制的会计报表相关项目的数字。
- 当期编制的会计报表相关项目的年初数。
- 提供比较会计报表时，还应调整相关会计报表的上年数。
- 经过上述调整后，如果涉及会计报表附注内容的，还应当调整会计报表附注相关项目的数字。

2. 调整事项的主要内容

① 已证实资产发生了减损。这是指在年度资产负债表日以前，或在年度资产负债表日，根据当时资料判断某项资产可能发生了损失或永久性减值，但没有最后确定是否会发生，因而按照当时最好的估计金额反映在会计报表中。但在年度资产负债表日至财务会计报告批准报出日之间，所取得的新的或进一步的证据能证明该事实成立，即某项资产已经发生了损失或永久性减值，则应对资产负债表日所做的估计予以修正。

② 销售退回。这是指在资产负债表日以前或资产负债表日，根据合同规定所销售的物资已经发出，当时认为与该项物资所有权相关的风险和报酬已经转移，货款能够收回，根据收入确认原则确认了收入并结转了相关成本，即在资产负债表日企业确认为已经销售，并在会计报表上加以反映。但在资产负债表日后至财务会计报告批准报出日之间所取得的证据证明该批已确认为销售的物资确实已经退回，应作为调整事项，进行相关的账务处理，并调整资产负债表日编制的会计报表有关收入、费用、资产、负债、所有者权益等项目的数字。值得说明的是，资产负债表日后事项中的销售退回，既包括报告年度销售的物资在报告年度的资产负债表日后退回，也包括报告年度前销售的物资在报告年度的资产负债表日后退回。但是，除了资产负债表日后事项规范的销售退回外，其他的销售退回均冲减退回当期的收入、成本。

③ 已确定获得或支付的赔偿。这是指在资产负债表日以前或资产负债表日已经存在的赔偿事项，资产负债表日至财务会计报告批准报出日之间提供了新的证据，表明

企业能够收到赔偿款或需要支付赔偿款，这一新的证据如果对资产负债表日所做的估计需要调整的，应对会计报表进行调整。

④ 资产负债表日后董事会制定的利润分配方案中与财务会计报告所属期间有关的利润分配(不包括分配方案中的股票股利，下同)。这是指在资产负债表日至财务会计报告批准报出日之间，由董事会制定的财务会计报告所属期间的利润分配方案。通常情况下，企业在 12 月 31 日结账，需要结转年度内取得的收入、发生的成本，计算利润，董事会根据确定的利润提出利润分配方案。企业于 12 月 31 日结账并计算出利润，需要一定的时间，待董事会提出利润分配方案已到下一年度。在财务会计报告批准报出日之前董事会制定的利润分配方案，是对企业 12 月 31 日存在的利润所做的分配，而审议批准董事会制定的利润分配方案是股东大会的一项重要任务。因此，资产负债表日后至财务会计报告批准报出日之间，董事会制定的利润分配方案中与财务会计报告所属期间有关的利润分配应作为调整事项处理。如果董事会制定的利润分配方案中包括股票股利，则作为非调整事项在会计报表附注中披露，不能作为调整事项处理。因为：

- 公司发放股票股利前要变更注册资金，有一定的时间间隔。
- 除权日前，发放股票股利这一事项在资产负债表日尚未存在，故不属于资产负债表日后事项中的调整事项。

3. 非调整事项的处理方法

资产负债表日后发生的非调整事项，是资产负债表日以后才发生或存在的事项，不影响资产负债表日存在状况，也不是报告年度发生的，因此不需要调整报告年度的会计报表；但是，如果不对这些重大事项加以及时、充分地披露，将会影响财务报告使用者对企业财务状况、经营成果作出正确的评价，不利于他们作出正确的判断和决策，也不符合会计信息质量的及时性要求。因此需要在会计报表附注中加以披露。会计报表附注是对报表正文信息的补充说明。在附注中说明非调整事项的内容，估计该事项对财务状况、经营成果的影响；如果无法估计非调整事项对财务报告的影响，应当说明理由。非调整事项的主要内容如下。

1) 股票和债券的发行

这一事项是指企业在资产负债表日以后发行股票、债券等。企业发行股票和债券是比较重大的事项。虽然这一事项与企业资产负债表日的存在状况无关，但应对这一事项予以披露，以使财务报告使用者了解与此有关的情况及可能带来的影响。

2) 对一个企业的巨额投资

这一事项是指企业在资产负债表日以后决定对一个企业的巨额投资。这一事项与企业发行股票和债券相同，也属于企业的重大事项。虽然这一事项与企业资产负债表日的存在状况无关，但应对这一事项进行披露，以使财务报告使用者了解对一个企业的巨额投资可能会给投资者带来的影响。

3) 自然灾害导致的资产损失

这一事项是指资产负债表日后发生的由于自然灾害导致的资产损失。自然灾害导致的资产损失不是企业主观上能够决定的，是不可抗力所造成的。但这一事项对企业财务状况所产生的影响如果不加以披露，有可能使财务报告使用者产生误解，导致作出错误的决策。因此，自然灾害导致的资产损失应作为一个非调整事项在报表附注中予以披露。

4) 外汇汇率发生较大变动

这一事项是指在资产负债表日后发生的外汇汇率的较大变动。由于企业已经在资产负债表日按照当时的汇率对有关账户进行调整，因此，无论资产负债表日后的汇率如何变化，均不应影响按资产负债表日的汇率折算的会计报表数字。但是，如果资产负债表日后汇率发生较大变化，如我国 1994 年汇率并轨，应对由此产生的影响在报表附注中进行披露。

4. 资产负债表日后事项调账举例

【例 8-12】 A 企业为增值税一般纳税人，适用的增值税税率为 13%，财务报告批准报出日为 3 月 20 日，所得税税率为 25%，期末按净利润的 10%、5%分别提取法定盈余公积和法定公益金。2019 年 10 月销售给 B 企业一批产品，销售价格 10 000 000 元(不含增值税)，销售成本 8 000 000 元，货款当年 12 月 31 日尚未收到。2019 年 12 月 28 日接到 B 企业通知，B 企业在验收物资时，发现该批产品存在严重的质量问题需要退货。A 企业希望通过协商解决问题，并与 B 企业协商解决办法。A 企业在 12 月 31 日编制资产负债表日时，将该应收账款 11 300 000 元列示于资产负债表的"应收账款"项目内，公司按应收账款年末余额的 5%计提坏账准备。2020 年 2 月 1 日双方协商未成，A 企业收到 B 企业通知，该批产品已经全部退回。A 企业于 2020 年 2 月 10 日收到退回的产品，以及购货方退回的增值税专用发票的发票联和税款抵扣联。

根据资料，A 企业首先应根据资产负债表日后事项的判断标准，判断该事项属于调整事项，再按调整事项的处理原则进行如下账务处理。

① 调整销售收入。

借：以前年度损益调整   10 000 000

　　　应交税费——应交增值税(销项税额)   1 300 000

　　贷：应收账款——B 企业   11 300 000

② 调整坏账准备余额。

借：坏账准备   565 000

　　贷：以前年度损益调整   565 000

③ 调整销售成本。

借：库存商品   8 000 000

　　贷：以前年度损益调整   8 000 000

④ 调整应交所得税。

借：应交税金——应交所得税   358 750

　　贷：以前年度损益调整   358 750

其中，358 750=(10 000 000-565 000-8 000 000)×25%

⑤ 将"以前年度损益调整"科目余额转入利润分配。

借：利润分配——未分配利润   1 076 250

　　贷：以前年度损益调整   1 076 250

其中，1 076 250=10 000 000-565 000-8 000 000-358 750。

⑥ 调整利润分配有关数字。

借：盈余公积   161 437.50

　　贷：利润分配——未分配利润   161 437.50

其中，161 437.50=1 076 250×15%。

⑦ 调整报告年度会计报表相关项目的数字。

- 资产负债表项目的调整：调减应收账款 11 300 000 元；调减坏账准备 565 000 元；调增库存商品 8 000 000 元；调减应交税金 358 750 元；调减盈余公积 161 437.50 元；调减未分配利润 1 076 250 元。

- 利润表及利润分配表项目的调整：调减主营业务收入 10 000 000 元；调减主营业务成本 8 000 000 元；调减管理费用 565 000 元；调减所得税 358750 元；调减提取法定盈余公积 107 625(1 076 250×10%)元；调减提取法定公益金 53 812.5(1 076 250×5%)元；调减未分配利润 1 076 250 元。

8.8 税务稽查怎样进行账务调整

税务稽查账务调整是指纳税人在被依法税务稽查后，根据《税务处理决定书》或《税务行政处罚决定书》，对存在问题的错漏账项进行更正和调整。它是执行税务检查处理决定的一项重要内容。

1. 税务稽查财务调整的基本方法

税务机关在实施税务检查过程中，对检查出来的不同年度的问题，进行账务调整采取的方法不同。

1) 红字调账法

红字调账法是指对错漏账目用红字先编制一套和原分录经济内容相同、数额相等的会计分录，冲销原错误分录，然后再重新编制一套正确的蓝字会计分录。这种方法一般适用于不涉及货币资金经济业务的错用会计科目，或者会计科目错用，但实际记账金额大于或小于应记金额的错误账项。

【例 8-13】 某企业将自制产品用于换回一批空调，该产品成本价 50 000 元，市场销售价为 80 000 元(不含税)。企业记账如下。

借：固定资产　　　　　　　　　　93 600
　　贷：产成品　　　　　　　　　　　　93 600

该账务处理，错误在于用错了会计科目，违反了会计制度规定，两个账户发生了不正常的对应关系，漏计了销售收入和销项税额，同时影响了当期利润，并使当期所得税减少。对其可用红字调账法进行调整。

用红字冲回旧账，
借：固定资产　　　　　　　　　　93 600
　　贷：产成品　　　　　　　　　　　　93 600
作出正确的会计处理，
借：应收账款　　　　　　　　　　93 600
　　贷：主营业务收入　　　　　　　　　80 000
　　　　应交税费——应交增值税(销项税额)　13 600
结转成本，
借：主营业务成本　　　　　　　　50 000

　　　　贷：产成品　　　　　　　　　　　　　　50 000
　　借：固定资产　　　　　　　　　　　93 600
　　　　贷：应收账款　　　　　　　　　　　　　93 600
通过上述调整，使原错账得到纠正。

2) 补充调账法

对应作出调整的账目，属于遗漏经济事项或少计金额，可按会计核算程序用蓝字编制一套补充遗漏事项或少计金额的分录，据以补充记入账内。

【例 8-14】 审查某公司的纳税情况，发现该公司本月应摊销待摊费用 5 000 元，实际摊销 3 000 元，在本年度纳税审查中发现少摊销 2 000 元，企业的账务处理如下。

　　借：管理费用　　　　　　　　　　　3 000
　　　　贷：长期待摊费用　　　　　　　　　　 3 000

此笔账务处理所涉及的会计科目的对应关系没有错误，但核算金额少计 2 000 元，用补充调账法做调账分录如下。

　　借：管理费用　　　　　　　　　　　2 000
　　　　贷：长期待摊费用　　　　　　　　　　 2 000

3) 综合调账法

这是冲销调整法和补充调账法的结合运用，也称为正误分录比较调账法。公司账务差错主要是用错会计科目，一方面是应使用的科目没有使用；另一方面是使用了不应使用的会计科目。运用综合调账法就是对前者采用蓝字金额补充登记，对后者采用反向登记予以冲销，两者结合构成一套调账分录。这种调账方法是税务检查后调整账务的主要方法，但使用中必须保证账账之间钩稽关系准确。

【例 8-15】 某企业加工厂为增值税一般纳税人，某月购进的原材料作为福利分给职工。取得增值税专用发票，记载购进金额 8 000 元，税额 1 040 元。企业会计处理如下。

　　借：原材料　　　　　　　　　　　　8 000
　　　　应交税费——应交增值税(进项税额) 1 040
　　　　贷：银行存款　　　　　　　　　　　　 9 040

上述账务处理的错误在于将用于职工福利的购进商品计入原材料，同时进行了进项税额抵扣，其结果一方面会减少当期应交增值税；另一方面会加大材料购进成本，影响后期利润和应交所得税。此项业务若是当期发生的，可用红字调账法调账；若是前期发生的,可以运用综合调账法,应对企业的错账做如下调整。

  借:应付职工薪酬——福利费   9 040
    贷:原材料   8 000
      应交税费——应交增值税(进项税额转出) 1 040

2. 企业所得税账务调整

1) 查获额为本年度的调账方法

在企业所得税的纳税检查中,若是对本年度查获额进行调账处理,可直接调整错账本身。

【例 8-16】 2020 年 7 月,税务机关对某企业一季度纳税情况进行检查,检查中发现该企业将外购分给职工作为福利的产品记入管理费用账户,企业账务处理如下。

  借:管理费用   2 000
    贷:银行存款   2 000

正确账务调整如下。

  借:应付职工薪酬——福利费   2 000
    贷:管理费用   2 000
  借:管理费用   2 000
    贷:本年利润   2 000

2) 查获额为以前年度的调账方法

(1) 查获额为企业永久性支出的账务调整。

如果税务机关在税务检查中,查获额为以前年度企业永久性支出,或查获额为期末无余额的账户,一般只能通过"以前年度损益调整"账户调整。对应补的企业所得税做如下分录。

  借:以前年度损益调整
    贷:应交税费——应交所得税

【例 8-17】 税务机关经检查发现,某企业将上年度支付的非广告性的赞助费 5 000 元列入管理费用,在所得税纳税申报中未将其做调增应纳所得税处理。

账务调整如下。

  借:以前年度损益调整(5 000×25%) 1 250
    贷:应交税费——应交所得税   1 250
  借:应交税费——应交所得税   1 250
    贷:银行存款   1 250

(2) 查获额发生在期末有余额账户的账务调整。

如果查获额发生在属盘存类延续性账户，即期末有余额账户，必须在本年度账户上如实调整。一般账务调整如下。

借：查获额应记入的会计账目
　　贷：应调整的相关会计账目
　　　　以前年度损益调整

借：所得税
　　贷：应交税费——应交所得税

【例 8-18】 经检查发现，某企业在营业外支出账户未经批准摊销未收回的应收账款 5 000 元。正确的账务调整如下。

借：应收账款　　　　　　　　　　　5 000
　　贷：以前年度损益调整　　　　　　　5 000
借：所得税　　　　　　　　　　　　1 250
　　贷：应交税费——应交所得税　　　　1 250

3. 增值税账务调整

进行税务检查时，对查出涉及增值税税额的内容，纳税人应通过"应交税费——增值税检查调整"专门账户进行账务调整。本账户反映业务内容如下。

借方反映内容：调增进项税额；调减销项税额；调减进项税额转出；将调增增值税补交入库。

贷方反映内容：调增销项税额；调减进项税额；调增进项税额转出。

【例 8-19】 经检查，某企业上年度会计资料，发现该企业将销售原材料取得的收入 9 040 元用于职工福利，其账务处理如下。

借：银行存款　　　　　　　　　　　9 040
　　贷：应付职工薪酬——福利费　　　　9 040

对上年某月此项业务错误的账务处理，应做如下调整。

借：应付职工薪酬——福利费　　　　9 040
　　贷：以前年度损益调整　　　　　　　8 000
　　　　应交税费——增值税检查调整　　1 040

如在检查当年，账务调整如下。

借：应付职工薪酬——福利费　　　　9 040

         贷：其他业务收入   8 000
             应交税费——增值税检查调整   1 040
补交税款入库，本年和上年账务处理相同。
    借：应交税费——增值税检查调整   1 040
         贷：银行存款   1 040

参 考 文 献

[1] 王静. 会计业务有问必答[M]. 北京：经济科学出版社，2005.
[2] 石彦方. 怎样查账与调账[M]. 北京：经济科学出版社，2006.
[3] 胡晓轩，温亚丽. 新财会人员岗位培训与办事手册[M]. 北京：经济科学出版社，2006.
[4] 王静，赵京菊. 做好会计管好账[M]. 北京：企业管理出版社，2006.
[5] 钟庆红，郑晶. 如何制单、记账、报表、报税[M]. 北京：企业管理出版社，2006.
[6] 许群. 简单轻松学会计[M]. 北京：中国市场出版社，2006.
[7] 杨成贤. 小企业实用会计加工制造业分册[M]. 北京：企业管理出版社，2006.
[8] 胡晓轩. 零基础会计业务一本通[M]. 北京：经济科学出版社，2006.
[9] 杨晓丽. 会计报表编制、分析与审查[M]. 北京：企业管理出版社，2006.
[10] 秦奇. 非财务经理的财务管理[M]. 北京：企业管理出版社，2006.
[11] 陈容. 小企业会计与出纳实务操作[M]. 北京：企业管理出版社，2005.
[12] 陈亚光. 会计实务入门两星期[M]. 北京：企业管理出版社，2006.
[13] 杨成贤. 第一次当会计实账实战演练[M]. 北京：经济科学出版社，2005.
[14] 白正军. 会计业务十日通[M]. 北京：企业管理出版社，2006.
[15] 杨成贤. 第一次当会计[M]. 北京：企业管理出版社，2005.
[16] 陈蔚. 会计基础工作规范与核算实务[M]. 北京：企业管理出版社，2005.